Accueils

DU MÊME AUTEUR

Chez le même éditeur

L'Année de l'éveil, *récit*, Grand Prix des Lectrices de Elle 1989
Affûts, *poèmes*
Dans la lumière des saisons
L'Inattendu
Ce pays du silence, *poèmes*
Carnets de Saorge (*à paraître*)

Editions Hachette

Journal I
Journal II
Journal III

Editions Fata Morgana

Rencontres avec Bram Van Velde
L'œil se scrute, *poèmes*
Fouilles, *poèmes*
Approches, *poèmes*
Rencontre avec Samuel Beckett
Une lointaine lueur

Editions Arfuyen

L'Autre Chemin, *poèmes*
Bribes pour un double

Editions Maeght

Bram Van Velde, *monographie* (en collaboration avec Jacques Putman)
Bram Van Velde, *collection « Carnets de voyage »*

Editions Fernand Hazan

Giacometti

Editions l'Echoppe

Accords
Entretien avec Pierre Soulages
Jean Reverzy
Entretiens avec Raoul Ubac

Editions Fourbis

Pour Michel Leiris
L'Incessant
Ecarte la nuit, *théâtre*

Editions Paroles d'aube

Trouver la source

Editions Jacques Brémond

Failles

Charles Juliet

Accueils

Journal IV

1982-1988

P.O.L
8, villa d'Alésia, Paris 14^e^

ISBN : 2-86744-392-X

Pour M.L.

1982

4 janvier

Il y a quelques jours, très exactement le 28 décembre, en fin d'après-midi, Catherine m'a appris au téléphone le décès de Bram Van Velde. L'été dernier j'avais senti qu'il s'éloignait, qu'il appartenait de moins en moins au monde des vivants, mais il n'empêche que ma peine est profonde. Je le connaissais depuis 1966, et notre amitié avait grandi au long des années.

Je repense à notre première rencontre. J'étais monté à Paris et n'avais rien à y faire. J'étais venu là simplement pour humer l'air de la capitale, me promener dans une ville où avaient vécu et vivaient des écrivains que j'admirais, mais désargenté, ne sachant où aller, je déambulais au hasard des rues, écrasé d'ennui, aux prises avec une exaltation vide qui me maintenait dans l'attente de je ne savais quoi.

Tout en marchant, je feuilletais un petit carnet, et j'ai trouvé là le nom et l'adresse de Bram. Descombin me les avait communiqués quelques mois plus tôt. Je me souvenais qu'il m'avait dit avoir rencontré ce peintre, et qu'il avait été impressionné tant par l'homme que par ce qu'il avait dit. Sur-le-champ, j'ai décidé de lui rendre visite.

J'ai demandé à des passants où était située la rue où il

habitait, et comme j'en étais proche, je m'y suis rendu, j'ai trouvé la maison, grimpé des escaliers et j'ai sonné. Encore maintenant, quand je songe à tout cela, je suis empli de confusion. Car il m'a fallu une belle inconscience pour aller me présenter chez un peintre dont je ne savais rien et dont l'œuvre m'était rigoureusement inconnue. D'ailleurs, à cette époque, je n'étais pas sensible au langage de la peinture, et si l'occasion m'avait été donnée de voir certaines de ses toiles, elles n'eussent pour moi rien signifié.

Il était onze heures du matin. Une femme a ouvert la porte. Elle m'a appris que Bram devait accompagner ses amis à l'aéroport où ils conduisaient quelqu'un, mais que le même jour, à cinq heures, il pourrait me recevoir.

A l'heure convenue, j'ai sonné à nouveau. L'homme que je venais voir fut soudain devant moi. Environ soixante-dix ans, grand, traits fins, yeux bleus, cheveux blancs, front très dégagé, un air de grande distinction. Ce jour-là, j'ai eu d'ailleurs beaucoup de chance. Résidant près de Genève, il n'était à Paris que pour peu de temps, et je suppose que si je ne l'avais pas trouvé, je n'aurais pas renouvelé ma tentative. Car dans la mesure où aucune intention précise ne me poussait vers lui, il est quasi certain que l'impulsion qui m'avait porté à vouloir le rencontrer n'aurait pas persisté.

Assis face à lui, je ne trouvais aucune question à lui poser. Il ne parlait pas et j'étais singulièrement intimidé. Je me maudissais d'avoir cédé à mon impulsion et dérangé un homme à qui je n'avais rien à dire. Que pouvait-il penser de cet hurluberlu qui lui rendait visite et demeurait muet ? Au fur et à mesure que les minutes s'écoulaient, j'étais gagné par la panique. Je voulais prendre la porte, mais ne savais comment lui présenter la chose. Et le silence durait. Et ma débâcle empirait.

Après un interminable moment, pour mettre fin à ce face à face et à la gêne de nos regards qui par éclair s'interrogeaient mutuellement, Bram a proposé de faire quelques pas dans la rue. Je crois bien que s'il était resté silencieux une minute de plus, j'aurais trouvé le courage de m'enfuir et qu'il ne m'aurait jamais revu.

Nous avons marché, la parole m'est revenue, et je ne me doutais pas que je vivais là les premiers instants d'une amitié qui allait pour moi tant compter.

6 janvier

Peut-être Bram était-il moins un peintre qu'un contemplatif. Il n'aimait rien tant, me semble-t-il, que d'être seul et inactif, immergé en lui-même, occupé à jouir de ce qui montait des profondeurs de sa source.

8 janvier

Lorsque la nouvelle de la mort de Bram m'est parvenue, j'étais en train de rassembler les feuilles dactylographiées de mon *Journal III* pour en faire un volume qui allait être envoyé le lendemain à mon éditeur. Je regrette maintenant de n'avoir pas ajouté une note dans laquelle j'aurais dit que la fin de cette amitié coïncidait d'une manière étrange avec la fin du travail sur ce livre dont l'achèvement marquait également la fin d'une étape de ma vie.

Cette note toute simple qui eût donné à l'ouvrage sa juste conclusion, elle était dans ma tête, mais je n'ai pas trouvé le courage de la consigner.

11 janvier

Depuis ce jour du printemps 1977 où il avait dû quitter Genève en catastrophe, Bram n'a pas eu une fin de vie heureuse. La rupture avec Madeleine l'avait profondément affecté et il a beaucoup souffert de se retrouver seul. Certes Jacques Putman et Catherine ont fait tout ce qui était en leur pouvoir pour l'aider, l'entourer, mais il est certain que ses dernières années ont été assombries par ce drame qui n'a d'ailleurs pas pris fin avec son départ de Genève.

Il a eu ce double privilège de toujours bénéficier d'une bonne santé et d'arriver à sa quatre-vingt-huitième année sans être véritablement diminué. Il est à noter que bien des peintres vivent très âgés, et il serait facile d'en citer une dizaine qui, au cours des deux ou trois dernières décennies, se sont éteints à presque quatre-vingt-dix ans, ou les ayant dépassés. Dans la Chine ancienne, on avait déjà remarqué que nombreux étaient les peintres à atteindre un âge très avancé, et toutes sortes d'hypothèses avaient été émises sur les causes possibles de cette longévité. L'explication à trouver est peut-être fort simple. Un être qui non seulement consent à sa réalité interne, mais qui, de surcroît, s'emploie à l'enrichir, à la faire se déployer, à en jouir intimement à longueur de temps, vit en un tel accord avec lui-même que son organisme ne subit pas ces tensions qui assaillent et usent l'homme dissocié, en guerre contre lui-même.

Mais l'explication que j'avance n'est pas valable. Car si elle l'était, elle devrait pouvoir être appliquée aux écrivains. Or tel n'est pas le cas. Cette longévité, peut-être serait-elle due au fait que les peintres travaillent une matière pâteuse, soit une matière comparable à la terre en tant que substance, ce qui, en sollicitant leur sensualité, les aiderait à s'incarner davantage, à renforcer les liens qui les unissent au monde.

Mais je m'avise que cette autre explication n'est pas meilleure que la première. Car les peintres chinois étaient des calligraphes, ils ne se servaient pas de pâtes, mais d'encre. Il faudrait donc admettre que les causes de cette longévité résideraient dans le processus créateur dont le peintre est le siège. En activant certaines fonctions, psychiques et autres, ce processus contribuerait à créer un fondamental accord avec soi-même, libérerait des énergies qui permettraient au peintre de repousser le jour de sa mort. (Ce que j'écris là ne me convainc guère, mais je ne vois pas d'autre explication à proposer.)

13 janvier

Depuis l'adolescence, le besoin ne m'a pas quitté de partir en quête de ce que j'ai perdu sans jamais l'avoir possédé.

A Aix, quand j'avais quinze-seize ans. La peur constante que ne m'échappe un geste de révolte qui m'aurait précipité dans le malheur.

16 janvier

En réponse à une question posée par une revue :

Il est rare que j'aie vraiment mal

Mais tant de choses pèsent rongent nous meur-
[trissent
Tant de choses me fatiguent me maculent
Tant de choses usent ma ferveur
endeuillent mon amour des êtres et de la vie

Mais si avant au long des stagnantes années
ces coups morsures déceptions
me maintenaient dans la souffrance
parfois dans l'accablement
un insurmontable désespoir
je dois reconnaître que maintenant
depuis que j'ai traversé la nuit
ils n'ont plus le pouvoir de me corroder
me vouer à la détresse
me contraindre au refus

Tout au contraire
soumis à une alchimie qui les transmute
ils ne cessent de me nourrir

de renforcer mon adhésion
de rendre plus grave et plus lucide
le oui par lequel j'accueille
ce qui m'est consenti

20 janvier

Ce besoin qui m'habite, trace mon chemin, donne un axe et un sens à ma vie, sa nature exige qu'il demeure enfoui au plus secret de l'ombre interne.

Souvent, je n'ai en moi que des pierres. Pour que l'écriture me soit possible, il faut qu'elles fondent, que le feu intérieur les transforme en cette substance qui viendra se couler dans mes mots.

Ce qui si souvent me scelle les lèvres : mon souci d'autrui, ma crainte de lui désagréer, de le blesser, d'aller au rebours de ce qu'il pense.

24 janvier

Si nous redoutons tant la mort, c'est en raison même du prix qu'elle confère à la vie.

Quand on est pris par ce qu'on vit, on n'est pas présent à soi-même, on n'a qu'une conscience floue de ce qui se passe, de ce qu'on éprouve. Tenir un *Journal,* c'est revenir sur ce qui a été vécu pour le vivre à nouveau, pour en dégager le sens, pour en jouir et en garder trace.

27 janvier

Quand je prends conscience de ma médiocrité, je me

demande ce que je serais devenu si des êtres de qualité n'avaient pas croisé ma route, si je n'avais pas lu des centaines de livres qui m'ont permis de me dégager de mon étroitesse, de m'ouvrir, de me donner les moyens de la réflexion.

Avoir accès à la culture, à l'art, quelle chance, quel fantastique privilège.

2 février

L'idée qu'on se fait des choses nous empêche de les voir. L'idée obture l'œil.

Quand je veux écrire et que je n'y parviens pas. Ces empêchements insurmontables et qui tiennent à des riens.

Ceux qui ont été travaillés par une profonde souffrance, ils savent que seule est tolérable une parole nue.

7 février

L'énorme importance de la culpabilité dans de nombreuses vies.

Les mots sont des activateurs d'énergie.

Ceux qui cheminent en direction du plus intense, ils se sentent bien souvent indignes de ce qu'ils brûlent d'atteindre. Un sentiment d'indignité qui s'accompagne d'une profonde souffrance.

12 février

Les adaptations négatives. Tous ces efforts que tu as faits pour t'ajuster à la névrose d'autrui.

Ce vieux paysan a été hospitalisé. Chaque jour, à heure fixe, en empruntant des sentiers et des chemins de terre, son chien parcourt les trois kilomètres séparant la ferme du village où se trouve l'hôpital, et il aboie longuement sous les fenêtres de la chambre occupée par son maître.

13 février

Vivre seul est assurément difficile, douloureux. Mais à cette solitude peut s'en ajouter une autre : celle qu'on connaît quand on est coupé de sa propre intériorité, qu'on se trouve dans l'impossibilité de dialoguer avec soi.

Une souffrance lucide, qui détache du moi, aide à grandir, à mieux aimer. Et à l'inverse, une souffrance qu'étouffe l'ignorance, et où rien de bon ne peut germer.

15 février

Ne mets pas des noms sur tes sentiments. Tu es toujours à séparer, cloisonner, en bref, à t'imposer des garde-fous. Il n'est qu'un seul amour.

18 février

Tant d'êtres ne poursuivent la liberté que dans l'espoir de faire tout ce qu'ils veulent, de céder à tous leurs désirs. Mais pour celui qui a souci d'autrui, être libre – libre de certains dogmes, de certaines idées, de certaines traditions... – ne peut aller sans accepter certains devoirs.

20 février

On me dit : tu es toujours à te surveiller, te restreindre, te punir. Si tu te mutiles dans la vie, tu ne peux que te mutiler dans l'écriture. Laisse-toi aller. Abandonne-toi au plaisir de vivre. Consens à la jouissance. Quand tu ne te cacheras plus, que tu oseras être pleinement toi-même, alors tu pourras t'épanouir. Donner tout ce dont tu es riche.

24 février

Nous passons un dimanche avec ce couple. Impossible de rien échanger. Ennui. Mais deux jours plus tard, cette femme m'écrit une longue lettre dans laquelle elle me dit de belles choses avec des mots justes.

2 mars

Cet homme est préoccupé de spiritualité, mais a-t-il une vie intérieure ? Est-il parvenu à éroder son moi ? A un soupçon de condescendance dans ses propos, j'ai deviné ce qu'il pensait. Il pensait que lui détenait la vérité, et que moi, j'en étais encore à errer dans la ténèbre. Mais lorsqu'on éprouve le besoin de s'assurer une domination sur autrui, a-t-on parcouru un bien long chemin ?

6 mars

Lorsque je suis dans un état d'hypersensibilité et que me ronge un doute radical quant à ce que je vaux, ce que j'écris, j'ai parfois le sentiment que respirer est déjà faire violence à autrui.

10 mars

Il y a déjà plusieurs années, lisant un livre de Beckett, je me suis heurté à cette affirmation : *vivre, c'est se décomposer.* En moi, il y eut un sursaut et tout ce que je suis a silencieusement crié : *non, vivre ce n'est pas se décomposer. Vivre, c'est se construire, s'élever, se hisser vers la lumière.* Et j'ai mis plusieurs secondes avant de me rendre compte que la vigueur de ma réaction m'avait fait me dresser. Un instant, je suis resté debout, rassemblé autour de mon centre, vibrant de la découverte que je venais de faire.

Il est vrai que depuis que j'écris, je n'ai cessé de travailler à me construire. Il m'a fallu d'abord éventrer et drainer mon sous-sol, puis poser des fondations, enfin songer à édifier la demeure. Une maison basse, humble, secrète, aux murs de granit, toute inondée de lumière, et où ceux qui viendraient éventuellement séjourner pourraient avoir le sentiment de se trouver chez eux.

Cette maison est loin d'être achevée, mais je travaille et j'en poursuis la construction.

15 mars

Nous sommes deux, mais puisque c'est moi que tu sollicites chaque fois que tu as besoin de l'une de nous, je ne parlerai que de moi, ta droite.

Et d'abord, je me demande si tu t'es jamais aperçu que j'existe. Je suis docile, prompte, habile, et dans la mesure où je réponds parfaitement à ce que tu attends, pas une seule fois tu n'as pu prendre conscience que tu m'emploies à des tâches innombrables. Depuis le début, nous n'avons pourtant cessé de collaborer, et tu devrais reconnaître que si je n'avais pas été aussi désireuse de bien te servir, tu n'aurais pu te développer comme tu l'as fait.

Ensemble nous avons commencé à explorer l'univers des choses. Puis au fur et à mesure que je me montrais plus adroite je t'ai nourri, suis devenue l'un des instruments de ton vouloir et de tes désirs. Mais nulle preuve ne m'a été donnée que tu l'aies su et m'en gardais reconnaissance.

Par la suite, nous avons appris à écrire et je n'ai pas oublié tes accès d'humeur quand j'avais de la difficulté à suivre les lignes, former mes lettres, que je ne parvenais pas à réaliser ce que tu aurais voulu.

Ce souvenir qui resurgit... Tu as huit ans et joues près de la rivière. Des eaux abondantes et écumeuses dévalent des hautes collines où la neige fond. Tu veux attirer à toi une branche à laquelle est accroché un chiffon rouge. Mais tu t'es trop penché, et soudain, sous tes pieds, le sol cède. Déjà le courant t'entraîne et tu suffoques, te débats, vois approcher la mort... In extremis, j'agrippe le bout d'une branche, et toutes deux, au prix d'un furieux effort, nous te tirons de ce mauvais pas.

A l'adolescence, tu t'es fermé, durci, et à ton image, je me suis fermée, durcie. Tout t'effrayait, et parce que tu avais peur, il te fallait frapper, te battre, tenter d'expulser par la violence ce malaise qui te rongeait.

Trois ans de boxe. Mais tu as fini par comprendre que tu te fourvoyais, et submergé par la honte, décidé à susciter en toi une mutation, tu as résolument pénétré dans ta nuit.

Depuis une vingtaine d'années, tu m'emploies le plus souvent à écrire. Durant des centaines d'heures, j'ai été là, m'appliquant à ma tâche sous ton regard, mais pas une seule seconde tu ne m'as prêté attention. Tu n'as d'yeux que pour ces mots qui naissent sous la plume du stylo que je tiens. Je ne suis certes qu'un modeste exécutant, mais songe à ce que tu deviendrais si j'étais incapable de coucher sur le papier les phrases qui s'élaborent dans tes limbes. (Pour réparer le peu de cas que tu fais de mon application à te servir, promets-moi qu'un jour nous dresserons la liste des émotions inoubliables auxquelles j'ai été associée.)

Poings durcis par la haine, la révolte, le ressentiment...

Mains aux doigts comme des crochets et qui ne peuvent que griffer, arracher, détruire...

Mains toutes de douceur, mais qui s'emploient activement à arrondir leur butin...

Mains qui en aucune circonstance ne se ferment, qui savent donner et recevoir, prendre et restituer, caresser et affermir...

Toi à qui je suis soumise, veille à ce que je demeure ouverte, bienfaisante, me situe à jamais du côté de la vie...

10 avril

Je retrouve ce texte en réponse aux questions que m'avait posées une revue :

Au fond, avec quel organe rêvez-vous vraiment d'écrire vos textes ?

Avec l'œil. L'œil-burin. L'œil-ciseau (je songe bien sûr au ciseau du sculpteur). Cet œil qui interroge, fouille, fore, palpe, dévore – puis ne retient que la quintessence de ce qu'il a absorbé. Cet œil qui s'emploie à sonder l'invisible, et qui, armé de sa vision, entreprend de l'inscrire dans la pierre du langage. Une pierre pourrie, qui s'effrite, et qui pourtant, à considérer la résistance qu'elle m'oppose, semble être d'une dureté de granit.

Mais l'œil ne saurait sculpter sans qu'interviennent la voix et l'oreille. (Ne seraient-ils pas tous trois un seul et même organe ?) Ecrire, pour moi, c'est tenter de restituer ce que je sens, ce que je vois, ce que j'écoute. Le plus souvent, c'est donc m'appliquer à capter cette voix qui cherche à se faire entendre. Et puisqu'il y a voix, il y a rythme. Ecrire, c'est aussi me soumettre à un rythme. Un rythme dont les exigences sont absolument impérieuses.

En conséquence, et à l'inverse de ce que vous écrivez, je pense que l'œil entend parfaitement ce que scande la voix qui sourd du sac des sons. Et j'aimerais conclure en affirmant que œil et oreille travaillent la main dans la main.

De même : avec quel organe (des sens et des besoins réels) rêvez-vous de lire ceux des autres ? De quel trou l'écrit vous tombe-t-il dessus ?

Lire est pour moi une forme de recherche de la vie. Et vivre – comme écrire – c'est connaître ces instants où le magma tressaille, pulse, émet des ondes qui vont ébranler la totalité de ce que je suis.

Le magma ? Il est à la fois l'organe et le produit de sa fonction. Je discerne donc en lui la sensibilité (elle-même alimentée par des besoins, des manques, des blessures...), les cinq sens, le sexe, la mémoire, telle instance qui me donne faim du stable, du permanent, de l'illimité, et aussi, bien sûr, tout ce qu'a déposé au plus enfoui le travail inlassable de ces divers constituants.

Ouvrir le trou. Travailler à ce que le corps ne soit plus que cet œil-bouche dont l'orifice va grandissant, et qui reçoit avec une lancinante avidité ce qui pourra me nourrir. M'embraser.

Sur quel deux « oreils » ne dormez-vous pas ?

J'applaudis à cette question sur laquelle on dérape. (Ne pourrait-on pas la considérer comme l'équivalent du koan, cette question-non-sens que le maître zen décoche au novice qui lui rend visite, dans le but de le décontenancer, d'arracher l'esprit à ses circuits habituels, de le réduire au silence, soit de dépouiller l'être de ses outils, ses armes et ses armures, afin qu'il s'offre nu à la provocation ?)

Face à ce qui l'assaille et pourtant se dérobe, l'être vacille, se sent perdre pied. Mais bientôt, dans un vertige, il se mobilise, cherche fébrilement une issue. Alors il peut arriver que s'accomplisse en lui une brusque prise de conscience – des résidus abandonnés par des instants de fugitive vision soudain fusionnent, précipitent – et que jaillisse la réponse donnant à celui qu'elle éclaire l'impression qu'il VOIT, qu'il est parvenu à une compréhension globale et décisive.

Mais oubliant la question, je voudrais risquer une

réponse qui relèverait, sinon de l'esprit zen et du koan, du moins de l'idée que nous nous en faisons. Et ainsi, à tout hasard, je dirais : veille à ne pas dormir quand tu es éveillé.

Ne vous sentez-vous pas l'acteur de vos écrits ?

Question extrêmement importante, qui touche à quelque chose d'essentiel.

Pour le meilleur et pour le pire, chacun est strictement déterminé par sa physiologie et son histoire.

Etre un artiste, c'est – me semble-t-il – se livrer à tout un travail sur soi-même, qui consiste à dépasser l'individuel, le particulier, en vue de chercher à atteindre le commun, le permanent – cela où brasille le plus intense.

Oui, mille fois oui, j'aimerais pouvoir remonter en amont de ma cause, devenir le père de celui qu'il me faut engendrer, être l'effectif créateur de ce que je crée. (Mais créer n'est pas le mot juste. Nul ne crée. Chacun ne fait que porter au jour ce qui en lui attend de naître.)

C'est là une tâche impossible, car comment puis-je devenir reponsable de ce qui m'est imposé ? Comment puis-je être à l'origine de l'instance que je subis ?

Mais cette tâche impossible est pourtant celle à laquelle l'artiste se trouve astreint.

C'est sans doute par une humble vertu de soumission, d'effacement, de totale adhésion à sa nécessité, que l'artiste peut se donner l'illusion qu'il a part à ce qu'il réalise, qu'il serait éventuellement fondé à s'en attribuer le mérite.

15 avril

Mon *Journal III* vient de paraître. Lorsque le premier tome était sorti en 1978, alors que pendant vingt ans j'avais vécu dans un grand isolement, poussé à me terrer par la honte d'être un écrivain et la conscience d'avoir peut-être raté ma vie, j'avais été fou d'angoisse à l'idée de devoir me risquer hors de mon trou pour m'exposer nu, sans défense, me trouver jeté en pâture à des inconnus. Ne pas pouvoir me tenir aux côtés de chaque lecteur afin de m'expliquer, me justifier, présenter ma défense, m'était intolérable. Car ma substance intime étalée sous des regards pas forcément bienveillants, n'était-ce pas quelque chose comme subir un viol ? Mais heureusement, je n'avais fait paraître jusqu'alors que trois petits livres, lesquels étaient passés inaperçus, et je me représentais mal ce que signifiait de publier un *Journal*. En outre, j'avais la conviction qu'à l'instar des trois petits ouvrages déjà parus, il n'aurait que peu de lecteurs.

Pour ce *Journal III*, je n'ai plus cette angoisse. Je sais maintenant que ce que je livre de moi dans ces pages, chaque lecteur, pour l'essentiel, peut plus ou moins le retrouver en lui. Alors pourquoi devrais-je craindre qu'il ne me juge ? Pourquoi devrais-je avoir honte d'être ce que je suis ?

8 juin

Il y a un an, c'était le lundi de Pentecôte, et ce jour-là, notre ami Sopho est mort. (Quelle étrange chose que de se prénommer Sophocle !) Il était un être clair, fort, généreux, désintéressé, et ceux qui l'approchaient ne pouvaient que l'aimer. Sa disparition a creusé un grand vide dans nos existences, et depuis, j'ai bien souvent pensé à Mireille et à leurs deux filles.

J'avais fait la connaissance de Sopho chez Descombin en 1963. Il venait d'ouvrir sur les quais de la Saône une galerie où il se proposait d'exposer de la sculpture. Très vite nous étions devenus amis, et pendant deux ou trois ans, il ne s'est guère passé de matin où je ne me sois rendu à la galerie pour les voir. Sopho était architecte d'intérieur et Mireille lui servait de secrétaire. Bien souvent, j'ai dû les importuner, leur faire perdre du temps, mais à cette époque, j'allais si mal, et j'avais un tel besoin d'eux. Il faudra que je dise à

Mireille combien leur amitié m'a soutenu et la reconnaissance que je leur en garde.

Parfois, en fin de matinée, Sopho me raccompagnait, et assis dans sa voiture, nous restions encore une heure à converser. Il avait une intelligence des plus vives, mais il n'était nullement porté à s'introspecter. Je lisais en lui à livre ouvert, et je me plaisais à lui révéler sur lui-même bien des choses qu'il ignorait. Il m'en savait gré, et à ces moments-là, si intense était l'amitié qui nous liait, que nous ne parvenions pas à nous quitter.

Quelle stupidité qu'un être d'une telle qualité ait été fauché si jeune.

30 juin

Il y a plusieurs années, j'avais suggéré à un ami metteur en scène de monter un spectacle avec des textes tirés de l'œuvre de Camus. En mars, il en a accepté l'idée, et sans tarder, je me suis mis au travail. Je viens donc de passer trois mois à relire toute l'œuvre, à l'exclusion toutefois des pièces de théâtre.

Mon but ? Faire découvrir et aimer l'homme derrière l'écrivain. L'homme avec ses doutes, ses révoltes, ses enthousiasmes, ses passions, ses luttes, les épreuves qu'il a traversées...

Pour finir, j'ai écarté les œuvres qui ont la faveur du grand public et retenu les moins connues : *Chroniques algériennes, L'Envers et l'Endroit, Noces, Lettres à un ami allemand, L'Été,* et surtout les *Carnets* et les lettres adressées à Jean Grenier.

Les passages qu'on entendra, je les ai choisis pour leur lyrisme et la capacité qu'ils auront à susciter l'émotion. Et aussi pour qu'en dehors de toute référence et de tout contexte, ils soient immédiatement compréhensibles par le spectateur.

La progression selon laquelle il fallait ordonner ces

pages s'est imposée d'elle-même. Elle était celle de leur chronologie.

D'emblée, à vingt-deux ans, Camus s'est trouvé en possession des thèmes, des idées, des convictions, de la langue et du style qui allaient donner substance et forme à son œuvre. Aussi l'un de ses premiers textes, publié dans *Alger républicain,* a-t-il tout naturellement trouvé place au début de ces extraits qui s'articulent et s'enchaînent d'une manière fort logique.

Le titre du spectacle, je ne pouvais que le lui emprunter. Ce sera : UN ÉTÉ INVINCIBLE.

18 juillet. Jujurieux

Quand j'ai commencé à écrire, je me suis intéressé de très près au théâtre. J'avais longuement étudié celui de Tchekhov, certaines pièces de O'Neill, d'Arthur Miller, de Tennessee Williams... J'avais même écrit deux pièces. Elles ne devaient pas avoir grande valeur et je les ai oubliées. Puis après quelques années, alors que je me consacrais à mon *Journal* et à des poèmes, mon intérêt pour le théâtre est passé au second plan.

Un jour de juin, j'ai rencontré par hasard un ami metteur en scène. On lui proposait de prendre la direction d'un théâtre, mais il ne savait que décider. Pour accepter cette proposition, il aurait voulu disposer d'une pièce inédite, afin de pouvoir faire une création au cours de la saison à venir. Etais-je en mesure de lui écrire une pièce ? J'avais un sujet en tête depuis longtemps, et sans hésiter, j'ai répondu oui.

Ces jours, je me suis donc mis au travail. Le thème de cette pièce ? Le seul qui m'intéresse et qui en commande plusieurs autres : l'aventure de la quête de soi, le combat que se livrent en nous notre ego et notre aspiration à l'immense – la longue errance au sein du labyrinthe, l'apprentissage du lâcher-prise, le passage par le goulet de l'humilité, puis la naissance à soi-même. Une ardente recherche d'authenticité, de liberté, en vue de pouvoir s'offrir à la vie, accéder à l'amour, à la compassion.

Ces considérations peuvent paraître abstraites, mais il n'en est rien. En fait, cette pièce est autobiographique. Elle est l'expression de ce que j'ai vécu, une transposition de ce qui est noté dans mon *Journal.* Peut-être dira-t-on qu'elle est une parabole. Je n'en ai cure et ne me soucie pas de mettre une étiquette sur ce que j'écris.

Je n'ai que trois personnages : un homme et son compagnon, et aussi une femme, dont au début on n'entend que la voix.

Je veille à être concret, direct, et je n'ai aucun effort à faire pour retrouver les cadences de la parole, pour écrire des phrases brèves à l'aide des mots les plus courants.

29 juillet

Ma pièce commence à prendre figure. L'homme et son compagnon. L'homme et son double. Ce dernier incarne le moi – le moi qui est envie, jalousie, désir de possession et de domination – tandis que la voix de la femme est celle de cette sagesse que les siècles ont fini par déposer en nous. Une sagesse souterraine, ignorée, mais qui affleure et nous éclaire dès que nous abattons les murs du moi.

Le compagnon parvient à convaincre l'homme de se retirer loin de ses semblables. Ainsi sera-t-il hors d'atteinte, on ne pourra plus le blesser ni l'humilier. Mais il apparaît bientôt que loin des autres, la vie n'est que désert.

Alors que l'homme et le compagnon sont engagés dans un dialogue serré, une voix parle. Elle parle mais elle n'est pas entendue. Puis elle est entendue, mais les paroles qu'elle prononce sont déformées. Par la suite, elles sont clairement perçues, mais ce qu'elles expriment n'est pas compris. Enfin l'homme parvient à saisir ce qui lui est dit, et il fait bon accueil à cette voix qui rejoint ce à quoi il aspirait confusément. Alors il décide de revenir là d'où il est parti. Mais cette pérégrination et la longue solitude qu'il a connue, l'ont transformé. Désormais, il ne sera plus prisonnier de son ego et devenu lucide, il pourra s'accepter et pleinement adhérer à la vie.

10 août

Exposition Cézanne à Aix-en-Provence.

Depuis de nombreuses années, j'ai longuement regardé et interrogé son œuvre, laquelle compte tout autant pour moi que celle des écrivains que j'ai beaucoup lus. Un jour, il faudra que j'essaie d'analyser ce que j'éprouve lorsque je contemple et scrute ses toiles. Au musée Granet, je suis resté un long moment devant deux Sainte-Victoire, aussi dissemblables que possible, l'une avec des ocres pâles et très peu de vert, l'autre avec des roux, des vert-noir et des mauves. Ce qui chez lui me touche tant et que j'ai toujours recherché : l'alliage de la rigueur et de la sensibilité. Un besoin de construire qui n'étouffe nullement la fraîcheur et l'intensité de la sensation. Le mariage impossible de la passion et de la lucidité.

Quand j'approche d'Aix, et que je discerne la Sainte-Victoire dans le lointain, si je suis tant ému, ce n'est pas à cause de ce que j'ai vécu dans cette ville durant huit ans, c'est en raison de Cézanne, de ce peintre que j'aime et dont j'ai beaucoup appris.

20 août

Rendu visite à cette femme de trente-cinq ans, souffrant d'une grave maladie et qui sait que sa mort approche. Son existence, qui se restreint chaque jour davantage, est un combat de chaque instant. Le matin, elle tient à prendre son bain, et à huit heures, impeccablement maquillée, elle est prête à recevoir sa femme de ménage. Quand elle veut appeler quelqu'un, il lui faut une heure et demie pour atteindre son téléphone. Chaque geste doit être pensé, médité, et elle progresse centimètre par centimètre. Avant, elle pouvait franchir une marche d'escalier, à l'intérieur de son appartement, mais maintenant, elle doit y renoncer. Ses ami(e)s se raréfient car ils ont peur d'aller la voir. L'autre jour, à l'hôpital, on a voulu lui faire une ponction lombaire, mais elle a refusé, et son médecin a été impressionné par sa lucidité. Elle sait qu'elle va mourir et en parle très librement. Elle est toujours d'une humeur égale, et il arrive même qu'elle remonte le moral à telle ou telle de ses amies. En la quittant, et bien que j'aie été sensible à son drame, je n'étais même pas triste. Sa force de caractère m'avait revigoré.

24 août

Difficulté d'écrire une pièce. Le théâtre est un art du présent, de l'immédiat, et pourtant, il doit aussi savoir dire ce qui demeure.

Ma pièce est située hors du temps. Va-t-il lui manquer d'être inscrite dans ce présent que nous vivons ?

26 août

Hier, j'ai reçu une lettre qui m'a fait mal. Elle émanait d'un ami. Un ami qui est aussi mon éditeur. X... à qui j'ai tenu il y a deux ou trois mois des propos anodins au cours d'une conversation des plus banales, les lui a rapportés. Mais il les a rapportés en les dénaturant, en les amplifiant, en leur donnant un sens qu'ils n'avaient pas. C'est éminemment pervers : s'emparer de quelques paroles qui ont été dites, qu'on ne pourra nier avoir prononcées, puis les répéter non sans les déformer, non sans leur attribuer des arrière-pensées, non sans souligner qu'elles bafouent toutes les lois de l'amitié. Le but de l'opération ? Vous brouiller avec quelqu'un qui est non seulement un ami, mais celui dont vous dépendez pour votre travail. Alors que puis-je faire ? Comment m'expliquer ? Je ne manque certes pas d'arguments, et je pourrai facilement rétablir la vérité, mais il n'empêche qu'un coup nous a été porté et la blessure laissera des traces.

28 août

Cet homme politique qui clamait naguère : « Calomniez, calomniez, il en restera toujours quelque chose. »

30 août

Il y a quelques années, B. était seule ici en vacances, et nous nous étions vus à plusieurs reprises. Elle était nerveusement fatiguée et parlait avec excitation, mais enfin, rien ne laissait deviner ce qui allait advenir. Elle habitait une grande ville et attribuait sa fatigue au bruit infernal provoqué par de gros travaux effectués depuis plusieurs mois aux abords de son immeuble. Elle se disait malheureuse, et avec force détails, nous racontait sur son mari des histoires montrant qu'il avait un caractère impossible, que vivre avec lui n'était pas supportable. J'étais fort surpris. Ce qu'elle nous apprenait ne correspondait en rien à ce que je savais de lui, et j'étais dans une grande perplexité.

Quelques jours plus tard, elle fit une bouffée délirante et c'est alors que nous comprîmes que ce qu'elle nous avait raconté était à mettre sur le compte de la maladie.

Par la suite, nous apprîmes que tout ce qu'elle nous avait dit était vrai, mais le sens donné aux événements dont elle nous avait fait le récit était fort éloigné de celui qu'ils avaient eu. Tout avait été fantasmé, déformé, réinterprété.

31 août

Depuis que j'ai reçu cette lettre, je ne peux plus travailler et je sens que je vais avoir du mal à achever ma pièce.

2 septembre

Il a fallu que j'arrive à quarante-neuf ans pour que quelqu'un cherche délibérément à me nuire. Et ce quelqu'un, je croyais que c'était un ami. Je ne peux être que blessé et terriblement déçu. Mais je n'ai aucune envie de lui écrire, de mettre les choses au point, de lui adresser des reproches. Prolonger cette histoire ne pourrait qu'ajouter à mon amertume.

20 septembre

J'ai fait la connaissance de N., écrivain public, à X... Ont recours à ses services les gens les plus divers. Des gens aux prises le plus souvent avec la solitude, le malheur, le désespoir. Nombreux sont ceux qui ont une vie familiale, sociale et professionnelle sans histoire, mais qui ne savent ni lire ni écrire. Quand elle leur soumet la lettre qu'elle vient de rédiger, ils la lui rendent sans en prendre connaissance, expliquant qu'ils ont oublié leurs lunettes.

Ce qu'elle me raconte me laisse pantois.

> Cette vieille dame qui vit dans un village d'un département voisin a deux grands enfants : une fille enseignante et un fils ingénieur, mais se figurant qu'elle n'est pas assez instruite, elle n'ose plus leur écrire. Une fois par mois, elle vient donc chercher les deux lettres qu'elle leur enverra après les avoir recopiées.
>
> Cette jeune femme arménienne. Sa famille vit

en Arménie soviétique et souhaiterait venir s'établir en Europe. La permission de quitter l'Arménie lui a été accordée. Les choses traînent. Aussi pour tenter de débloquer la situation, cette femme envoie lettre sur lettre. Mais un jour, elle doit être internée et on découvre qu'elle n'a pas de famille. Pour lutter contre son désarroi, elle s'en était inventé une. Tout ce qu'elle avait imaginé était éminemment plausible, et N. n'avait pu que croire à son histoire.

Cet homme de quarante ans qui possédait un garage, employait une secrétaire et une dizaine d'ouvriers. Mais il ne supportait pas d'être patron, de diriger, de donner des ordres. Il avait l'impression qu'il trahissait le petit ouvrier qu'il avait été. Un jour, il demande à N. une consultation. Venu avec sa femme d'une ville voisine – tous deux endimanchés, conscients de la gravité de la décision prise – il confie à N. son intention de vendre ce garage et son désir d'y être embauché par la suite comme simple mécano.

Cette femme dont l'unique fils a été assassiné alors qu'il était en prison. Le fardeau qu'elle porte. Maintenant, quand un prisonnier est libéré, elle lui ouvre sa maison. *Ce sont tous mes fils.* Elle entretient plusieurs correspondances avec des détenus. Deux fois par semaine, elle reçoit des lettres remarquables d'un homme incarcéré à M., un homme sans instruction ni culture, mais sensible et intelligent, et qui sait tirer de lui de très belles choses.

Ce banquier qui veut adresser une lettre d'insulte à son frère et qui ne peut la dicter ni à sa secrétaire ni à sa femme.

Ces Algériens et ces Marocains dont le père ou un frère a disparu, victime de la police politique de leur pays.

Cet homme qui ne connaît même pas le nom

de sa rue, et qui indique qu'il habite là-bas, au-dessus du bureau de tabac.

Cet homme qui sort de prison, et qui, lors d'une tentative d'évasion, blessé par la police, a perdu la vue. Il explique qu'il ne peut même plus être un gangster. Il aimerait rencontrer une femme qui accepterait de se marier avec lui.

Ce petit maquereau qui vient régulièrement la voir depuis trois ans, effectuant chaque fois un déplacement de deux cents kilomètres. Trois femmes travaillent pour lui, dont une jeune institutrice. Dans les lettres qu'il se fait écrire, il leur adresse des menaces et leur enjoint de travailler davantage. En ce cas, N. est affrontée à un problème moral. Elle tente de le résoudre en amendant la teneur de la lettre.

Des hommes qui ont le simple et profond besoin d'écrire. Ils viennent en se cachant, affirmant que leur femme ne les comprendrait pas. Leur intense plaisir à manipuler des stylos, à écrire sur du beau papier, à se délivrer dans des mots de ce qui les préoccupe ou leur est source de souffrance. Ces textes sont le plus souvent maladroits, mais la gangue est riche de nombreuses pépites.

N. m'apprend que face à l'écriture, bien des gens ont un sérieux blocage, lequel date en général de l'école primaire. Des personnes peuvent avoir fait des études supérieures, occuper de hautes positions sociales, et se montrer incapables d'écrire une lettre dans laquelle ils auraient à exprimer quelque chose de personnel.

Elle n'a pas fait d'études. Vie difficile, douloureuse. Son père ne parlait jamais et son mari ne comprend rien ni à ce qu'elle est ni à ce qu'elle fait. Il est à peine besoin de dire qu'elle reçoit des confidences bouleversantes, vit des choses peu banales, et je l'ai poussée avec insistance à relater tout cela dans un livre. Elle tient déjà un journal et elle a un tel sens de la langue qu'elle écrit avec beaucoup d'aisance, de naturel et de simplicité.

Cet été, afin de gagner quelque argent, elle a fait la cuisine pour quatre-vingts enseignants dans un centre de vacances. Très vite, la pièce où elle travaillait est devenue un lieu d'échanges, de lectures et d'écriture. Ma surprise quand elle m'apprend qu'un professeur de faculté a découvert en cette occasion que l'écriture pouvait servir à s'exprimer, à formuler ce qu'on porte en soi, ce qui nous tient à cœur. Il était à ce point emballé par cette expérience qu'à la fin de ce séjour, il a gagné la ville où elle habite pour y écrire pendant trois jours en sa présence. Je crois en effet que pour ceux qui viennent à elle avec le désir de se dire en traçant des mots sur une feuille, elle agit comme un catalyseur.

Il va de soi qu'elle rend d'énormes services, soit en rédigeant des lettres, soit encore en écoutant pendant des heures des gens qui n'ont personne à qui se confier. Mais peut-être faut-il préciser que le travail qu'elle effectue ne s'appuie sur aucune idéologie. Ce qui l'anime et qui opère, c'est sa seule bonté, son sens de l'humain, son besoin de venir en aide à des gens qui sont parfois totalement démunis. Elle possède à un point éminent ce qui est si rare et que dans la Chine ancienne on nommait *la vertu d'humanité.*

Mais réussira-t-elle à tenir ? On lui a imposé un statut d'artisan, et on ne cesse de lui demander de l'argent, alors qu'elle parvient tout juste à survivre. Car il est évident que la plupart des personnes qu'elle reçoit n'ont rien en poche et qu'elles ne peuvent la rétribuer qu'avec des sourires, des poignées de main, des regards dont elle m'assure qu'ils sont poignants, inoubliables.

Le maire de la ville où elle exerce a connaissance des services qu'elle rend à la communauté et il a promis qu'il l'aiderait. Mais tiendra-t-il sa promesse ? Rien n'est moins sûr.

25 septembre

Rendu visite à Maxime que je n'avais pas revu depuis deux ans. Je crains que son agressivité et ce besoin qu'il a de systématiquement contredire son interlocuteur, ne finissent par rebuter la profonde affection que je lui porte.

Tu es la forge et le forgeron. Et c'est en toi que tu façonnes et polis le métal des mots.

28 septembre

Elles sont curieuses les réactions de certains de mes amis face au fait que je suis maintenant publié. Il en est qui ne posent aucune question, n'ouvrent même pas les livres. Pour d'autres, c'est l'inverse. Ils sont heureux de me dire qu'à la faveur de leur lecture, ils m'ont découvert. Mais dans le même temps, ils me révèlent que jusque-là, ils ne m'avaient pas prêté grande attention.

3 octobre

Dans une ville, il est des lieux, des quartiers qui laissent indifférent, d'autres qui paraissent aimantés. Là-bas, tout est morne, gris, anodin. Là, tout n'est que charme et agrément.

Dans cette grande ville qu'est Lyon, il en est une plus petite que j'affectionne tout particulièment. Elle a même des limites fort précises. Bordée sur deux côtés par le Rhône et la Saône, elle s'étend de la place des Terreaux à la gare de Perrache. C'est là que sont les rues les plus vivantes, c'est là que j'aime à circuler, c'est là que bat pour moi le cœur de la ville.

Mais à l'intérieur de cette petite ville, il est encore des places et des rues plus attirantes que d'autres. Ce sont celles où il y a le plus de monde, le plus de mouvement, celles où la vie est la plus intense.

Joie réelle, toujours renouvelée, à flâner ou déambuler rue de la République, rue Edouard-Herriot ou rue Victor-Hugo – ces artères où le sang de la ville est le plus dru.

En fin d'après-midi, descendu de mon cinquième étage, je m'enfonce dans le courant, redécouvre soudain ma rue, ai la sensation d'entrer brusquement en contact avec la vie. En quelques secondes, je passe du silence et de la solitude aux lumières, aux bruits, à cette agitation qui pendant une ou deux heures va faire s'accélérer le pouls de la ville.

L'esprit vacant, je marche sans but, me laisse entraîner par le flux, m'abandonne aux menus et multiples plaisirs qu'offre sans fin le spectacle de la rue.

Ces plaisirs, chacun les connaît. On se laisse attirer par une vitrine, on regarde vaguement des images diffusées par des postes de télévision branchés sur des chaînes différentes, on se joint à ceux qui font cercle autour d'un gratteur de guitare, on feuillette un de ces livres empilés sur un présentoir, on pénètre dans le hall d'un cinéma, et devant le portrait de quelque star, on rêve un instant, tout en cherchant à décider si on ira ou non voir ce film dont elle est la vedette...

La flânerie se poursuit. On déchiffre les titres des livres exposés à la vitrine d'une librairie, on lit les menus à l'entrée d'un restaurant, on jette un coup d'œil à l'intérieur d'un café comble, puis on croise un ami et une conversation s'engage.

Après une ou deux heures de déambulation, peut-être ressent-on un peu de fatigue. Cette rumeur et ces bruits qu'on n'entendait pas finissent par gêner, irriter, et soudain la ville oppresse. On aspire à un répit, on lève la tête, et là-haut tremble une étoile dans le bleu-noir du ciel où s'étend déjà la nuit.

Mais dans ces foules qui emplissent les rues, ce que j'aime tant, c'est côtoyer des gens, croiser des inconnus, me laisser porter par cette forêt en marche, sentir battre autour de moi la pulsation de la vie.

Chaque visage me raconte une histoire, et pour peu qu'un regard s'accroche au mien, fasse lever en moi une interrogation, je cède à une rêverie qui se plaît à ébaucher les contours d'une personnalité, imaginer les grands moments d'une existence, esquisser la courbe d'un destin.

Richesse de cette diversité humaine qui n'en finit pas de me surprendre, me féconder, m'émerveiller...

Parfois, les dimanches après-midi, ou les jours d'aridité, quand l'écriture se refuse, j'éprouve un besoin de campagne et me rends au parc de la Tête-d'Or. Je pars du sud de la ville, et empruntant le bas-port, je marche tout près du Rhône. Le courant est lent ou vif, l'eau grise ou verte, et l'été, l'odeur qui en monte est celle d'une eau stagnante.

Quand je pénètre dans le parc, je perds contact avec la ville et mon climat intérieur change. S'il y a foule, c'est tant mieux. Si je ne croise que de rares promeneurs, plus étroit se fait mon rapport avec les arbres, les écureuils, les fleurs, le lac, le ciel... Je ne vais jamais voir les animaux enfermés derrière leurs grilles. Je prends les avenues les plus larges, boucle deux ou trois fois le tour le plus long, et je rentre.

Je me retrouve le long du Rhône, et je connais là le meilleur moment de ma promenade. L'autre dimanche, une lumière d'automne mêlée de brume nimbait la ville. La rive opposée était dans l'ombre et le soleil déjà bas avivait la blancheur des maisons qui se dressaient sur ma gauche. Des mouettes glissaient dans le ciel et une large traînée de lumière or coupait la soie grise de l'eau.

Vers le sud, dans l'enfilade des ponts, alors que je longeais les péniches qui sont là à demeure, je pouvais voir tout un jeu de courbes, de couleurs, de coulées de brume et de lumières, et c'est à de tels moments de joie secrète qu'on sent combien forts sont les liens qui vous unissent à une ville.

5 octobre

Michel me raconte l'histoire de cette jeune femme extrêmement sympathique que j'ai rencontrée chez lui.

Elle est originaire de Majorque, mais son enfance et son adolescence se sont passées à Charleville. Dans une grande misère.

Tuberculeuse, elle a dû faire un long séjour dans un sanatorium. En voie de guérison, à la sortie de celui-ci, elle s'est rendue chez sa mère. Ce fut pour apprendre que celle-ci était morte depuis deux ans, que la maison avait été vendue et que des étrangers l'habitaient. Le coup avait été d'une telle violence qu'elle resta des mois sans pouvoir parler.

8-15 octobre

Toujours le même plaisir à revoir Anne Philipe. Comme la dernière fois, nous nous sommes installés dans sa chambre. Une longue pièce silencieuse dont les fenêtres donnent sur une cour intérieure. Le bleu profond du couvre-lit et de l'épaisse moquette sur laquelle elle est restée agenouillée puis assise, le coude appuyé sur l'angle du lit. Autour de nous, des œuvres d'Arpad Szenes et de Vieira da Silva que j'aurais voulu avoir le loisir de regarder. Ces derniers mois, elle a vécu très retirée, car elle écrivait. Nous avons abordé beaucoup de sujets, mais surtout parlé de nos lectures. Une vraie amitié se développe entre nous et j'en ai grande joie.

F. a quarante-quatre ans. Deux divorces. Une fille de dix-huit ans et un fils de six ans. Depuis cinq ans, elle avait une liaison avec un homme de quatre-vingts ans, mais cet homme ne veut plus la voir. Elle est brisée et a fait une tentative de suicide en se tirant une balle dans le poignet. Dépourvue de toute structure intérieure, elle semble n'être qu'instinct, affectivité, sensualité. Sa mère, milliardaire, lui a donné une éducation désastreuse et l'a longtemps maintenue dans une étroite dépendance. Sans volonté, désespérée, perdue, elle passe son temps à traîner dans les cafés, les restaurants, et on sent qu'elle pourrait devenir la proie de n'importe quoi ou n'importe qui. Mais comment l'aider ?

Tout de spontanéité, ses poèmes sont à son image, mais pour qu'elle élabore un recueil, il faudrait qu'elle soit encadrée et encouragée. L'homme avec qui elle a eu cette longue liaison aurait pu la soutenir et la guider. Il dirige une importante revue, est très au fait de la littérature, mais pas une seule fois il n'a demandé à voir ce qu'elle écrivait.

20 octobre

A Paris, j'ai fait la connaissance de Françoise Ascal. Elle est sensible, grave, attentive, et dans la mesure où elle sait écouter, j'ai eu beaucoup à lui dire.

Frappé par la qualité de ses textes, j'en avais conclu qu'elle écrivait depuis longtemps. Il n'en est rien, mais je ne me suis trompé qu'à moitié. Avant, elle était potière, et tandis que ses mains s'activaient, elle ne cessait de réfléchir, de s'explorer, de se mettre en ordre. Aussi, lorsqu'elle a affronté la page blanche pour la première fois, elle était claire, elle savait travailler, maîtriser ses émotions, et elle a pu très vite produire des textes d'une grande perfection.

Dans la lettre qu'elle m'a écrite, elle parle de la belle amitié qui vient de naître entre nous. Une amitié, remarque-t-elle, sans avidité ni tension.

22 octobre

Depuis que j'ai abandonné mes études de médecine, à vingt-quatre ans, je n'ai pas eu d'autre activité que l'écriture, et j'ai toujours vécu dans un grand isolement, surtout pendant les vingt premières années.

J'ai souvent pensé que j'avais commis une erreur en me coupant à ce point du dehors et qu'il me manquait d'avoir acquis une riche expérience sociale.

Je me suis ouvert à P.O.L. de mes craintes, mais il m'a rassuré. Il estime qu'en dépit de ma vie solitaire, je possède une bonne connaissance de la vie. Il m'a cité ces mots de Mao qui l'avaient frappé lorsqu'il était étudiant :

« D'où viennent les idées justes ? Les idées justes ne tombent pas du ciel, les idées justes viennent de la pratique sociale. »

Selon lui, je n'ai pas à douter que je suis en possession de l'expérience que donne cette pratique.

Fin octobre

Promenade en voiture dans le Sud-Ouest. Pola nous accompagne. A Béziers, pris un verre dans le café de Vaquerin, l'ancien pilier de l'équipe de France. Dans les vitrines, les maillots qu'il a reçus de ses vis-à-vis sur les terrains de plusieurs pays du monde. Toulouse. Moissac. Les Landes. A Mont-de-Marsan, échangé quelques mots avec Laurent Rodriguez, l'actuel troisième ligne centre du Quinze de France. L'océan, les plages. Biarritz, Bayonne, Saint-Jean-de-Luz... Découverte du pays basque par un temps estival. Frappé par la beauté de cette région et de ses villages. Pimpantes maisons à colombages. La couleur lie-de-vin des portes, volets, bois de charpente faisant paraître encore plus éclatant le blanc des parties maçonnées. A Saint-Bertrand-de-Comminges, passé un long moment à contempler la petite combe qui s'étend au pied de l'éminence sur laquelle sont édifiés la vieille église et son cloître. Des prairies rigoureusement plates, d'un vert vif, bordées par de douces collines couvertes de bois aux couleurs d'automne qu'estompait un léger voile de brume.

2 novembre

L'été dernier. Nous étions de passage chez des amis. Une femme de leur connaissance est arrivée. Il lui manquait une dent, ses cheveux étaient ternes, mal coiffés, et son apparence triviale ne plaidait pas en sa faveur. La conversation s'est engagée, je lui ai posé quelques questions, et de fil en aiguille, elle en est venue à se raconter. Pour élever ses enfants, elle a dû beaucoup travailler. Mais alors qu'ils étaient grands, qu'elle espérait pouvoir souffler un peu, leur voisin avait perdu sa femme, ce qui l'avait profondément affecté. Pour le soulager, elle avait recueilli ses trois jeunes enfants. Au fur et à mesure qu'elle parlait, que cette bonté enfouie en elle s'était révélée, son visage avait changé et elle était devenue belle. Depuis, j'ai très souvent repensé à cette femme, à l'erreur que j'avais commise en la voyant et qui m'a été révélée lorsque j'ai découvert la capacité d'amour qui était la sienne.

4 novembre

La difficulté qu'on rencontre quand on écrit : être à la fois à l'intérieur et à l'extérieur de l'émotion. A l'intérieur, car lorsqu'on prend la plume, il faut y être poussé par une émotion. A l'extérieur, parce qu'il est indispensable de pouvoir porter un œil critique sur ce qui s'écrit.

Etre dedans sans obturer l'œil. Se situer dehors sans tuer l'émotion. Chaque fois, un exercice combien ardu.

1er décembre

Hier a eu lieu la première d'*Un été invincible* qui va être joué ici pendant trois semaines et sera repris à Marseille en février prochain.

La veille, j'ai appris que les textes que j'avais présentés

ont été tripatouillés. Sans aucune raison. Sinon celle qui permet au metteur en scène de prétendre maintenant qu'il est tout autant que moi l'auteur du choix qui a été effectué. Et ses interventions, faites en dépit du bon sens, ne peuvent que nuire au spectacle. Exemple : j'avais placé au début un texte tiré d'un reportage que Camus avait consacré à la misère en Kabylie. Dans cette très belle page où il dénonce avec violence la souffrance et la faim qui étaient le lot quotidien de ce peuple, il parle d'*enfants en loques disputant à des chiens le contenu d'une poubelle.* Parue en juin 1939, cette enquête a valu à Camus des menaces de mort, et aussi, celle de se voir expulser d'Algérie. A l'époque, il n'avait que vingt-cinq ans et était un journaliste sans notoriété. Il lui avait donc fallu un réel courage pour jeter de telles accusations à la face de responsables et de colons résolus à tout ignorer des problèmes et des drames dont ils étaient pour une grande part la cause. Repoussé à la fin du spectacle, ce texte donne à croire qu'il a été écrit quelque vingt ans plus tard par un écrivain mondialement connu et qui pouvait publier ce qu'il voulait sans qu'on vînt lui demander des comptes. Ce texte perd alors beaucoup de sa signification, tant en ce qui concerne son auteur qu'en ce qui concerne la Kabylie.

J'ai consacré trois mois à choisir les textes de ce spectacle, d'une manière d'ailleurs totalement désintéressée, largement payé de ce travail par le plaisir que j'y ai pris. Mais j'aurais aimé qu'on respecte ce que j'avais préparé avec tant de soins et de ferveur.

5 décembre

Truphémus est un familier des quartiers qui bordent la Saône sur ses deux rives en amont et en aval du pont proche de la place Bellecour. C'est là qu'il vit, qu'il peint, que souvent il déambule, offert à des lieux, des décors, des ambiances, des rencontres..., qui après un lent processus lui fourniront le sujet d'une toile.

Mais s'il emprunte fréquemment ce pont et la passerelle Saint-Georges, s'il flâne presque chaque jour sur les quais avoisinants, il ne s'attarde guère à contempler la Saône. Celle-ci n'est pour lui qu'un des composants parmi d'autres de ce décor qu'il affectionne tout particulièrement. L'eau ne le requiert pas, ne se mêle pas à sa rêverie, n'est pas un élément avec lequel il soit enclin à dialoguer. Quand elle apparaît dans ses toiles, elle se trouve privée du pouvoir qu'elle détient à l'ordinaire sur notre inconscient. Elle ne saurait alors mettre en branle nos puissances symboliques. Elle dit seulement la présence paisible d'une rivière aux eaux dormantes, aux rives façonnées par l'homme, et qui ne semble être là que pour embellir et poétiser la ville.

Univers feutré que celui de Truphémus. On conçoit que le Rhône, bien plus large, aux eaux parfois abondantes, fougueuses, pouvant réveiller en nous de vieilles peurs, lui demeure étranger.

Par opposition, on comprend que la Saône et ses abords immédiats – lenteur, rues peu animées où se poursuit une quiète vie provinciale – fassent désormais partie intégrante de sa vision.

Maisons anciennes qui s'étagent au flanc de la colline. Eaux quasi stagnantes, domestiquées, enserrées en des murs. Nulle menace. Un monde serein et comme atténué, qui nous donne à pressentir un homme enfoui en lui-même, absorbé par sa méditation, et dont toutes les perceptions ne peuvent être qu'amorties.

1983

30 janvier

Cette année, centième anniversaire de la naissance de Nikos Kazantzaki. Je viens de relire son œuvre – et aussi les ouvrages de Panaït Istrati – pour préparer dix émissions qui seront diffusées en mars sur France Culture. Dans les cinq premières, je parlerai de son parcours et de ses principaux livres. Dans les cinq suivantes interviendront des personnes qui l'ont connu et traduit.

Une œuvre monumentale. Un écrivain doté d'une sensibilité et d'une puissance créatrice exceptionnelles. Déchiré par des contradictions insurmontables. Partagé sa vie durant entre son besoin d'ascétisme, de sainteté, et son ardente passion pour la vie.

Il a passé des années à courir le monde, s'est lancé dans maintes aventures, a pensé créer une nouvelle religion, a été ministre.

Ses dernières années, il les a vécues en France. A Antibes. Années extrêmement fécondes.

Son œuvre embrasse tous les genres : la poésie, l'essai philosophique, le théâtre, le roman, les récits de voyages... Sa prodigieuse *Odyssée* – poème épique de 33 333 vers de 17 pieds chacun – a connu sept versions et lui a demandé quatorze ans de travail.

En lui qui a célébré l'homme, la terre et le cosmos, se côtoyaient un mystique, un prophète, un visionnaire.

J'ai découvert son œuvre il y a quelques années par *Le Pauvre d'Assise,* une biographie de saint François. A cette époque, je lisais beaucoup les mystiques – lectures embrasées de Grégoire de Narek, Hadewijch d'Anvers, Rûmî... – je vivais dans une grande concentration, happé par ces problèmes, et ce livre m'a terrassé. Pendant des jours, ce qui avait éclaté en moi a pris le pas sur le monde extérieur, et ce que j'ai vécu là était d'une telle intensité que je marchais dans les rues comme si j'avais été soulevé de terre. Journées ivres, extrêmes, inoubliables.

10 février

Hier, obsèques de D. Je le connaissais peu, mais c'était un doux, et j'avais beaucoup d'estime et d'affection pour lui. Il menait une vie sans histoire, avait pour épouse une femme de valeur qui l'aimait et qu'il aimait. Et deux grands enfants, tous deux mariés. Dimanche matin, alors que lui et sa femme se préparaient à recevoir les deux jeunes couples, il est parti chercher du pain. Mais il n'est jamais revenu et on a retrouvé son corps quelques heures plus tard. Il n'a laissé aucune lettre pour expliquer son geste qui apparaît totalement incompréhensible. Quelles raisons ont pu jouer ? Est-ce le départ de sa fille, mariée l'été dernier, qui lui aurait été insupportable ? La perspective d'un proche départ à la retraite ? Un éventuel problème de santé dont il n'aurait parlé à personne ? On se perd en conjectures.

12 février

Ce copain d'enfance, maçon, a monté sa propre entreprise. Il est travailleur, doté d'une énorme vitalité, et il a socialement réussi. Il est aussi fou de vélo et de cyclisme, et depuis plusieurs années, a participé à de nombreuses courses, prenant les choses très au sérieux : régime, entraînement, discipline de vie draconienne... Il a aussi beaucoup rêvé, et cette passion qui l'habite est pour une grande part à l'origine de l'amitié que je lui porte mais qu'il ignore. Je viens d'apprendre qu'il est maintenant contraint de « raccrocher », et je sais quel vide va s'installer dans sa vie. Il tient des propos amers, a eu coup sur coup quelques petits accidents, et il n'est plus celui qu'il était. Il ne peut se douter combien je suis peiné de le savoir désormais condamné à mener une existence qui a perdu à ses yeux tout attrait.

Cet instant, dans une vie, où il faut renoncer. Renoncer à un rêve, un projet des plus chers, une passion dévorante... Cet effondrement, je l'ai vécu tant de fois. Mais la passion qui est mienne, j'ai la chance qu'elle ne soit pas tributaire de mon âge ni de ma force physique. De la sorte, j'ai toujours pu me rétablir. Mais lui ? Et tous ces sportifs, à qui le sport a apporté argent et notoriété, et qui un jour doivent se retirer et rentrer dans le rang. Je comprends que certains d'entre eux supportent mal d'avoir à endurer une vie soudain privée de tout ce qui la rendait passionnante.

15 février

A Paris, avec Chantal, la sœur de Geneviève. Trois heures d'un échange nourri. Avec elle qui m'inspire, les idées affluent, je m'entends exprimer des choses qui me surprennent moi-même, et j'ai l'impression que je pourrais parler ainsi sans fin, sans jamais épuiser ce que j'aurais à lui dire.

Cette capacité d'auto-régénération dont nous disposons est proprement inconcevable. Quand je songe à quel point j'ai été harassé à certaines périodes, j'ai du mal à croire que j'aie pu retrouver énergie et joie de vivre.

Les malades. La toute-puissance de la maladie. La manière dont ils en usent pour dominer leur entourage.

18 février

J'ai écrit *Ecarte la nuit* sans me poser la moindre question sur ce que cette pièce devait être. Je me suis contenté d'écouter la voix intérieure et de faire dialoguer les deux tendances qui n'ont cessé de s'affronter en moi depuis mon adolescence : l'une, qu'on pourrait appeler la tendance égocentrique, et l'autre, inverse, qui est le besoin de combattre la précédente, d'accéder à une vie plus lucide et plus vaste, de reconnaître l'existence d'autrui, de se rendre capable de le respecter et de l'aimer.

Ces deux tendances antagonistes qui entretiennent en la plupart d'entre nous un incessant combat, je les ai représentées par un homme et une femme.

Le premier incarne donc l'amour de soi, la peur, l'angoisse, le refus des autres, le besoin de se mettre à l'abri derrière des remparts, et à la limite, de s'enfermer dans une forteresse où il serait invulnérable et inattaquable.

La femme, elle, fait entendre le murmure de cette morale innée qui est constitutive de notre nature. Elle est la voix de la sagesse et de l'amour.

Peut-être dira-t-on que cette pièce est une parabole. Je ne sais. Peu importe. Ce dont je suis sûr, c'est que j'ai dit là, dans un langage simple et direct, bien des choses que chacun a vécues.

20 février

Ecrire, c'est m'inventer, me créer. Faire naître ce qui, sans ces phrases que je bâtis, n'aurait jamais existé.

J'aime vivre ces instants où la pensée est en travail, où ce qu'elle se propose d'exprimer n'est encore pour elle que le souvenir d'une sensation floue, d'une émotion brumeuse, une idée vague qui n'a pas cristallisé. Ce qui se présente à elle, elle s'emploie à lui donner de la consistance, des contours moins incertains. Puis elle le condense, l'organise, lui imprime une forme, se le rend clair à elle-même. Jusqu'à pouvoir s'en emparer et lui faire subir cette opération qui lui permettra de le transfuser dans des mots.

Voir exige qu'on soit intérieurement actif. Car pour bien observer ce qui est vu, pour en prendre conscience, pour éventuellement l'enregistrer, le regard, la sensibilité, la pensée et la mémoire doivent s'affairer et collaborer.

Des êtres intellectuellement doués, qui ont fait de brillantes études, sont cultivés, ont emmagasiné tout un savoir, on peut en rencontrer beaucoup. Mais ils sont en petit nombre ceux qui ont eu le besoin et le courage d'affronter leur nuit, se sont clarifiés, unifiés, pensent par eux-mêmes, ont une vision personnelle des choses.

22 février

A force d'être attentif au moindre frémissement du processus intérieur, j'ai fini par aiguiser mes perceptions. Aussi, quand un être n'est pas centré, quand ce qu'il dit émane d'une pensée qui n'a pas pour assise une connaissance de soi réelle et approfondie, je crois que le plus souvent je le perçois assez vite.

23 février

Pendant la dernière guerre, dans un camp d'internement, en Allemagne, Truphémus a eu l'occasion de rencontrer un homme remarquable. Russe d'origine, il avait fait des études de philosophie dans son pays, puis à Heidelberg.

Après quoi il avait participé à la Révolution aux côtés des bolcheviks. Mais il s'était enfui le jour où on lui avait demandé de fusiller de braves paysans auxquels on n'avait rien à reprocher.

Dans ce camp où ils se trouvaient, il s'était débrouillé pour que des gardiens lui procurent un dictionnaire allemand-français et les ouvrages des romantiques allemands.

Cet homme d'envergure, de grand savoir et qui était un sage, il avait été cantonnier pendant plus de vingt ans à Tarascon.

24 février

J'aurais beaucoup de choses à exprimer, mais je n'ai pas de mots, m'a-t-on dit à plusieurs reprises. Erreur. Les mots nous les avons. Ce qui est ardu, c'est d'extraire du magma intérieur ce que la pensée doit clarifier pour pouvoir s'en saisir. Car dès que la pensée est claire, en général, on n'a pas de difficulté à la formuler. On en revient à Boileau : *ce qui se conçoit bien s'énonce clairement.* Je me souviens que mon cher professeur Laurent, commentant cette proposition, l'avait nuancée. Car si ce qui est conçu est d'une grande complexité, l'exprimer ne sera pas forcément des plus faciles. Mais il n'empêche. Boileau a su résumer là, en quelques mots, une vérité dont je redécouvre l'évidence chaque fois que je prends la plume.

25 février

Bien des gens se figurent que l'écrivain n'est écrivain que lorsqu'il est à sa table en train de noircir du papier. Ils font erreur. Le travail qui alimentera l'écriture se poursuit sans relâche. Demeurer à l'écoute du murmure, ou bien être à l'affût, observer, soumettre à la réflexion ce qui est engrangé, vivre le quotidien d'une manière créatrice..., c'est à chaque instant que l'écrivain doit se mobiliser et être intérieurement actif.

Mais bien sûr, il y a aussi ces journées où il tombe dans la passivité, où le regard reste mort, où la vie semble s'être soudain vidée de tout ce qui la rend si follement passionnante.

Mal comprise, la liberté cause bien des dégâts.

Dans la vie courante. La puissance d'écrasement de ceux qui vivent en aveugle sous la chape du moi.

26 février

J'aime beaucoup rencontrer France, et ces temps, je passe souvent la matinée du samedi avec elle. Elle a en elle une exigence, et elle ne manque jamais de me provoquer, m'aiguillonner, me forçant par là à aiguiser ma pensée.

Notre drame, c'est qu'il nous manque trop souvent l'énergie d'être pleinement ce que nous sommes. De vivre selon nos véritables aspirations.

Ceux que la souffrance détruit.
Ceux pour qui elle est un tremplin.

Ecrire est pour moi un effort si coûteux, que je me demande souvent comment il peut se faire que tant de gens écrivent.

28 février

Sur un petit carnet retrouvé, je tombe sur ces notes prises après une rencontre avec Bram.

24 mars 1974

Parlant de sa peinture :

C'est un morceau de vie sans nom.

La peinture est un langage dont les mots ne savent rien dire.

Si la peinture se meurt, c'est parce que beaucoup de peintres se contentent de faire ce qu'ils savent faire.

Les peintres, les chercheurs n'osent pas être vraiment des religieux. Parce que le poids à porter leur paraîtrait trop lourd.

Sam [Beckett] *avance sur le terrain du doute.*

On vit une époque où le faux est pris pour le vrai. Où le vrai est considéré comme le faux.

Ma vie a été beaucoup plus une attente qu'une action.

Il me parle une fois de plus de la nécessité d'être sans vouloir. De tout ce qu'implique une telle attitude.

Pour que je puisse peindre, il faut que tout soit aboli, que je sois vide.

Une œuvre qui n'est pas un combat me fait horreur.

C'est le combat qui vous permet de tenir. Qui vous maintient debout.

Une grande partie de ma force vient de ce que j'ai toujours vécu dans la peur.

Mon travail est un tâtonnement vers la vie. Mais un tâtonnement qui comporte une réelle intensité.

Il me faut rendre la vie visible. Pour pouvoir la déchiffrer.

Si Bram refuse d'avoir un atelier, m'explique Madeleine, c'est parce qu'il veut continuer à vivre comme il a toujours vécu. Ne rien posséder, refuser tout cela à l'aide de quoi on remplit nos existences. N'avoir que le minimum de biens et de liens.

Dans ses dernières gouaches et aussi dans des lithographies qu'il vient de réaliser, on sent qu'il se détache, qu'il s'abandonne, qu'il accède à une totale liberté.

Avant que je le quitte, il me demande de trouver des noms pour ses lithographies.

3 mars

On m'a demandé d'écrire une note pour présenter *Ecarte la nuit.* La voici :

Un homme mène une existence en apparence toute lisse. Mais un jour, soit parce qu'une déception, un revers, un deuil..., a brisé ses défenses et détruit ses appuis, soit parce qu'il éprouve le besoin de partir à la recherche de lui-même, il se trouve engagé dans une errance au terme de laquelle, bien des années plus tard, après avoir parcouru un interminable chemin, il aura le sentiment de s'être découvert, d'avoir rencontré sa vérité.

La pièce qui vous est proposée ce soir a pour thème cette aventure de la quête de soi et de la radicale transformation qu'elle entraîne.

Cette aventure est longue, douloureuse. Au début, elle est vécue dans la confusion, la détresse, une angoisse extrême. Loin de tout repère, tout chemin, l'être avance à tâtons dans des contrées inconnues, désertiques, où s'enchevêtrent la peur de se perdre et le désir de conquérir un accord avec soi et le monde.

Contre toute attente survient pourtant l'instant décisif du lâcher-prise. L'être renonce à tout vouloir, consent à déposer les armes. C'est alors qu'il se trouve en mesure de se laisser guider et reconstruire par des forces qui vont faire de lui un être clair, unifié, apte à se tourner vers autrui.

Cette aventure qui nous conduit à naître à nous-même, il incombe à chacun de la vivre. Voilà pourquoi j'aimerais que ces deux hommes et cette femme qui vont apparaître sur la scène parlent à chacun d'entre vous. En cette part de lui-même que brûle le désir d'une vie plus haute, plus riche, plus intense.

5 mars

Parfois, une parole entendue ou une phrase rencontrée au détour d'une page s'est gravée en nous et n'a cessé de nous travailler. Abattant nos cloisons, elle nous a ouvert à nous-même, a changé notre manière de voir, a été cette lumière qui nous a guidés. Et continuant d'agir, elle demeure ce ferment qui ne cesse de ranimer nos énergies lorsque la fatigue ou le découragement alourdit nos pas.

Par les propos qu'ils m'ont tenus, par leur exemple, éventuellement par l'œuvre qu'ils ont édifiée, bien des êtres m'ont aidé. Mais aujourd'hui, je ne voudrais me souvenir que de ces quelques paroles ou phrases qui, dès qu'entendues ou lues, se sont logées à jamais au plus vif de moi-même et m'ont indiqué le chemin où j'avais à m'aventurer. Ces mots et ces phrases, je les ai souvent remâchés, mais ils n'ont rien perdu de leur lumière ni de leur pouvoir sur moi :

– *Peindre, c'est chercher le visage de ce qui n'a pas de visage.* (Parole de Bram Van Velde dite à Descombin qui me l'avait rapportée environ un an avant que je ne rencontre ce peintre.)

– *Une vérité répétée est un mensonge.* (Affirmation de Krishnamurti citée par Descombin alors que le nom et les ouvrages de ce... par quel nom le désigner ? cet éveilleur ? ce dynamiteur ? ce maître de sagesse ?, m'étaient inconnus.)

– *Nous sommes la cause de tous nos obstacles.* Maître Eckhart.

– *Si la connaissance ne t'enlève pas à toi-même, mieux vaut l'ignorance qu'une telle connaissance.* Sanâ'î.

– *Seule la main qui efface peut écrire la chose vraie.* Maître Eckhart.

– *Je ne dirai rien dont je n'ai point la très grande expérience.* Thérèse d'Avila.

– *Il vous sera demandé compte de toutes les paroles sans fondement que vous aurez dites.* La Bible.

Ces affirmations, elles m'ont aidé dans la mesure où elles m'ont confirmé dans ce que je pensais et ce que je cherchais à vivre. Parfois, elles ont été aussi des repères, des injonctions. Des sortes d'instances auxquelles il me fallait rendre des comptes.

7 mars

Bien des poèmes sont boursouflés, viciés par l'emphase et la rhétorique. Ceux que j'écris, je les veux nus, dépouillés, empreints d'un lyrisme discret. Ils ne doivent être que la transcription littérale de ce que j'ai capté. Pas d'ajout, pas d'enjolivure. Car si une chose ressentie avec acuité est formulée avec des mots justes, elle comporte sa propre beauté et sa propre énergie.

J'ai donc écrit des poèmes d'amour, mais rien n'est plus difficile. Faire passer une émotion, refuser les mots qui se proposent et qui, d'avoir tant servi, sont par trop usés, ne pas tomber pour autant dans une langue recherchée, trouver une parole accordée au quotidien, mais digne, ample, un ton où se rencontreraient le familier et le solennel – telle est cette sorte de quadrature du cercle qu'il me faut chaque fois tenter de résoudre.

Ce que j'aimerais, c'est écrire des poèmes qu'un homme pourrait murmurer à la femme qu'il aime. Des poèmes graves et où l'infini de l'amour se dirait avec la plus extrême simplicité.

10 mars

Dans cette pièce, j'ai tenté de retracer le parcours qu'effectue un être à la recherche de lui-même. D'évoquer les difficultés et les impasses possibles de cette recherche. D'indiquer ce vers quoi elle conduit. Il est certain qu'une telle pièce est difficile à mettre en scène et à jouer. Aussi ai-je pris la précaution d'offrir mon *Journal* à un des comédiens (les deux autres ne sont pas d'ici et je n'ai pu les rencontrer), dans l'espoir qu'il aurait ainsi une meilleure compréhension de ce que j'avais voulu faire et voulu dire.

J'ai assisté à la première répétition et j'ai été consterné. Le metteur en scène avait demandé aux deux comédiens de prendre une voix de tête, ce qui frappait de dérision le texte qu'ils ont à faire vivre.

A la fin, j'ai dit avec modération ce que j'avais à dire, mais ils se sont rangés du côté du metteur en scène, leur employeur, et je me suis senti immédiatement exclu du petit groupe qu'ils formaient.

Il est évident que cette prise de contact augure mal de ce qui va se passer.

15 mars

Je ne me suis jamais situé du côté de la dérision, et j'ai toujours abhorré les œuvres qui ne visaient qu'à agresser, salir, dénigrer (en peinture, elles foisonnent).

Au début, quand j'ai commencé à écrire, si j'ai parfois laissé filtrer mon amertume, poussé des cris de révolte, maudit l'existence, c'est parce que j'étais à terre, que j'avais perdu mon sang, qu'il me manquait la force de me relever. Mais si je maudissais le sort qui m'était réservé, je ne tournais aucunement en dérision ni la vie, ni la société, ni, encore moins, mes semblables. Céder à une telle tentation, ç'aurait été selon moi comme frapper un malade gravement atteint avec l'intention de l'achever.

Il me faut le dire avec la plus extrême énergie : je ne veux pas que ce que j'écris ajoute au mal-être contemporain. Tant de jeunes, tant d'hommes, tant de femmes sont en perdition, tant de choses se délitent, se défont, se délabrent, quelle nécessité, quel intérêt y aurait-il à vouloir faire que tout empire ? Les maux auxquels nous sommes affrontés, nous les connaissons fort bien, et nous n'avons nul besoin qu'on nous les exhibe pour nous pousser à en prendre conscience. En outre, quand on est un artiste, s'installer dans la dérision – mépriser, se moquer, ricaner – c'est à mon sens une solution de facilité, et il me semble que l'attitude dont elle procède a un relent de fascisme. Adopter l'attitude inverse, qui consiste à vouloir tenter de soigner le malade plutôt que de contribuer à aggraver son état, est autrement plus ardu, et de toute manière, mieux indiqué.

Non. Pas la dérision. Surtout pas la dérision. Mais des mots qui seraient source d'énergie, donneraient le courage de ne pas sombrer, exalteraient les forces de la vie, inciteraient ceux qui les accueillent à aller vers toujours plus de lucidité, de tolérance et de compassion.

18 mars

Quand G. m'a fait ce mauvais coup pour le spectacle Camus que j'avais préparé, je n'ai rien dit, n'ai élevé aucune protestation. Parce que je n'ai aucun goût pour les affrontements qui ont toutes chances de s'achever sur une brouille. Je n'ai rien dit, mais j'ai eu tort. Car il se comporte avec moi cette fois encore comme il s'est comporté précédemment.

Il appartient depuis de longues années au milieu du théâtre, il connaît beaucoup de gens et de comédiens, il a l'habitude de la scène, du public, il évolue sur son terrain, et moi, dans ce rapport de forces qu'implique plus ou moins ce genre de relation, je n'ai pas grand-chose à lui opposer. Je fais figure de débutant, je n'ai aucune notoriété, et ma manière d'être, toute de silence et de réserve, n'a pu que le pousser à s'assurer d'emblée un ascendant sur moi. Voilà pourquoi il s'est cru autorisé à me traiter avec une telle désinvolture. Mais je ne peux lui en vouloir, car je suis en partie responsable de l'attitude qu'il a adoptée à mon égard. Lorsqu'on ne se prend pas un tant soit peu au sérieux, les autres vous considèrent immanquablement comme quantité négligeable.

23 mars

Il y a quelques mois, j'ai reçu d'un inconnu une lettre de trente-six pages à l'écriture serrée. J'ai répondu, une correspondance s'est engagée, et depuis, Pierre Chamaraux est devenu un ami. Astrophysicien, il aime à jouer du piano et il vit avec exigence et rigueur une aventure intérieure qui le voue à une inévitable solitude. Hier, devant un micro de France Culture, je lui ai demandé de nous exposer ce que signifiait pour lui cette aventure et ce qu'elle lui apportait.

2 avril

Dans cette lettre que je viens d'adresser au metteur en scène, je dis des choses qui me tiennent à cœur. C'est pourquoi je veux l'introduire ici.

Cher G.

J'ai certaines choses à te dire et je préfère les mettre par écrit.

J'ai repris ce matin le texte de ma pièce, et me remémorant ce que j'ai vu hier, à la répétition du troisième tableau, je me suis rendu compte que tu y avais pratiqué des coupes sombres, et cela, sans me consulter. Il me faut donc te dire que je ne puis accepter cette manière de faire. J'étais évidemment d'accord – et je t'en ai fourni la preuve en procédant moi-même à quelques suppressions – pour resserrer l'ensemble, lui donner plus de densité, un rythme plus soutenu. Mais je ne puis consentir à ce que tu mutiles ma pièce jusqu'à faire que je ne la reconnaisse plus. A force de coupures, le troisième tableau devient un texte informe, sans articulations, qui n'est plus compréhensible et qui a perdu tout pouvoir d'émotion.

Si ma pièce ne te convenait pas, il fallait me le dire et renoncer à la monter. Mais puisque tu l'as acceptée, tu n'as plus le droit, maintenant, de la remodeler à ta guise et d'en faire ce que bon te semble.

Quand j'ai assisté à la première répétition, je ne te cache pas que j'ai été consterné. Et je me suis demandé par quels bizarres cheminements tu en étais venu à faire du compagnon un histrion qui se situait constamment dans la dérision.

Les deux hommes, au début, doivent marcher, errer en quête d'un ailleurs, et toi, tu as décidé qu'ils resteraient immobiles. Ainsi, tout ce tableau perd son sens. Tu as peur, m'as-tu dit, de verser dans le réalisme. Tu as tort. Il y a une règle impérieuse et que tu devrais connaître – je ne suis certes pas le premier à la découvrir, puisque des écrivains aussi différents que Novalis, Kafka, Buzatti..., l'ont formulée et mise en pratique bien avant moi – une règle qui veut que lorsqu'on parle de la réalité intérieure, par définition invisible, insaisissable, ou d'une réalité fantastique, il importe de l'incarner dans une réalité toute simple, quotidienne, en vue de lui donner présence et vraisemblance. Le réalisme n'est prosaïque et ennuyeux que s'il ne renvoie qu'à lui-même. Mais dès lors qu'il est la traduction d'une réalité autre, qui le déborde de toutes parts, comment pourrait-il nous paraître banal, pauvre, limité ?

Pour te comporter avec cette pièce comme tu le fais, j'en viens à douter que tu l'aies comprise. Que tu te sois aventuré là où elle plonge ses racines. Je suis terriblement ennuyé de te dire des choses qui te paraîtront désagréables, mais je ne puis faire autrement. Car au nom de quoi t'arroges-tu le droit de dénaturer ce que j'ai écrit ? Et ne viens pas me dire qu'en cette circonstance je me montre susceptible. Je ne te demande que de monter ma pièce le plus simplement, le plus fidèlement possible. Ce n'est tout de même pas avoir des exigences inconsidérées. Si tu avais écrit une pièce, accepterais-tu que, sans que tu aies eu à donner ton avis, on la tripatouille, et qu'en cours de répétition, on t'impose une mouture dont tu ne souhaites aucunement endosser la paternité ? Ton attitude frôle – pour ne pas dire plus – la malhonnêteté intellectuelle. Je sais qu'à notre époque, il est de bon ton que les metteurs en scène, un rien mégalomanes, prennent les pires libertés avec l'œuvre qu'ils montent. C'est, me semble-t-il, faire preuve d'un beau mépris à l'endroit de son auteur. Si tu as des choses à dire, dis-les en ton nom. Mais ne te crois pas autorisé à défigurer ce qu'un autre a écrit.

Cette pièce que je t'ai remise, je puis affirmer sans exagération, qu'elle est le fruit de trente ans de travail, de doute, de réflexion, de recherche intérieure, de cheminement... Je suis donc fondé à exiger qu'on ait pour elle un minimum de respect. Toutefois, tu estimes peut-être qu'elle n'est pas au point et qu'il t'appartient de l'améliorer. Mais – à supposer que j'acquiesce à ton désir d'intervention – en as-tu la compétence ? Es-tu certain de mieux savoir que moi ce qu'est le théâtre ?

J'ai trois questions à te poser. Et j'aimerais que face à toi-même, tu cherches à leur donner réponse.

– Pourquoi tiens-tu absolument à faire des spectacles courts ? Est-ce par manque de confiance ? Par peur de ne pouvoir tenir la distance ? (Plusieurs connaissances et amis m'ont confié qu'à la fin du spectacle Camus, ils pensaient qu'il s'agissait de l'entracte. Ce qui signifie qu'ils sont restés sur leur faim.)

– Pourquoi refuses-tu la gravité et l'émotion ? Pourquoi en as-tu peur ? Pourquoi introduire systématiquement la dérision là où elle n'a que faire, que ce soit chez Thérèse d'Avila, chez Camus, ou chez moi ?

– Pourquoi construire tes mises en scène, non en fonction de ce qu'exige le texte, mais avec quasiment l'unique préoccupation d'éviter les objections que tu supposes qu'on pourrait te faire ? Ne vois-tu pas que cette démarche est le contraire de celle que tu devrais avoir, et qu'elle exclut que tu fasses jamais œuvre personnelle ? S'il me fallait écrire en songeant à ce que tel ou tel pourrait penser de moi, mais où irais-je ? Je n'aurais plus qu'à me croiser les bras.

En conclusion – et Dieu sait si je suis malheureux d'avoir à utiliser ce ton – il me faut te dire ceci :

– soit tu révises ta position, et dès lors, je puis continuer à participer à cette aventure. Mais étant donné la manière dont les choses sont engagées, la volonté de pouvoir que tu manifestes, je doute que tu acceptes de m'écouter ;

– soit tu ne tiens aucun compte de ce dont je te fais part, et en ce cas, je ne puis que me retirer. Ce n'est pas là une menace, ni une manière de chantage. Mais tu conçois que je ne peux cautionner un travail qui n'a pas mon approbation. Dans cette hypothèse, nous devrons renoncer à la lecture du samedi 23 avril. Et il va de soi que je ne pourrai être présent à la conférence de presse, ni participer aux émissions prévues. Si l'on vient me demander les raisons de mon absence à tes côtés, je serai dans l'obligation de les donner. Mais je veillerai à ne rien dire qui puisse porter préjudice à ces représentations. Je ne peux perdre de vue le travail et l'argent qui ont été investis dans cette entreprise, et d'autre part, je ne mets aucunement en doute ta sincérité et ta bonne foi.

J'ai écrit ces lignes dans le calme, sans le moindre dépit ni la moindre agressivité, et je te demande instamment de croire qu'à aucun moment je n'ai voulu te blesser. Mais dans cette affaire, des choses qui me semblent d'une certaine importance sont en jeu. Je me trouvais dans l'obligation de les aborder avec franchise. (...)

10 mai

Ma pièce a été jouée pendant trois semaines. On m'a dit que j'avais écrit :

– une pièce jungienne

– une pièce dans laquelle on retrouvait tous les grands symboles de la Bible

– une pièce philosophique

– une pièce métaphysique.

Un ami m'a reproché son symbolisme, laissant entendre que j'ai délibérément recouru à des symboles. Or il n'en est rien. Je n'ai fait que parler de ce que j'ai vécu. A partir de ce qui s'est déposé en moi depuis ma plus tendre enfance. Quand je parle d'un arbre, d'une source, d'une terre labourée, ce ne sont pas pour moi des symboles. Tout cela me vient de souvenirs très précis.

L'arbre, les arbres, sont ceux que je caressais et contemplais quand j'allais garder mes vaches en un lieu qui se nomme « Paradis ».

La source, elle est celle qui coulait dans un bois, au-dessous de la route de Breigne.

La terre labourée, elle est celle que nous avions au Pont-Levrat. Le bruit feutré du coutre coupant les herbes et la terre. Cet autre bruit aussi doux de la terre glissant sur le soc puis versant dans le sillon précédemment creusé. Le plaisir de voir la terre s'animer et de marcher dans le sillon qui s'ouvrait devant moi. Le plaisir de voir luire les mottes. Le plaisir de voir la beauté de ce champ brun-ocre strié de larges raies bien parallèles. La sensation désagréable de la terre s'infiltrant dans mes galoches et poissant mes pieds nus. Cette joie, au bout du champ, quand le père me laissait diriger l'attelage et manœuvrer la charrue.

Si je me suis exprimé à l'aide de symboles, je puis affirmer qu'ils se sont formés en moi à mon insu.

23 mai

Envoyé par le Pen Club, j'ai assisté au Colloque de Bled, en Slovénie, lequel s'est tenu du 16 au 20 mai. Quelque quarante écrivains venus de différents pays – Finlande, Mexique, Jordanie, Tchécoslovaquie – ont engagé un dialogue avec une vingtaine d'écrivains slovènes, lesquels sont dressés contre le pouvoir de Belgrade qui les tient en lisières. Je dois avouer que je n'avais nulle connaissance de leurs problèmes. Comme on sait, la Yougoslavie est une mosaïque de peuples, de langues, de religions, de cultures, et les difficultés ne manquent pas. Qui plus est, la situation économique n'est guère brillante.

C'était la première fois que j'assistais à un colloque. Le plus intéressant, dans ce type de réunion, ce sont les rencontres que l'on fait. J'ai eu de bons échanges avec un poète tchèque et un jeune écrivain écossais. Avec aussi des écrivains yougoslaves, dont Ciril Zlobec et Predrag Matvejevitch.

Un matin, j'ai fait le tour du lac. J'ai échangé quelques mots avec une femme qui bêchait son jardin, mais bien sûr, je n'ai rien compris à ce qu'elle m'a dit.

Le dernier jour, excursion en car à travers la Slovénie. Les églises aux toits de bardeaux. Le pique-nique. L'orchestre. Nous avons dansé dans le pré.

Le soir, sur les petites barques qui glissent silencieusement sur l'eau, propulsées par un moteur électrique, nous avons gagné la petite île située au milieu du lac. Dans l'église qui se dresse à son faîte (avec ces hautes montagnes qui entourent le lac, l'endroit est si secret et d'une telle beauté qu'on comprend que les édifices religieux se soient succédé à cet emplacement au long des siècles) a eu lieu une séance de lectures au cours de laquelle chacun des poètes invités à intervenir lisait un poème slovène traduit dans sa langue. La traduction du poème qu'on m'avait remis laissait à désirer et j'ai passé deux heures à le retravailler. Ce fut une belle soirée, recueillie, d'une grande intensité.

Au sol de l'église sont intégrées des dalles de verre transparent. Au-dessous de chacune d'elles une douce lumière donne à voir une tombe ancienne et les ossements qu'elle contient.

Pour dire ce poème, j'ai dû me placer sur l'une de ces dalles. La vue des ossements m'a jeté dans l'angoisse de la mort, et brusquement, sans que je puisse la contrôler, ma voix s'est assourdie et chargée d'émotion.

En fin de soirée, au restaurant – plafond bas, brouhaha, détente libératrice après le moment fort que nous venions de vivre –, alors que ces instants étaient les derniers que nous passions ensemble, chacun a abandonné son quant-à-soi et un courant de chaude amitié a circulé entre nous.

J'étais assis en face d'un écrivain slovène. Un homme grand, à la large carrure, à l'abondante tignasse blanche, au visage puissant. Quand j'ai appris qu'il était un ami de Zoran Music (en partant j'avais eu la surprise de rencontrer ce dernier à l'aéroport et nous avions pris un café ensemble), quand je lui ai dit que je le connaissais et que j'avais même réalisé un livre avec lui, nous avons immédiatement sympathisé.

A vingt ans, cet homme a été déporté à Dachau en compagnie d'ailleurs de Music. Après avoir passé deux ans et demi dans un camp et réussi à en réchapper, il a effectué neuf ans de prison dans son pays à cause de ses idées politiques.

– *Il n'est pas bon d'avoir du caractère,* a-t-il conclu.

A l'aéroport de Belgrade, ces femmes âgées, aux visages ravinés, vêtues de noir et coiffées de fichus noirs. Et cet autre groupe de femmes, aux visages ravinés, vêtues de blanc et coiffées de fichus blancs.

Un instant d'affolement quand j'ai failli m'embarquer pour le Montenegro.

8 juin

Pour une revue :

La crise est dans l'homme, et tout ce dont il est le siège s'en trouve affecté. Cette « crise de l'amour de la langue » n'est donc qu'un aspect d'un phénomène plus général.

Envie de dire que la langue se dégrade, parce que l'homme se délabre.

Un être éclaté, effrayé, perdu, voire dépossédé de

lui-même, ne peut se dire qu'au travers d'une langue déchirée, ou bien vide, morte.

Oui, je suis sensible à cette crise dont les signes sont multiples.

Plus la forme dans laquelle nous nous exprimons sera lâche, imprécise, négligée, et plus nous aurons de difficultés à communiquer entre nous.

Mon amour des mots. En tant que lecteur, je leur dois de tels festins. Mais aussi, tout ce fatras qu'ils charrient.

Un amour mêlé de défiance, parfois de colère, ou bien encore de dégoût. Mais eux qui ne sont après tout que des outils, pourquoi devraient-ils être tenus pour responsables des usages contestables que nous en faisons, ou de ce qu'ils semblent si souvent échouer à dire ce que nous désirons leur faire dire ?

Mots qui nous trahissent, nous blessent, nous souillent, nous enténèbrent, ou bien nous guident, nous enfièvrent, nous projettent en des contrées inconnues...

Mon amour des mots n'est pas dissociable de cette aventure du vivre et de l'écrire dont ils sont une des composantes essentielles.

Aimer les mots. Aimer la langue.

Etre sensible au poids, à la couleur, à la sonorité d'un mot.

Etre sensible à tout ce qui entre dans la composition d'un texte et va lui donner son pouvoir d'impact : le rythme, le mouvement, la musique, l'énergie...

Amour exigeant, toujours à l'affût. Qui me contraint à ne cesser d'apprendre, accueillir, engranger. D'enfouir en moi ces mots qui vont se mêler à ma substance intime. Et dont certains, un jour, balbutiés par la voix – parfois après un long travail de maturation – viendront s'organiser sur la page en un poème où palpitera ce fragment de vie qu'ils auront su capter.

29 juin

Souvent, j'essaie de me porter en moi là où il me semble que naisse la pensée, que sourdent les mots. Je ne rencontre que la nuit.

Des dizaines de fois, dans mes limbes, des mots ont fait entendre leur murmure, un texte a commencé de naître. Mais quelles inhibitions, quelles peurs ont joué, des dizaines de fois, pour m'empêcher d'accueillir ce qui se proposait.

2 juillet

Il est si rare que je sois à la hauteur de ce que m'offre la vie.

3 juillet

Doute. Lassitude. En moi, tout est inerte, et l'extérieur ne m'offre aucune pâture. Attendre. Savoir attendre.

6 juillet

Durant ces derniers mois, j'ai cédé à l'appel des rencontres. J'étais las des mots, de l'écriture, de la concentration qu'elle exige. La vie, il me fallait la cueillir sur les lèvres et dans le regard de mes semblables.

7 juillet

Une idée qui cherche à naître et dont l'intérêt s'impose d'emblée, mais qu'on abandonne, parce qu'on ne sait pas trouver la forme qui mettrait en évidence ce par quoi elle est intéressante.

8 juillet

La source, en moi, combien chiche. Tant que je ne pourrai en accroître le flux, le chemin qui mène à la lumière me sera interdit.

10 juillet

Mes limites. Auxquelles je me heurte si souvent. Je les vois comme un mur qui m'enclôt. Ce mur, je ne peux certes le repousser. Encore moins l'abattre. Mais chaque fois qu'il le rencontre, mon regard s'efforce de passer au-dessus, de courir au-delà. D'échapper à ce qui voudrait le maintenir à l'intérieur de cette enceinte.

11 juillet

Des faims anciennes me jettent à la recherche d'émotions qui se révèlent impuissantes à combler celui que je suis devenu.

13 juillet

Parmi les résolus qui se sont offerts au scalpel de la lucidité, quels sont ceux qui gardent assez de vulnérabilité, de fraîcheur, de puissance d'émerveillement, pour être à même de se laisser encore enivrer par la vie ?

L'intelligence, la sensibilité, la connaissance, l'amour... il nous faut lutter sans relâche pour les conquérir sur la confusion et les avidités du moi.

14 juillet

Le plus souvent, je ne sais que me censurer, me restreindre, me mutiler. Mais quand il arrive que j'échappe à mes peurs, que je m'abandonne, que je me laisse m'écouler, comme la parole m'est facile.

16 juillet

A ces êtres qui ont de graves problèmes psychologiques, qui souffrent, et qui attendent qu'on leur soit un appui, il n'est possible de donner qu'un peu de compréhension et d'amour. Mais quant à leur apporter cette aide décisive qui consisterait à intervenir sur ce qui est à la racine de leurs difficultés...

Ces forces de vie qui me plongent parfois en une véritable ivresse, m'emplissent d'un amour ardent et me jettent vers autrui, elles me persuadent – à tort – que lorsque je leur cède, aucun mal ne peut en résulter.

18 juillet

Chez certains, cette complaisance à soi-même qui empêche toute humilité, donc tout échange.

Hier soir, avec un ami, nous avons longuement parlé de littérature, des œuvres que nous aimons, de certains problèmes que pose l'écriture, de la difficulté qu'on a à juger de la valeur d'un texte... Mais ce que je lui disais ne lui parvenait pas. Au lieu de s'y arrêter, pour l'accepter ou le rejeter en connaissance de cause, il n'avait souci que de me contrer et de m'opposer ses points de vue. A plusieurs reprises, déçu et irrité, j'ai failli m'enfermer dans un complet mutisme.

20 juillet

Si souvent mon avidité a mutilé la vie.

Ces amis, ces membres de ma famille qui n'ont pas lu mon *Journal,* qui ne se préoccupent pas de savoir ce que j'écris, ce que je publie, ils n'ont certes aucune obligation envers moi. Mais alors comment croire qu'un lien quelconque puisse exister entre nous ?

Ne dire à autrui que ce qu'il est à même de recevoir et de comprendre.

22 juillet

Quand une parcelle de vie se présente à moi, en général, je la jauge, la soupèse, la classe, l'affecte aussitôt d'un signe plus ou d'un signe moins.

Combien il m'est difficile de ne pas faire jouer nos habituelles catégories. De ne pas systématiquement penser en termes d'opposition et de contraires. D'accueillir la vie sans la soumettre à toutes ces opérations qui visent à la dépouiller de ce qu'en elle nous redoutons suprêmement : l'inconnu.

23 juillet

Le meilleur de ce qui m'est échu, je n'ai pas l'énergie de le vivre, le concrétiser, le faire s'épanouir. Et il me semble qu'il en va ainsi pour la majorité d'entre nous. Pourquoi ? Parce que, d'une part, l'énergie qui anime notre besoin du suprême est manifestement insuffisante. Et d'autre part, parce que celle dont nous pourrions disposer n'est qu'incomplètement utilisée.

Toutes ces défenses, contraintes, répressions que nous avons intériorisées, et qui continuent de nous tenir dans leurs chaînes, quels que soient les combats que nous menons pour nous en délivrer.

24 juillet

Cette vérité importante touchant la vie, l'homme, qu'on a dégagée au prix de maintes difficultés, veiller à ne pas en faire une certitude, un refuge, un tremplin à l'aide duquel dominer. Bien plus, savoir aussitôt la perdre, l'oublier. Ce n'est qu'à cette condition qu'on peut demeurer fluide, mobile, apte à accompagner en chaque instant cet inlassable mouvement de la vie, fût-ce lorsque le sens qui s'en dégage va à l'encontre – ce qui est fréquent – de ce qu'on avait cru pouvoir penser jusque-là.

25 juillet

La compréhension qui fait appel au seul intellect n'est qu'un exercice sans conséquence. On ne comprend bien que cela qui a une racine dans notre vécu, que cela qui répond à ce que nous avons découvert par nous-même.

27 juillet

Un moment privilégié : alors que je parle à quelqu'un, une émotion me gagne, les idées abondent, les phrases s'enchaînent avec aisance. Mais soudain – une violente bouffée d'enthousiasme, ou l'enivrement dans lequel me jette ce qui survient, ou la conscience douloureuse que mes mots ne peuvent transmettre l'intensité de ce que je vis – il se produit en moi une cassure, un vide, la sphère qui s'épanouissait se fêle, je ne sais plus développer ce que je me proposais de dire, et aux paroles fiévreuses succède sans transition un silence dépité.

28 juillet

Las. Découragé. En cette zone de lucidité où tout se décolore, s'affadit, où la conscience de notre précarité, de notre impermanence m'écrase, me retire toute envie de faire quoi que ce soit. Il y a des années que je ne me suis senti pareillement médiocre, vide, inutile.

29 juillet

Je ne suis plus rassemblé autour de cette exigence qui donnait un axe à ma vie. Impression de me défaire, de perdre mes contours, de ne plus trop savoir qui je suis. Peut-être est-ce la fin d'une étape. Je ne sais. Mais le malaise et l'anxiété qui accompagnent ces périodes de transition.

Ces notes, dans les deux premiers tomes de ce *Journal*, dont le rappel m'emplit de gêne, de confusion. Mais à quoi bon revenir sur le passé ? N'est-ce pas le destin de tout homme d'être au début plongé dans la nuit du labyrinthe, et d'avancer à tâtons, en se fourvoyant ?

31 juillet

Pendant ces années passées, je n'ai pu écrire que des poèmes et des notes de *Journal.* J'étais mû par le seul besoin de connaissance, et il importait que ce que j'écrivais fût la transcription extrêmement fidèle de ce dont j'étais le siège. Il me fallait travailler à rendre ma vision toujours plus nette, et pour ce faire, éliminer tous les écrans, y compris les productions de l'imaginaire. Inventer, c'eût été pour moi mentir, et la seule idée de ce mensonge m'était intolérable.

2 août

La robustesse, la puissance de cet esprit. Elle a tant débattu avec elle-même, tant médité les problèmes et les énigmes auxquels nous sommes affrontés, qu'on sent que dans ce combat que nous menons pour tenter d'y voir clair, dégager un sens possible, rien ne peut l'impressionner ni la faire battre en retraite. Sa pensée, souple, égale, est toujours à l'aise, si délicate, complexe ou ardue soit la question qu'elle aborde.

3 août

Je le connais à ce point et il est tellement prévisible, que je devine ce qu'il va dire, la citation qu'il va faire. La plupart de ses idées sont justes, mais maintenant, elles sont privées de toute sève, et nombre d'entre elles sont devenues pour lui guère autre chose que des phrases creuses, des formules, des slogans.

Triste exemple d'une pensée qui n'est plus alimentée par une sensibilité, une interrogation, en bref par la vie.

C'est à lui que je dois d'avoir beaucoup réfléchi, ces temps, à ce que sont la sclérose intérieure, la rigidité, et en opposition, la vulnérabilité, la souplesse.

4 août

Pour être accepté, reconnu, apprécié, nous devenons ce nécessiteux à la main constamment tendue, et qui a un besoin à ce point vital de ce qu'il quémande, qu'aucune humiliation ne peut le rebuter. (Note inspirée par ma famille.)

Las. Irrité d'avoir pour compagnon celui que je suis. De ne pouvoir m'en défaire.

Aux instants de grande solitude intérieure, cette souffrance calme, nue – d'autant plus mordante que face à elle, l'être est sans défense – et qui naît de ce que la vie est parfois si lourde, si laide, si peu conforme à ce qu'on avait rêvé.

Ce que nous demandons à l'amour, c'est peut-être avant tout de nous réconcilier avec nous-mêmes.

6 août

Quand j'entre en contact avec ce que mes élans, mes révoltes, mes joies, mes déceptions, la souffrance, mes rêves, les orages..., ont déposé en moi, cette gravité qui me gagne. Ecrire, c'est me laisser induire par cette gravité, cette lenteur, cette perception heureuse et émue des multiples visages de la vie.

7 août

Je n'aime en jazz que des blues ou des ballades joués par de petites formations, des compositions lentes, graves, je dirais silencieuses, en accord avec ce qui me saisit à ces instants où l'immensité de la vie semble se rassembler en moi. Ainsi ce merveilleux *Trouble in Mind* d'Archie Shepp et Horace Parlan. Rien d'autre qu'un saxo et un piano, mais qui délivrent un chant profond – au lyrisme ample, dépouillé, anonyme –, disent cet émoi de l'homme enfoui en lui-même, gorgé de sa substance, et qui interroge le mystère de la vie.

8 août

Ces êtres dont à mon insu, depuis vingt-cinq ans, j'ai attendu compréhension, encouragement, affection, et qui, tout en me portant quelques coups, ne m'ont accordé que leur indifférence. C'est à eux, je le sais, que pour une grande part, je dois ma propension à me dénigrer et tourner mon travail en dérision.

Suprême ruse de l'inconscient : si je massacre ce qui m'est cher, ils n'auront pas à le détruire, ils ne pourront plus m'atteindre. Mais quel stupide stratagème ! Car en accomplissant ce que je redoutais qu'ils fassent, il va de soi que je ne leur ai nullement échappé.

10 août

Le fétichisme de l'absolu, a noté Martin du Gard. Quand j'ai rencontré ces mots, j'ai immédiatement pris conscience que presque jusqu'à aujourd'hui, j'ai donné dans ce fétichisme, lequel m'a bien souvent détourné de la vie, du terrestre, des joies toutes simples que celui-ci pouvait m'accorder.

Celui qui, au sein de notre société, vit selon les valeurs que suppose une exigeante recherche intérieure, a tout intérêt à le dissimuler s'il ne veut pas paraître trop souvent ridicule.

12 août

L'absolu. Il est connaissance, vérité, liberté, lumière, perfection, plénitude, permanence, espace illimité...

Cet état dont j'éprouve le tenace et douloureux besoin, c'est cent fois le jour que je l'appelle, et que sans m'en rendre compte, je me réfère à lui. Il inspire ce que je pense, décide, cherche à vivre, et constitué en pierrre de touche, il me permet de jauger ce que m'apporte mon quotidien. Mais précisément, comment surmonter la déception quand se trouvent confrontés ce que je brûle d'atteindre et le peu qui m'est offert ?

15 août

Ceux qui se mentent, se fabriquent une image d'eux-mêmes, vivent dans l'illusion, les fantasmes, l'irréel, ils se montrent incapables de faire face à ce qu'ils sont. Et lorsque de surcroît, ce mensonge sur soi-même est étayé par une croyance religieuse ou une prétendue recherche du vrai, tout espoir d'accès à un regard lucide paraît d'autant plus improbable.

17 août

Francis Herth a dit à une amie que je n'avais pas encore libéré ce feu qui est en moi. Rien de plus exact. Mais pourrai-je un jour le laisser fuser dans mes mots ? Et à force de le réprimer, ne vais-je pas finir par complètement l'étouffer ?

19 août

Même si, pour maintes et maintes raisons, on sait qu'être tourné vers l'absolu ne suppose aucunement qu'on soit aveugle au quotidien, qu'on refuse l'instant, il n'empêche que pour moi la difficulté demeure. Car comment ne pas se laisser séduire et attirer par le suprême, quand immanquablement, il se révèle préférable à tout ce qu'on peut connaître par ailleurs ?

Le moi-intellect. Avec ses ruses, ses constructions, ses infinies complications, son besoin de savoir plus, posséder plus, de s'affirmer et dominer toujours davantage. Quand il s'agit seulement de se tenir au bord du quotidien et de laisser éclore un peu d'amour.

20 août

Mystère des êtres. Et cette diversité inimaginable des itinéraires, des paysages intérieurs, des décors, des composantes de chaque existence... Lorsque j'en prends conscience, je m'étonne et m'émerveille, suis emporté dans d'interminables méditations.

Elle a une trentaine d'années. A couru des marathons et s'entraîne régulièrement sur de longues distances. Elle est aussi une alpiniste émérite. Elle a réussi dans les Alpes des ascensions difficiles, vaincu en Himalya des sommets de plus de six mille mètres. Très émotive. Le visage maigre, aux joues creuses, n'a pas une particulière mobilité, et cependant, les remous intérieurs ne cessent d'en changer l'expression et l'intensité. Une grande sensibilité à l'art, la poésie, et surtout la musique. Elle aime tout spécialement Schubert.

Mais maintenant, c'est la cassure, car elle se trouve aux prises avec les tourments de la plongée intérieure. Parfois, la tête qui semble trop lourde, repose sur l'appui des mains, et tandis que le regard s'absente, on la sent harassée. Pas du tout préoccupée par l'image qu'on peut se faire d'elle. Ne cherche pas non plus à séduire, à s'imposer, à s'immiscer en autrui. Cette sobriété d'apparence et d'expression d'un être dont le moi a déjà été puissamment érodé.

J'ai redécouvert près d'elle ce que sont la solitude et la souffrance de qui travaille à se faire naître.

23 août

Lors d'un échange avec autrui. Un certain quelque chose dont on perçoit la vérité cherche à se dire. Mais après plusieurs vaines tentatives, la pensée se bloque dans une formulation dont elle sait aussitôt qu'elle ne répond pas à ce qu'elle voulait capter. Déception, irritation. Alors on consent à l'échec et on garde le silence.

25 août

Immersion en moi. Dérive. Pensée embryonnaire, libre du carcan des mots, subtile, lente ou rapide, porteuse d'une grande richesse de vie. D'où un total bien-être, une paisible exultation. Mais m'arracher à cet état pour tenter de prendre la plume est rigoureusement impossible.

29 août

Cette vérité, cette liberté, cette lumière que je poursuis, elles sont là, en moi, à l'état naissant, et leur tiède rayonnement m'éclaire et me réchauffe. Mais il leur manque cette intensité qui devrait leur permettre de consumer ce qui les jugule et de faire monter en moi cette flamme où l'être n'est plus que félicité.

30 août

J'ai négligé de noter ces divers déplacements :

– en juillet, visite à Henry en Bourgogne. A Autun, le marché, le café Français, la visite de la cathédrale, du musée. Pique-nique au sommet d'un oppidum. Le soir, un orage lointain et spectaculaire ;

– en août, à Vaugines, chez nos amis Metge. Promenade dans le Luberon. Visite à Francis Herth dans un petit village. A Sénanque, l'exposition Tàpies. Visite à Alice et Georges Raillard. Il me parle longuement de Tàpies. De sa maison de Barcelone, de sa maison de campagne, de son atelier, de ses habitudes de travail. Il me donne l'adresse de Claude Simon et m'incite à aller le voir.

Près d'Alès, visite à Max Pelletier qui vit seul dans son mas.

Carcassonne, Quillan, Limoux. (Un dimanche d'hiver, par un vent violent, un froid glacial, sur un terrain aussi dur que pierre, j'avais disputé là un match qui m'a laissé un mauvais souvenir.) Quelques jours à Alet-les-Bains, chez Jacques et Monique. A cause de ma main qui me fait souffrir, du médicament que je prends et qui m'abrutit, jours maussades.

A Salses, visite à Claude Simon. Une maison quelque peu bizarre, avec plusieurs corps de bâtiments. La pièce où il travaille. Une large porte vitrée, une autre, plus étroite, également vitrée, toutes deux donnant chacune sur une petite cour foisonnante de verdure. Dans un angle, un petit lit. Deux fauteuils en châtaignier, et deux autres en cannage disposés autour de la table sur laquelle il écrit. La machine à écrire posée sur un cageot placé à côté de lui. Il me laisse jeter un coup d'œil sur la page qu'il vient d'achever. Une petite écriture aux lettres mal formées. Le texte occupe environ le tiers vertical droit de la feuille. Nombreux renvois sur la gauche et listes de synonymes.

Il a répondu très cordialement à mes questions, sans cesser de fumer ses petits cigares. Très bon contact avec sa femme.

Au premier étage, un grand salon sombre. Un collage dont il est l'auteur tient tout le mur de gauche. Le portrait du héros de *La Route des Flandres.*

Après trois heures passées en leur compagnie, Perpignan. Le soir, sur cette si belle place, sardanes, atmosphère de fête. Vif plaisir. Le lendemain, visite de la ville. Me reviennent de nombreux épisodes du *Vent,* le livre de Claude Simon que je préfère avec *La Route des Flandres.*

Visite à Michel et Laure Carrade. Un bon échange dans son atelier.

Albi, Rodez, Aboul, ce hameau où nous avons passé un été en 1976. Plaisir à retrouver Monique et les Roux. Grande promenade sur le Causse. Violent orage. Dans un petit village, nous nous réfugions dans une grange. Une femme nous invite à la suivre. Une sorte de château plus ou moins à l'abandon. Une pièce fort sombre. Une curieuse atmosphère. Un jeune gars arrive, trempé. Sans un mot, la femme lui jette une serviette au visage. Torse nu, immobile, à peine visible à l'entrée d'une arrière-cuisine ténébreuse, il reste à nous regarder fixement sans souffler mot.

Retour par les Cévennes.

2 septembre

L'œil intérieur fait partie intégrante de ce qu'il lui faut observer. Tant qu'il ne s'en est pas dissocié, il n'a aucune capacité de voir. Mais lorsqu'il s'établit à distance de ce qu'il va s'employer à scruter, une scission s'installe. Dès lors, comment retrouver la spontanéité, la transparence ?

22 octobre

Je viens de vivre quelques minutes émouvantes. Une inconnue m'a téléphoné pour me remercier d'avoir écrit *Fragments*, un livre où elle a puisé du réconfort, alors qu'elle était aux prises avec une épreuve qui l'a fort ébranlée. Ce qu'elle vit et endure, elle s'étonnait de le trouver exprimé – avec des mots qu'elle pouvait croire venus de sa propre souffrance – dans des textes écrits par quelqu'un dont elle ne sait rien et qui ignore tout de qui elle est. D'où cette sensation quelque peu bizarre d'être en rapport intime avec un homme sans visage, qui n'est pour elle qu'un étranger.

Mais cette sensation qu'elle me décrivait, nous l'avons bien sûr tous connue après qu'une œuvre nous eut empoignés et durablement marqués. Des êtres que nous ne rencontrerons jamais, qui peuvent avoir vécu il y a plusieurs siècles, font ainsi partie intégrante de notre substance la plus intime, deviennent des compagnons de vie avec lesquels nous ne cessons d'échanger. Pour reprendre une formule qui n'est pas de moi, je dirais en toute franchise et honnêteté que j'aime plus Thérèse d'Avila, Rembrandt, Van Gogh, Cézanne, Tchekhov..., que mon père. Qu'ils ont autant compté pour moi que le meilleur de mes amis ou de mes parents. Choquante, une telle affirmation ? Mais puisque ces êtres m'ont guidé, soutenu, vivifié, puisque ce qu'ils m'ont donné est sans prix, pourquoi n'occuperaient-ils pas en moi une place privilégiée ?

26 octobre

Conversation avec Suzanne et Jean-Pierre sur la liberté, et par voie de conséquence, sur les déterminismes inscrits en nous à la fois par nos gènes, notre physiologie, et aussi, par les influences exercées par le milieu familial et le milieu social.

Oui, sommes-nous libres ? Je serais enclin à répondre

par la négative. Ou alors, si on admet que l'homme peut prétendre à une certaine liberté, elle serait celle dont il jouit lorsqu'il parvient à s'affranchir du moi. Mais elle reste comprise entre des limites relativement étroites. Toutefois, là encore, on ne fait que repousser le problème. Ceux qui accèdent à cette liberté, c'est parce qu'ils sont habités par le besoin de la conquérir.

Et depuis le fond des âges, l'humanité a-t-elle fait des progrès ? Quand on voit l'état du monde, on peut en douter. Un peu partout, on humilie, on exploite, on emprisonne, on torture, on tue. Et nous savons que plusieurs pays possèdent des stocks de bombes capables de détruire en quelques minutes toute vie sur la planète. Quand on prend conscience de cette interminable démence, comment admettre que la notion de liberté garde encore un sens ? Si l'homme était libre, il est évident qu'il ne pourrait faire autrement que de vouloir échapper à ses démons.

Mais en dépit de tout ce qui nous pousserait à désespérer de l'homme et de son destin, il faut reconnaître que l'humanité a survécu à toutes les tragédies qu'elle a provoquées ou organisées. Et si elle a créé au cours des siècles tant de chefs-d'œuvre et de formidables réalisations, c'est bien parce que les forces de vie ont prévalu sur les forces de mort. Toutefois, dans ce processus, seul intervenait sans doute l'instinct de survie, non une quelconque liberté.

Mais peu importe au fond la conception que j'ai de la liberté ou de l'absence de liberté. Ce qui est sûr, c'est que mon besoin de me libérer de ce qui m'entrave et m'alourdit, est impérieux.

(J'ai quelque peu dérapé et oublié ce que je voulais dire. Tant pis. Au reste, cette note n'est qu'un instant de l'interrogation et de la réflexion qui si souvent m'occupent. Aussi j'aurai bien d'autres occasions de reprendre ce sujet.)

Etre seul, c'est être privé de soi. Mais quand on se rejoint, qu'on s'immerge en sa substance, qu'on jouit de boire à la source, la solitude n'est plus souffrance.

Plus que n'importe quel travail physique éprouvant, une profonde souffrance consume celui qui en est la proie. Un être qui souffre, il se sent en permanence harassé.

2 novembre

L'autre soir, Henry avait invité quelques amis à dîner pour fêter ses quarante ans. Avec M.L., nous étions arrivés un peu en avance et il m'a donné à lire des aphorismes et brèves notations de Kerouac, un des écrivains qu'il a beaucoup aimés lorsqu'il était jeune. Ces textes m'ont paru quelconques. Mais de retour à la maison, un peu après minuit, je me suis reproché de les avoir trop rapidement décrétés sans intérêt. Et moi, si prompt à juger, qu'étais-je donc capable d'écrire ?

J'étais au lit. Je me suis levé et installé à ma table sans savoir ce que j'allais faire. J'ai attendu. Rien ne venait. J'ai encore attendu. Comme je me trouvais dans un état de grande pauvreté intérieure, j'ai songé à celui que j'étais quand a commencé mon aventure d'écrivain. Confus, plongé dans un constant marasme, ne sachant quelle direction prendre, j'avais longuement stagné. Dès lors, pourquoi ne pas tenter d'imaginer les conseils qu'à cette époque j'aurais aimé recevoir et qui m'auraient considérablement aidé ?

Lentement, de petits textes sont apparus, qui en ont engendré d'autres, et quand j'ai émergé de la nuit du puits intérieur, le jour se levait.

Je viens de revoir ces textes, de leur trouver un ordre, et comme Henry est à l'origine de leur naissance, je vais les lui dédier. J'ai aussi cherché un titre. Pourquoi ne serait-ce pas *Bribes pour un double* ?

5 novembre

Cet instant bouleversant, à Farges, quand Roger W., un inconnu, me prend à part et me parle tout à trac de sa souffrance de vivre.

– Je ne vous ai posé aucune question, mais tout ce que vous avez dit, et vous n'allez peut-être pas me croire, c'est exactement ce que je pense. Je n'ai pas fait d'études, je ne sais pas m'exprimer, mais si je savais, c'est exactement ce que j'aurais dit.

Une vraie confession. D'une douzaine d'années plus vieux que moi. Ancien champion de moto. Marié. Petits-enfants. Il parle par images, d'une manière poétique. Il souffre d'avoir une intense vie intérieure et de ne trouver personne à qui parler. Un jour, il est allé voir un médecin pour lui demander s'il n'était pas anormal de penser ce qu'il pense. Or ce qu'il pense, ce n'est rien d'autre que ce que peut penser un être qui a rejoint son centre et n'est plus dominé par son ego. Moi aussi, tout comme lui, j'ai vécu pendant des années dans la crainte d'être anormal. Ce que je pensais ne rejoignait jamais ce qu'on pensait autour de moi. Si eux ont raison, me disais-je, j'ai nécessairement tort. Je me forçais donc à penser contre moi. D'où malaise, confusion. Jusqu'à ce qu'en des instants très brefs de fulgurante intuition, j'en vienne à admettre que j'avais une juste perception des choses. Mais alors je me sentais seul. Et c'était lourd.

16 novembre

Breyten Breytenbach est venu dîner à la maison. Dans son pays, en Afrique du Sud, il a fait sept ans de prison, dont les deux premières dans un total isolement. Bien souvent, il a connu aussi le mitard.

Pour demeurer intérieurement mobilisé, pour ne pas risquer de sombrer ou devenir fou, il s'est imposé une discipline mentale et physique très stricte (gymnastique, yoga, écriture, mais tout ce qu'il écrivait était soumis à la censure).

Il avait de curieux contacts avec ses geôliers. Ceux-ci ne devaient pas lui adresser la parole, mais à force de rester de longues heures en sa compagnie, ils finissaient par lui témoigner une certaine amitié. Ils lui demandaient d'écrire des lettres pour leur fiancée, pour obtenir une mutation, ou bien sollicitaient des conseils au sujet de leurs enfants, de leur vie familiale...

Dans une autre prison, les chants des Noirs lorsque avaient lieu les pendaisons.

Il me parle de l'intensité qu'avaient ses sensations. A cinq heures du matin, dans la cour. Le silence, les étoiles, l'odeur de l'air, la sensation de la vie...

Quand il a été libéré, il a dû fournir un gros effort pour se réadapter. Il ne savait plus prendre une décision, ni accomplir les gestes les plus simples, comme éteindre la lumière.

Il est en train d'écrire un ouvrage où il racontera ces sept années-là. Les mouchards, le sadisme des gardiens, les viols, les suicides, les meurtres, les gangs, les règlements de compte qui les opposaient, la lente et inexorable destruction des hommes par le système mis en place...

Quand il est arrivé en France, des amis venus l'attendre à l'aéroport lui ont offert trois livres. L'un d'eux était *Rencontres avec Bram Van Velde.*

Très bon contact avec lui. Son intelligence, sa clarté intérieure, sa simplicité. Et chose étonnante, il n'a aucun ressentiment, aucune amertume.

Film sur l'Afrique du Sud.

Les bidonvilles. 50 % des enfants meurent avant deux ans.

Dans les cimetières, les rangées de tombes creusées à l'avance.

On déplace des populations entières. Hommes séparés

de leurs femmes. Ceux qui travaillent chez les Blancs, et le soir venu, doivent s'empresser de quitter la ville. Parqués dans des bidonvilles distants parfois de cinquante kilomètres de leur lieu de travail.

Le Noir doit avoir le « pass » (papier d'identité) sur lui en permanence. Si un soir il prend le frais sur le seuil de sa maison et qu'il ne peut présenter son « pass » à une patrouille de police, on ne lui laisse pas le temps d'aller le chercher. Il est aussitôt embarqué.

26 novembre

Par peur de vivre, d'avoir à affronter le tragique de l'existence, bien souvent nous cherchons refuge en un être, un travail, une croyance, une quelconque illusion... Et à force d'oublis, de refus, d'aveuglements, nous parvenons fort bien à nous ménager un havre où nous pensons être en sécurité, à l'abri de la menace. De longues années peuvent s'écouler ainsi sans que nous ayons aucunement conscience de nous être soustraits à ce qui est le lot de notre condition. Mais parfois, il arrive que le havre ne protège plus, et c'est le drame. Tout se passe alors comme si la vie avait à se venger d'avoir été initialement trahie.

2 décembre

On peut avoir connaissance de bien des aspects d'un être, de sa personnalité, mais tant qu'on ne connaît pas ses rêves, ses fantasmes, ses désirs les plus secrets, ce qu'enfante son imaginaire, on ne sait pas grand-chose de lui.

5 décembre

Cet homme de soixante-dix ans est un grand malade.

Placé sur un chariot, il ne peut sortir. Il est intelligent, cultivé, et il souhaite évidemment recevoir des visites. Mais sa femme, qui répond au courrier et aux coups de téléphone, fait barrage. Car elle se sent exclue des échanges qu'il a avec ses interlocuteurs. Elle a si bien réussi à créer le vide autour de lui qu'il a fini par la quitter. Pour vivre avec une femme bien plus jeune que lui.

Ce que leur entourage prenait, de la part de sa femme, pour du dévouement, de la générosité, de l'amour, n'était en fait que le masque d'une terrible volonté de possession.

Dans presque tous les couples, on retrouve ce rapport de dominant à dominé.

Celui – ou celle – qui se conduit comme une sorte de monstre – ou du moins qui emprisonne l'autre, le stérilise, l'annihile... – n'est pas forcément une personne mauvaise ou méchante. Elle peut avoir même de nombreuses qualités. Mais il lui faut asservir l'autre pour mieux pouvoir le posséder.

Ce besoin prend divers masques et tapisse d'une épaisse couche d'ouate les murs de ces prisons où tant d'êtres étouffent en silence.

Ceux qui se trouvent contraints d'aider à construire la prison où on les enferme.

10 décembre

La revue *Grandes Largeurs* prépare un numéro sur *Lyon et ses écrivains*. Il nous est proposé de parler de la ville, de dire comment nous la ressentons, la vivons. Voici le texte que je vais envoyer.

UNE VILLE. UN VILLAGE

D'abord la peur. Par trois fois.

Un grand cirque a pris possession du champ de foire. Un âne, un zèbre, de petits chevaux à la robe ocre tachetée de blanc sont attachés aux troncs des platanes. Pour visiter la ménagerie, il faudra encore patienter quelques heures. La roulotte est un peu à l'écart. Sur un de ses flancs, des bâches fixées à des pieux ménagent un espace clos où bientôt, moyennant quelques pièces, les visiteurs pourront venir admirer d'étranges animaux. Nous sommes tous à regarder les hommes qui achèvent de monter le chapiteau. Je ne puis attendre. Je m'éloigne à reculons, cours à la roulotte et me faufile sous la bâche. Une odeur forte, inconnue, ajoute à mon excitation, et tandis que j'écarquille les yeux pour tenter de voir le singe, le loup, la lionne et le lion, un formidable rugissement retentit. Terrorisé, je m'échappe en toute hâte et détale en hurlant.

Quelques jours plus tard, on m'emmène à la ville. Cette ville est immense, fort éloignée de notre village, et pour s'y rendre, il faut prendre un car, puis le train. Le voyage dure trois quarts d'heure, et dès qu'on sort de la gare, il faut faire très attention, car les rues sont si nombreuses qu'on peut facilement se perdre. Autre particularité : parce que les lions vivent là en liberté, la ville a pris le nom de cet animal.

Pendant tout le temps qu'a duré notre promenade, ma peur panique, à chaque coin de rue, de me trouver soudain face à un fauve.

C'est la guerre. On parle de bombardements, de ponts détruits, d'arrestations, de tortures, de déportations. Tout cela se passe loin, là-bas, dans cette ville où ne règnent que menaces et malheur. Mais un jour, Claude Jacquet et moi prenons le train. Il a rendez-vous à la gare de Perrache avec une femme inconnue à qui il doit donner des nouvelles de son mari, prisonnier en Allemagne.

Nous traversons tous trois la place Carnot et pénétrons dans un café, à l'entrée de la rue (en cette minute, comment pourrais-je m'imaginer qu'une vingtaine d'années plus tard je viendrais m'établir dans cette ville, et qu'à vingt mètres de là, je trouverais asile dans un immeuble où, à ce jour, j'ai dèja passé plus d'un quart de siècle ?). Gravité de l'instant, confidences chuchotées, angoisse diffuse. Deux officiers allemands entrent. S'assoient à une table proche de la nôtre. Mon cœur bat violemment. Peut-être ne faudrait-il pas les dévisager, mais je ne peux les quitter des yeux. S'ils voulaient se saisir de moi, pourrais-je m'échapper ? Ils bavardent tranquillement, et j'ai du mal à relier la vision de ces hommes placides à l'image que je me fais de ces redoutables soldats allemands qui torturent et massacrent.

Nous sortons et nous dirigeons vers la place Bellecour. Je marche à reculons, convaincu qu'ils vont venir m'arrêter. Puis la sensation de manquer d'espace, d'être prisonnier des murs, enfoui dans une sombre tranchée.

J'ai quinze ans et je suis enfant de troupe. En permission depuis le matin, j'arrive à la gare de Perrache, en provenance de Marseille. Neuf heures du soir. Une nuit froide et pluvieuse. Je redoute cette ville inconnue qui m'offre ce soir un visage hostile.

A chaque retour à la vie civile, après trois mois passés dans cette caserne, je souffre de me sentir inadapté. Quand on perd soudain le refuge du groupe, l'assurance qu'il vous donne, la fraternité qu'on y connaît, on ne sait plus se prendre en charge, ni même comment se conduire et se comporter. Reviennent alors en foule les craintes et inhibitions qui font de vous un adolescent gauche, apeuré et mutique.

Je dois aller passer la nuit chez mon frère, à Villeurbanne, mais je reste sous la pluie, incapable de surmonter mon angoisse. Je sais que cette ville est toute proche et qu'on s'y rend facilement, mais quel bus devrais-je prendre ? Ma timidité m'interdit de me renseigner, et la vaine attente se poursuit.

Je lis sur le flanc d'un bus son lieu de destination : *Etats-Unis.* J'ai appris qu'à Villeurbanne s'élèvent des gratte-ciel, et comme de tels immeubles évoquent pour moi l'Amérique, j'en conclus que le quartier où ils se trouvent ne peut s'appeler autrement qu'Etats-Unis. Je monte dans le bus. Mais une fois en route, je ne sais où descendre. Je suis bientôt le seul passager et l'impression me vient que nous avons déjà parcouru une distance considérable. Au terminus, le chauffeur m'apprend que je suis à des kilomètres du quartier où je suis attendu. Comme il lui faut conduire sa voiture au dépôt, il m'offre de m'emmener jusqu'à mi-chemin.

Il m'abandonne à l'angle d'une rue, et me voici seul dans la nuit. Plus mort que vif, je marche, marche, parcours des rues mortes, longe des palissades, des jardins, des murs aveugles.

Soudain, nuit noire. Panne d'électricité.

J'ai perdu mémoire de ce qui a suivi, mais la frayeur que j'ai connue durant ces instants, je n'ai jamais pu l'oublier.

Passe le temps. Et les circonstances veulent que je me fixe en cette ville.

Pauvreté. Solitude. Crise intérieure. En ces années-là, l'hiver n'a cessé de régner sur la ville. Traqué par l'angoisse, la haine de soi, la hantise d'être un raté, j'erre en aveugle au sein d'une cité qui me demeure indifférente. Je fuis le centre, les gens, la foule, déambule sans fin par des rues mornes où rien ne vient me distraire de ce qui s'agite en moi.

En fin d'après-midi, au plus reculé d'une lointaine banlieue, j'entre dans un café triste où seul à une table, accablé d'ennui, je reste encore des heures à ne rien attendre. Parfois, en me cachant, je griffonne en hâte sur mon carnet le poème qu'a suscité et scandé le rythme de mes pas. Puis je rentre, et à mon marasme s'ajoute le remords de n'avoir rien fait de ma journée. Un flair particulier m'est venu, et je repère infailliblement ceux qui comme moi déambulent sans but, marchent inlassablement pour tenter de fuir ce qui les ronge. Quand je les croise, alors que les regards subreptices qui s'échangent me renvoient à une évidence que je refuse, ma détresse se fait encore plus pesante.

J'arrive à regret dans le centre. Des nuages traînent sur la ville. J'ai la nausée des heures que je viens de vivre et je sais que l'hiver sera long.

Par chance, des rencontres et les chemins de l'amitié m'ont progressivement ouvert à la ville.

Une étudiante belge prépare une thèse sur Jean Reverzy dont pendant quelques années et jusqu'à sa mort, j'ai été l'ami. Elle m'écrit pour me demander les renseignements dont elle a besoin et je corresponds avec elle pendant plusieurs mois. Sa thèse achevée, elle décide de venir visiter Lyon. L'idée qu'elle s'en fait, elle la doit à l'auteur du *Passage* qui a peint sa ville, on le sait, sous des couleurs plutôt sombres. Elle la voit comme une cité grise, pluvieuse, fermée sur elle-même, habitée par des gens réservés, voire sévères, incapables d'un contact tant soit peu chaleureux avec autrui.

En cette fin de mars, dans les Ardennes, où elle vit, c'est encore l'hiver, et quand elle arrive par une douce et radieuse journée de printemps, elle trouve une ville fort différente de l'image qu'elle en a.

La spacieuse *Place des Angoisses* est considérablement animée. Des enfants courent et jouent, provoquent l'envol des pigeons qui picorent autour d'eux. Çà et là, debout et disposés en cercles, des hommes devisent calmement. Des femmes poussent des landaus. D'autres flânent, en tailleur ou robes légères, heureuses de s'exposer à ces premiers rayons de soleil. Les couleurs vives de leurs vêtements ajoutent à la gaieté qui est dans l'air, et sur les marronniers le vert tendre des frêles premières feuilles se mêle au jaune pâle des bourgeons récemment éclatés.

Ce que cette jeune fille découvre ce jour-là, c'est très exactement l'inverse de ce à quoi elle s'attendait.

Une ville amène, vivante, lumineuse, ayant parfois l'air et la nonchalance d'une ville du Midi, et dont on peut légitimement penser qu'elle est un lieu où il doit être fort agréable de vivre.

Pendant deux jours – de Bellecour à Fourvière, de Fourvière à ce quartier de Monplaisir où Reverzy avait accompli sa tâche de médecin, de Perrache aux Terreaux, sans oublier les quais de la Saône et du Rhône, non plus qu'une brève visite de l'hôpital de l'Antiquaille où est venu s'éteindre le héros du *Passage*, l'inoubliable Palabaud –, nous avons parcouru Lyon en tous sens. Et je crois bien être en droit d'affirmer que c'est au cours de ces deux journées, en regardant tout par les yeux de cette jeune fille ébahie, que j'ai véritablement découvert cette ville où je vivais depuis déjà plusieurs années, et à laquelle, jusqu'alors, je n'avais pas su prêter une suffisante attention.

Puis il y eut d'autres rencontres, d'autres amitiés, d'autres découvertes. Avec des heures grises et des heures claires.

Des instants d'exultation ou d'effondrement.

D'interminables flâneries au cours desquelles je me suis laissé imprégner par ce que sécrètent les rues, le passé de la cité et ses habitants.

Des marches effectuées à un rythme soutenu, sous la pression d'un poème qui se cherchait, et lorsque je rentrais, je m'apercevais que pendant tout ce temps, j'avais été comme aveugle, que je n'avais rien vu des rues que j'avais empruntées.

Des heures, au fond d'un café tranquille, à lire ou griffonner des notes...

Et ainsi,

de prison qu'elle était – et je souffrais d'une souffrance presque physique d'avoir à vivre loin de mon village, mes collines –

de désert de pierres où je tentais de fuir ce à quoi je ne pouvais échapper cette ville où j'ai maintenant un passé est devenue MA ville

une part intégrante de ce que je suis.

Et un jour, pour marquer ce que je lui dois, il faudra que j'essaie de dire

ces matins où elle s'éveille dans la brume

ces soirs d'avril ou d'automne, place Bellecour, au moment où la nuit tombe, alors que la théâtrale colline de Fourvière se découpe en noir sur un ciel de tourmente, et qu'un ultime rayon de soleil veloute d'une lumière mourante les gris subtils des nuages en tumulte, fouaillés par le vent

la qualité de certaines lumières, fort différentes selon les jours et les saisons

le contraste entre la vaste trouée que ménage un Rhône aux eaux parfois sauvages (elles font lever en vous l'idée d'une force menaçante, furieuse, dévastant tout) et l'étroit couloir où stagne une Saône inerte, enserrée dans ses quais

ces maisons aux teintes pastel qui les bordent

cette joie d'enfant à voir apparaître la lente péniche

les heures passées au parc de la Tête-d'Or à lire sur un banc près duquel vient jouer un écureuil

les matins au Café Neuf où je suis souvent seul, ces instants qui s'écoulent à parcourir la contrée intérieure alors que, par la baie, je ne cesse d'observer du coin de l'œil les rares passantes qui traversent la place

les minutes recueillies – au Bellecour ou à L'Espace – qui préludent à la venue de la personne que j'attends

mes fréquentes stations à la galerie de Sopho et tout ce que m'a apporté sa tonique amitié

mes visites à l'atelier de Truphémus, les échanges que nous avons, les moments passés à regarder ses toiles

les rencontres surprises, dans la rue, avec Rajak Ohanian qui rentre d'un séjour à Venise, New York, ou au

Sahara, et qui m'entraîne chez lui, à deux pas, pour me montrer ses dernières photographies

la hâte, après un après-midi de travail, à dévaler les escaliers, puis le plaisir intense à me mêler à la foule, gagner les lieux où elle est la plus dense, à m'attabler ensuite dans un grand café, et tandis que le temps coule sans heurts, à me laisser pénétrer par des visages qui me confient parfois en silence ce qui les a façonnés

cette sensation, lorsque j'arpente la place Bellecour, centre et cœur de la ville, d'être idéalement relié à tout ce qui en part, tout ce qui y converge

telle flânerie le long d'un Rhône ce jour-là couleur turquoise, sous un ciel gris pâle alors que, loin là-bas vers le sud, la lumière déchirait les nuages, faisait rêver d'une lumière qui eût percé la ténèbre intérieure

les endroits fort peu nombreux (la rue où j'habite, la rue de la République, parfois la rue Edouard-Herriot, la place Bellecour avec les trois cafés où j'ai mes habitudes) qui désormais m'attirent si impérieusement qu'ils me ferment à tout ce qui n'est pas eux – lieux qui délimitent un espace fort restreint, mais où je goûte un total bien-être, connais des plaisirs, des émotions, des joies dont je tire une part de ma nourriture, de sorte qu'en cet instant je puis affirmer non sans gratitude pour tout ce que déjà j'en ai reçu :

C'EST LÀ
QU'EST MON VILLAGE

1984

3 janvier

L'autre jour, en allant à Paris, train bondé. J'ai fait le voyage sur la plate-forme, à l'extrémité du wagon. Assis tout près d'une femme qui me faisait face, ses genoux glissés entre mes jambes. Pendant trois heures, elle m'a raconté sa vie. A mots couverts, avec une étonnante subtilité, elle m'a donné à entendre qu'elle se prostitue dans un petit bar, à Saint-Etienne. Avant de me quitter, elle m'a indiqué avec précision où il se trouvait, et invité à lui rendre visite.

Les deux derniers jours de décembre, je les ai passés dans l'Orne, au Tertre, le château que possédait Martin du Gard. En octobre, j'avais lu *Le Lieutenant-Colonel de Maumort,* cet important roman auquel il a consacré les dernières années de sa vie, et qui est paru à titre posthume dans la collection « La Pléiade ». Un livre pour une grande part autobiographique, qui m'a passionné. Ce qui m'a le plus intéressé, ce sont *Les dossiers de la boîte noire,* des notes qu'il a écrites au long des années sur toutes sortes de sujets : déterminisme et libre arbitre, limites du connaissable, scepticisme, individu et collectivité, bien et mal, mort et vieillesse, goût de la solitude, disposition à la méditation... J'ai aussi longuement fréquenté sa volumineuse correspondance, et je n'arrive pas à comprendre pourquoi un écrivain aussi considérable est à notre époque si peu lu.

Véronique de Coppet, sa petite-fille, m'avait invité à les rejoindre, et c'est avec beaucoup d'émotion que j'ai découvert ces lieux. Le parc avec la pièce d'eau, les allées qui ménagent des échappées sur les paysages alentour, le vallon que voilait une légère brume, la ferme, la forêt. Et la vaste et imposante demeure aux nombreuses pièces où rien n'a changé depuis qu'il n'est plus. L'importante bibliothèque avec tous ces livres enrichis des dédicaces de Gide, Valéry, Mauriac, Romain Rolland... Son bureau, avec le siège à poches de cuir qu'il s'était fabriqué pour pouvoir écrire sur ses genoux. Au mur, une cinquantaine de portraits des écrivains qu'il aimait... La riche substance de *Maumort* vivait en moi et me rendait Martin du Gard encore plus présent.

J'ai dormi dans une petite chambre, et j'aurais aimé savoir lesquels de ses amis écrivains l'avaient occupée avant moi.

6 janvier

Un jour de la fin décembre, à Paris, dans une rue du XVIe arrondissement. On n'aurait pu imaginer plus violent contraste.

Les vitrines d'une joaillerie renommée, parées pour les fêtes de fin d'année, toutes scintillantes de lumières, de bijoux, de diamants, l'expression même du luxe, du raffinement, de la richesse. Et eux, à deux pas, immobiles, comme l'incarnation du malheur absolu.

Elle, appuyée contre le mur, maigre, le visage livide, grelottante, des larmes glissant sur ses joues. Et lui, un bébé dans les bras, penché sur elle, essayant de la consoler. Une petite fille d'environ trois ans était accroupie à leurs pieds et serrait dans ses bras la jambe de sa mère. Ils ne mendiaient pas. Ils semblaient seulement ne pas pouvoir aller plus loin, cloués là par la faim, la fatigue, le désespoir.

Ils n'étaient pas du tout en haillons, mais leurs vêtements légers ne pouvaient en aucun cas les protéger contre le froid. Ils constituaient un tel bloc de souffrance, paraissaient si loin dans la détresse, que je n'ai même pas osé leur parler. Et qu'aurais-je pu leur dire ? Qu'aurais-je pu faire ? Je n'avais pas de quoi les secourir.

Tous ces jours, cette vision me hante.

10 janvier

J'ai oublié de noter que la veille de Noël, j'ai lu *Aubes et Crépuscules* de Louise Nevelson, cette Américaine qui est un des grands sculpteurs de l'époque, et à l'œuvre de laquelle je m'intéresse depuis plusieurs années. Ce livre, elle ne l'a pas écrit, mais bien que né des entretiens qu'elle a eus avec une amie, il peut être considéré comme une autobiographie. Je dois dire qu'il m'a bouleversé, mais il est encore trop brûlant en moi pour que je puisse en parler.

12 janvier

Quelle sagacité, quelle capacité de lire entre les lignes me laisse entrevoir cette lettre dans laquelle une inconnue me dit sur moi des choses étonnantes.

15 janvier

C'est parce qu'ils se ferment à leurs émotions que tant d'êtres paraissent insensibles.

20 janvier

La fiction m'est interdite, car je ne peux modifier ce qu'élabore en moi la voix intérieure. Ce qu'elle me dicte ou me donne à clarifier, il faut que je le consigne tel que cela me vient, sans qu'intervienne la moindre déformation. Remodeler, transposer, amplifier..., me donneraient l'impression de mentir, et je ne pourrais le supporter. Ce besoin de dire au plus juste, avec le maximum de simplicité et de précision.

22 janvier

Trancher en moi, à leur racine, des comportements, des postures intérieures qui n'ont plus lieu d'être.

4 février. Au Bellecour

Emotion à écouter un être inconnu qui se livre à vous spontanément, avec simplicité. J'étais à cette table où j'aime à me tenir, dans l'angle du café. Je venais d'écrire un poème et j'étais encore enfoui dans mes limbes. Cette femme s'est présentée. Nous avons parlé de livres, de littérature, et insensiblement – mains jointes, visage penché, voix grave – elle en est venue à se raconter. Je suppose qu'on ne peut se confier avec un tel abandon qu'à un inconnu dont on sait qu'on ne le reverra pas. A un moment, j'ai eu un si vif désir d'aller à la rencontre de ce qu'elle me donnait à découvrir, que j'aurais voulu me glisser entre ses lèvres pour me ruer au-devant de ses mots.

6 février

Elle explique combien il est difficile de vivre en dehors des normes, des modèles. Elle et son mari se sentent rejetés.

Comme en exil. S'il a quitté sa femme, c'est parce qu'il ne supportait plus d'être dominé. Elle commandait, dirigeait, avait tout accaparé. Cela ne m'a pas étonné. En général, dans un couple, bien qu'il n'y paraisse pas, bien que les apparences ne le laissent pas soupçonner, c'est la femme qui domine. Certes, il n'en va pas toujours ainsi. Mais il n'empêche. Je pense vraiment, pour l'avoir observé, qu'à l'intérieur du couple, dans la plupart des cas, c'est la femme qui fait la loi. J'en ai d'ailleurs souvent parlé avec des femmes, et elles en ont convenu. Mais le plus souvent, nous ne pouvons nous en rendre compte, car c'est l'idée inverse qui prévaut.

8 février

Profondeur de l'échange quand l'autre reçoit ce que vous dites sans le déformer. Le reçoit et le complète, l'enrichit, le prolonge... Toutefois, il est rare que la communication soit d'une telle qualité. Cette femme me parle de l'homme qu'elle aime et me dit qu'il a fallu quelque trois ans pour que sa parole réussisse à le toucher, à se frayer un chemin à travers ce qui l'encombrait, à rencontrer son centre.

12 février

En fin de soirée, dans un petit café d'un quartier endormi. Cette jeune femme en noir, au visage maussade, qui manifestement n'attend personne, attablée devant un verre d'alcool. Avant de prendre la porte, je lui ai souri, tout en la fixant avec insistance. Dans le désir de lui adresser un petit signe, de l'éclairer un bref instant. Mais elle semblait si loin. Son regard n'a pas lui.

15 février

Par bien des côtés, je suis encore un adolescent. Je ne sais si je dois m'en affliger ou m'en réjouir.

Ce musicien de jazz disant qu'il a besoin de la rue, du spectacle de la rue. Car c'est là qu'il trouve le feeling. Et cet autre qui explique qu'il ne veut jouer qu'en club – la fumée, l'alcool, les femmes, le désir... Oui, tout artiste a besoin de plonger ses racines dans la vie. Dans le riche humus de la vie.

18 février

Aimer en se renonçant. Aimer en sachant respecter l'autre. Peut-être sont-ils rares les êtres capables d'un véritable amour.

La défiance et la peur. Bien souvent, ce sont elles qui dominent nos rapports avec autrui. Mais si nous nous en libérons, alors la vie se fait généreuse, multiplie ses dons.

Parce qu'elle alimente leur pouvoir créateur et nourrit leur œuvre, bien des artistes sont enclins à cultiver leur névrose.

Il faut sans doute jouir d'un bon équilibre pour être capable de ne pas refuser ses émotions.

20 février

A la radio : Kathleen Raine dont j'ai lu avec un vif plaisir *Prairies heureuses* et trois recueils de poèmes (je dois cette découverte à François-Xavier Jaujard). Sa voix jeune, mélodieuse. Son charme. Sa sensibilité. Des propos passionnants, donnant à pressentir un riche arrière-pays.

Et à l'opposé, Simone de Beauvoir. La voix sèche, dure. Les mots crachés comme des balles de mitrailleuse. L'impression que cette femme est dépourvue de toute dimension intérieure.

22 février

Parler vrai. Ecrire vrai. Dans ce monde où en tant de domaines de plus en plus règne le mensonge, nous avons un vital besoin de mots qui ne mentent pas. Mais percevoir juste, éprouver juste, penser juste, écrire juste..., ce sont là les étapes au cours desquelles le vrai peut s'estomper, se gauchir, s'effriter, et au bout du compte se dégrader jusqu'à n'être qu'un ersatz. Nécessité d'être vigilant. De veiller à être d'une fidélité absolue à mes perceptions.

23 février

Lu dans la N.R.F. de larges extraits de *Ostinato*, l'ouvrage auquel Louis-René des Forêts travaille depuis plusieurs années. Des pages de toute beauté qui sont, à mon avis, les plus belles qu'il ait écrites. Fin décembre, je l'ai rencontré à Paris avec un très vif plaisir.

25 février

Passé deux heures à écouter du flamenco. Ces voix éraillées, rauques, sauvages, qui me parlent de vies ravagées par de sourdes passions, elles me bouleversent, m'atteignent en cette région où s'enchevêtrent la douleur d'être et l'ivresse de vivre.

Tailladé. Terrassé. Redressé. Exalté. Une allégresse indissociable d'une souffrance qui me rappelle au tragique de la vie. Une ardeur à vivre exacerbée, alors que tout ce que je suis halète, crie, geint, exulte.

26 février

Parfois, quand on lit, on tombe sur des mots qui littéralement vous sautent au visage. Parce qu'ils rencontrent en nous une attente, provoquent une prise de conscience qui était sur le point de se produire. Ils peuvent avoir toutes sortes d'effets : la révélation d'un aspect de nous-même, l'élucidation d'un pan de notre passé, la mise en lumière d'un obstacle qu'ils nous aident à franchir, la découverte d'une vérité vers laquelle nous cheminions...

L'autre jour, à la Librairie des Nouveautés, j'ouvre au hasard et sans avidité particulière un livre de Cocteau. Et mon regard se porte immédiatement sur ces mots, des mots que j'aurais pu croire dotés d'un irrésistible pouvoir d'attraction : *J'ai trop voulu être, et j'ai oublié de vivre.* J'ai éprouvé un choc. Ces mots éclairaient soudain plusieurs années de mon histoire. D'autant qu'ils se sont trouvés associés sur-le-champ à ces autres, rencontrés dans une page de Martin du Gard, lequel relevait qu'il existe souvent *un fétichisme de l'absolu.*

Pendant ces années-là, acharné à me détruire pour me reconstruire, à me travailler pour me perfectionner, je vivais dans une grande contention d'esprit, ne lisais que des mystiques, et il est exact que j'ai donné dans ce fétichisme, ai vécu en tournant le dos à la vie. J'étais constamment tendu vers ce qui m'échappait et que coûte que coûte il me fallait atteindre. J'avais une conscience aiguë de mes lourdeurs, de mes insuffisances, mais ce besoin me possédait et il me détournait de vivre.

Ces mots de Cocteau et de Martin du Gard, quand je les ai lus, ils ont déflagré en moi et m'ont forcé à m'avouer ce dont j'avais prescience. Alors j'ai mieux su qu'il me fallait lutter contre ce fétichisme et me décider enfin à résolument pénétrer dans les profondeurs du fleuve. Pour y noyer mon vouloir et m'abandonner au courant.

1er mars

Pagie noire, une revue de recherche et d'information sur la littérature pour la jeunesse, m'a adressé cette question : *Un enfant peut-il entrer dans votre œuvre en ayant les mains dans les poches ?* Voici ma réponse :

Ma maison de mots, je la construis avec un grand souci de simplicité, de clarté, de rigueur. En veillant à n'accepter en elle que ce qui lui est nécessaire.

Des fondations et des murs que j'espère solides. Des espaces à ta mesure, où je souhaiterais que tu goûtes un réel bien-être en accueillant des mots qui te concernent, te révèlent à toi-même, parlent à ta part la plus intime.

Entre dans ma maison inachevée de la manière qui te convient : pieds nus, mains dans les poches, mais surtout, en abandonnant tout ce qui t'encombre.

Pour bien recevoir mes mots, confie-toi au silence, rends-toi léger, transparent, et laisse-toi bercer, porter, entraîner. Laisse les mots te pénétrer, rejoindre en toi ce qu'ils ont à te faire découvrir.

Et lorsque tu quitteras ma maison, je souhaiterais que tu sois plus clair, plus intense, que tu saches mieux voir, mieux participer, mieux aimer les autres et le monde, mieux apprécier les multiples beautés de la vie.

30 juin

Il est des livres dont la lecture m'a un jour donné une forte émotion. Ces livres, j'aime à les reprendre, car à travers eux, je cherche à retrouver l'émotion que j'en avais reçue. *Retour à Nayack* est un de ceux-là. Il s'agit d'une biographie de Carson McCullers que l'on doit à Jacques Tournier, l'un de ses traducteurs. Tout en nous relatant les grands épisodes de sa vie, il a cherché avec beaucoup de sensibilité à la faire revivre en l'abordant « par l'intérieur ». Une femme vulnérable, blessée, pathétique. Une vie qui n'est qu'une succession de tragédies.

Ces temps, je n'ai pas travaillé. J'espérais coucher sur le papier ces nouvelles qui sont plus ou moins déjà écrites dans ma tête, mais il me manque souvent le courage d'aborder la feuille blanche, et une fois de plus, je me suis dérobé. Ne sachant que faire, et désireux de mettre fin aux reproches que je m'adressais, j'ai repris *Retour à Nayack* – un exemplaire passablement défraîchi, écorné, qui me parle de toutes les heures passées en sa compagnie – et je l'ai ouvert avec délice. Et comme je ne pouvais plus quitter Carson, j'ai relu toute son œuvre, ces ouvrages dont certains titres me sont comme des poèmes : *Le cœur est un chasseur solitaire, Reflets dans un œil d'or, La Ballade du café triste,* lequel s'achève sur une petite nouvelle qui est un vrai joyau : *Une pierre, un arbre, un nuage.* Chère, chère Carson Mc Cullers, vous m'accompagnez depuis de longues années et je pense bien souvent à vous.

7 août

En juin, à l'invitation de France, je me suis rendu à Oyonnax, dans un lycée, pour m'entretenir avec des élèves de seconde et de première. Avant de les quitter, j'avais échangé quelques mots avec une femme, professeur de français d'une des classes auxquelles je m'étais adressé. Et hier, comme nous en avions vaguement convenu, elle m'a rendu visite.

Quarante et un ans, un beau visage, mariée, mère de deux grands enfants. Jusqu'à quarante ans, elle n'a connu que l'ennui, la souffrance, une sensation d'exil, le désir de se supprimer. Puis la mutation s'est produite. Et depuis un an, elle se sent claire, forte, en accord avec elle-même, n'est plus tributaire de l'environnement, ni des circonstances. Et elle s'est mise à écrire. Des poèmes. Qui jaillissent à toute heure du jour ou de la nuit. Je viens d'en prendre connaissance. Sobres, denses, chargés d'émotion, témoignant d'une réelle maîtrise de l'écriture.

Ces dernières semaines, elle s'est plongée dans mon *Journal* et en a été passablement remuée. Parfois, elle le lisait en pleurant. Mais de joie. Ne pouvant se défendre du sentiment qu'il avait été écrit spécialement pour elle, étonnée de se retrouver en presque chacune de ces notes.

L'une d'elles lui avait appris que j'étais attentif aux êtres, mais elle en doutait. Elle a tenu à me rencontrer, entre autres choses, pour vérifier si j'avais dit vrai. Elle a tant souffert de se heurter à des gens incapables d'écoute, qu'elle avait renoncé à croire qu'un jour elle pourrait être entendue.

Visite de ce journaliste suisse, qui est maintenant devenu un ami. Entre autres choses, il signe des comptes rendus de lecture dans un quotidien de Genève, et l'autre jour, son directeur lui a demandé « de ne parler que des livres dont on parle ».

18 août

N., mariée, trente-cinq ans, une fille de dix ans, et sur le plan matériel, une existence de privilégiée. Ainsi, au printemps, a-t-elle passé avec son mari trois semaines à l'autre bout du monde. Mais en elle, quel ennui, quelle lassitude, quelle tristesse. Elle m'a confié qu'elle n'a jamais rencontré quelqu'un qui aurait pu l'écouter, recevoir ce qu'elle avait à dire. Combien sa détresse m'a ému. J'ai essayé de trouver les paroles dont elle avait besoin. L'ai incitée à continuer de peindre, à se mettre à écrire. Lui ai expliqué qu'elle ne devait pas avoir peur d'elle-même. Qu'il lui fallait consentir à ce qu'elle est – une jeune femme d'une grande sensibilité, aux prises avec une vie intérieure ardente, et ayant besoin de solitude et de silence. Jusqu'à ce jour, en se détournant d'elle-même et en menant une vie qui ne lui convient pas, elle n'a fait qu'ajouter à sa souffrance.

Il faut que nous parvenions à la rejoindre, la tirer de sa solitude, sachions lui offrir une écoute qui lui permettra de se révéler à elle-même, de s'accepter, se voir enfin reconnue.

20 août

Mes mots créent
ce que je leur confie

Ce trouble à me porter
au-devant de cet inconnu
que ma nuit pousse
à ma rencontre

4 septembre

Visite de deux jours, en Suisse, à M..., cette amie religieuse qui d'ailleurs n'est plus religieuse, puisqu'il y a un an, elle a quitté sa congrégation. Notre dernière rencontre remontait à plusieurs années, et ce n'était pas sans inquiétude que je m'apprêtais à la revoir. Je savais que je n'étais pas étranger aux motivations qui l'avaient conduite à rompre ses vœux, et je me demandais avec anxiété comment elle affrontait sa nouvelle existence, et si, après ces quelques mois, elle estimait avoir pris une bonne décision. Elle affirmait dans ses lettres qu'elle ne regrettait rien, mais me disait-elle la vérité ? Quand on écrit, on a parfois un tel souci de ménager l'autre, qu'on passe sous silence ce qui pourrait le chagriner, et je ne savais trop dans quelle mesure je devais la croire. Fort heureusement, j'ai pu constater qu'elle avait dit vrai. Joie intense à la voir armée d'un très bon moral, pleine de dynamisme, et travaillant à se défaire de ce qui avait menacé de l'étouffer.

Après quelque trente ans de cette existence très particulière, durant lesquels elle a été totalement assumée, le retour à la vie civile, avec tout ce qu'il impliquait, n'était pas si évident. Je suis plein d'admiration pour le courage dont elle a fait montre. D'autant que les membres de sa famille et la plupart de ses connaissances ont mal réagi à l'annonce de sa décision. Pour eux, cette idée qu'une vie, une fois effectué un déjà long parcours, pouvait être réorientée d'une toute autre manière, avait quelque chose d'insupportable. Remettre en cause une existence qui semblait à l'abri de toute secousse, de tout imprévu, leur administrait la preuve que nulle part n'existe la moindre sécurité, qu'on ne peut trouver refuge en rien, qu'à tout instant il est possible de prendre un nouveau départ. Ils auraient préféré apprendre, nous a-t-elle dit, qu'elle avait fait une rencontre, décidé de se marier et de vivre comme tout le monde. Mais savoir qu'elle avait renoncé à la vie religieuse par souci d'honnêteté, d'authenticité, et pour obéir aux exigences de sa vie intérieure, ils ne pouvaient l'admettre. Elle se retrouve ainsi un peu plus seule, mais elle est maintenant assez forte pour n'en être pas trop affectée.

Maîtresse d'une classe enfantine, elle vit maintenant dans un petit village situé au nord-ouest de la Suisse. Large vallée, prés et cultures, et collines couvertes d'épaisses forêts. L'endroit est magnifique.

Faute de temps, nous n'avons pas échangé autant que je le désirais, mais je me console en me disant que dorénavant, nous aurons des rencontres moins espacées.

7 septembre

Hormis cette brève escapade en Suisse, j'ai passé tout l'été à Jujurieux. Beaucoup lu et peu travaillé. Ecrit un poème de quatre pages sur Antoni Tàpies, en vue d'une exposition d'une douzaine de ses toiles qui se tiendra à Lyon en octobre. Puis entrepris un texte sur Giacometti pour un petit livre qui paraîtra au printemps prochain.

Une chose importante est survenue : sans rompre vraiment, j'ai décidé de prendre une distance avec la famille de N... Et je m'en suis fort bien porté. Une vieille histoire, pénible, douloureuse, qui m'a longtemps meurtri, et à laquelle j'aurais dû mettre fin beaucoup plus tôt, s'est ainsi achevée en douceur, sans que j'éprouve la moindre émotion. Il m'a fallu presque trente ans pour comprendre qu'ils ne m'ont jamais accepté, pour renoncer à attendre un peu d'affection, pour convenir qu'ils n'ont rien à donner. J'avais cru que ma gentillesse, le souci que j'avais de toujours m'effacer, de m'ajuster à leur monde, finirait par percer le mur derrière lequel ils s'abritent. Mais il n'en a rien été. Je me suis donc retiré. Finis les faux-semblants, les rapports vides, et ce lourd ennui pétrifiant qui fondait sur moi en leur présence. Sentiment de délivrance, de libération, et cette conviction, chèrement acquise, que la vraie famille, la famille dont on reçoit compréhension et affection, n'est pas celle que vous assignent les liens du sang, mais bien celle qui se crée d'elle-même avec des amis éprouvés.

9 septembre

En nous est la source. Mais pourquoi avons-nous tant de mal à la rejoindre ? Pourquoi le plus souvent nous refusons-nous à son murmure ? Etres et choses ne cessent de nous requérir, et nous méconnaissons que pour sa plus grande part la vie nous vient de l'invisible.

12 septembre

Tant d'êtres se mentent à eux-mêmes en toute sincérité.

En moi, derrière une fermeté d'apparence, les timidités, les peurs, et parfois, le besoin de tendresse d'un enfant.

13 septembre

Celui qui ne s'est pas dégagé du moi, du sentimentalisme, de l'émotionnel, quand il se trouve aux prises avec une souffrance qui marque un être à jamais, il a bien peu de chance de la faire tourner à son profit, d'empêcher qu'elle ne le submerge et ne le détruise. « Il sera ôté à ceux qui n'ont rien. »

Privilège que d'avoir cette force qui naît de l'impérissable. Que de pouvoir prendre appui sur ce rocheux sous-sol.

14 septembre

Depuis un certain temps déjà, je rencontre Florence de loin en loin. Elle a vingt-deux ans, veut faire du théâtre, et depuis un an, vit le plus souvent à Paris où elle suit des cours en vue de devenir comédienne. Elle possède de solides qualités – sérieux, esprit juste, sensibilité, sens de l'essentiel... – mais en elle qui a été choyée et protégée, que d'ignorance, de naïveté, de rêves, d'illusions...

Il va lui falloir un long temps pour se dégager du tumulte et acquérir une vision tant soit peu claire d'elle-même et de la vie. Quand on confronte en pensée ce qu'elle est et ce que sont cette ville et le milieu où elle va devoir évoluer, on tremble à l'idée de ce qu'elle va devoir affronter. Elle a la chance de savoir écouter et apprendre, et par amitié pour elle et ses parents, j'essaie de l'aider, la guider, l'amener à prendre conscience de ce qui compte.

15 septembre

Il n'est pas d'événement plus bouleversant, dans une vie, que la naissance à soi-même. Après plus de vingt ans de confusion, de souffrance, de détresse, elle est émerveillée par ce que la vie lui accorde. Elle a remarqué que les gens qui la connaissent étaient moins dérangés par ce qu'elle était avant, que par ce qu'elle est actuellement, alors qu'elle connaît la paix, la force, la joie. Une joie d'ailleurs grave, claire, silencieuse, qui ne s'exhibe pas, mais qu'autrui ne peut pas ne pas percevoir.

Mes mots démultiplient
la vie dont ils naissent

Se déchire la fausse clarté du jour
et l'inconnu te prend dans sa lumière

17 septembre

Tant qu'on n'est pas né à soi-même, qu'on n'a pas pleinement rencontré la vie, on n'est pas descendu dans les profondeurs du fleuve.

19 septembre

Au cours de l'été, mon plaisir à rencontrer D... pour un bref échange dans la rue ou sur la place le jour du marché. Un beau sourire et beaucoup de douceur dans le regard. Enfant, elle a été très malheureuse, et a eu tôt une douloureuse expérience de la vie. Elle est grave, sensible, réceptive, et possède une merveilleuse fraîcheur. Elle n'a pas fait d'études, et c'est maintenant qu'elle s'éveille, découvre les livres et la culture, s'ouvre à ce qu'elle est. Son mari ne la comprend guère, mais elle est parvenue à conquérir une étroite marge de liberté, et elle avance, calmement avide, secouée par ce que lui apporte la découverte.

Avec un être qui est centré, sait se dire et se montre capable d'écoute, combien la communication est aisée. C'est en quelques mots qu'on le rejoint et qu'on connaît avec lui la joie de la vraie rencontre.

20 septembre

Quand j'ai commencé à écrire, si je haussais le ton, c'était uniquement par peur d'autrui. Pour chercher à le convaincre, il me fallait parler au-dessus de ma voix. Mais ce faisant, j'introduisais ce rien d'inauthenticité qui le poussait à me refuser son adhésion.

21 septembre

Je sors de la gare. Accroupi contre un mur, un clochard. La tête enfouie dans ses mains. Je laisse tomber une pièce dans la petite boîte posée devant lui. Mais j'entends qu'il pleure. Je lui parle, le prends par le bras, cherche à le réconforter. Il se dresse. Un homme d'environ trente-cinq ans, proprement vêtu, qui se met à gueuler qu'il va se jeter dans le Rhône. Forte odeur de vin. Laissant sa boîte et ses quelques pièces, il s'éloigne en vociférant, court de droite et de gauche, en proie à une excitation qui fait redouter le pire. Puis il plonge la tête dans l'eau d'un bassin proche. Mais que faire ? Je sais maintenant qu'il n'est guère possible de tendre la main à qui est en train de couler. Et non sans honte ni remords, j'ai poursuivi mon chemin.

23 septembre

Pour mieux pouvoir m'offrir au présent, j'ai toujours été en guerre contre mon passé. J'ai toujours voulu l'expulser, l'éliminer, le détruire. Mais c'était une grave erreur. Et aussi une cause de chronique appauvrissement. En fait, pour mieux vivre le présent, on peut très bien se soustraire à l'emprise du passé sans pour autant vouloir l'annihiler.

Quand on ne cherche pas à réactiver ce qui n'est plus, qu'on ne se sert pas du passé comme d'un refuge, la mémoire est en nous une de nos grandes richesses. A certains moments, elle peut même devenir une source qui féconde le présent.

24 septembre

Ce doute radical sur moi-même auquel j'ai si souvent fait bon accueil dans le passé, je parviens maintenant à le contenir. Et parce que je n'ai plus peur du regard d'autrui sur mes mots, l'écriture ne s'accompagne plus de cette angoisse qui m'assaillait dès que j'affrontais la page blanche.

Indicible bonheur que de pouvoir enfin oser me faire confiance.

Ceux qui croient vivre une aventure intérieure, alors qu'ils ne font que s'emparer d'un vocabulaire et d'un savoir, imiter des modèles.

25 septembre

Geneviève me disait hier que ceux qui connaissent Chantal, l'aiment, l'apprécient, ont besoin d'elle. Pour cette unique raison qu'elle crée la vie. Bien évidemment, je n'avais pas été sans le remarquer. Quand je la rencontre, les idées affluent, je deviens disert, m'entends dire des choses dont je suis le premier surpris et que je n'avais pas su penser jusque-là.

Et moi, sais-je créer la vie autour de moi ? Je ne le crois pas. Le plus souvent, faute d'être soulevée par cet élan qui lui permettrait de s'écouler au dehors, elle demeure enfouie dans mes recès.

26 septembre

Ces moments de crise où la vie intérieure entre en effervescence et vous rend inapte au quotidien. Quand j'étais étudiant en médecine, qu'il me fallait appliquer mon esprit à l'étude alors qu'il était occupé de tout autre chose, j'ai parfois connu une souffrance qui était à la limite du supportable. Un rien aurait pu me faire basculer. Je me souviens de ce matin où je me trouvais seul dans le couloir d'un service à l'hôpital (mais sans doute ai-je raconté cela quelque part). L'infirmière-chef – une religieuse d'un certain âge, fort corpulente, qui se déplaçait avec difficulté, en se dandinant – m'avait pris maternellement par le bras, et avec beaucoup de douceur, m'avait demandé pourquoi j'étais si triste. Cette marque d'attention m'avait bouleversé, et sa question, plongé en plein désarroi. Si ce que je contenais à grand-peine et m'ingéniais à cacher devenait visible, n'était-ce pas parce que j'allais être prochainement submergé ?

Drame de tout être rongé par ce qui le travaille et auquel la vie de chaque jour ne laisse aucun répit.

27 septembre

Ce qui souvent alourdit notre marche, voire nous empêche d'avancer, c'est notre acharnement à vouloir atteindre un but, obtenir un certain quelque chose, nous emparer de cette vérité dont nous pensons qu'elle a un contenu défini, qu'elle occupe un lieu fixe. Erreur que tout cela. Une seule chose est nécessaire : nous défaire de nos entraves et nous rendre disponibles. Afin de pouvoir à n'importe quel instant nous porter là où affleure le vrai.

Les mots me projettent
au-devant de cet inconnu
qui va leur donner vie

28 septembre

Certains traversent la vie sans rien comprendre, sans rien soupçonner de ce qu'elle peut être. D'autres ne sont que tourments et souffrance. D'autres encore connaissent les aventures les plus extrêmes... Qu'il puisse exister de telles différences entre des êtres par ailleurs si semblables en tant d'autres points, c'est ce dont je ne cesse de m'étonner.

29 septembre

Hier, ce prêtre à la télévision. Il parlait de Dieu, mais semblait n'avoir rien vécu de ce que ce mot peut recouvrir.

Pour *parler vrai,* avoir une effective connaissance à transmettre, être lucide en chacun de ses mots, il faut s'être avancé loin en soi-même. Or c'est précisément ce que ne peuvent faire ceux qui se satisfont d'une réponse qu'ils n'ont pas eu à chercher.

L'artiste ? Un artisan qui, à partir des pauvres matériaux que lui offre sa vie, élabore ce qui participera de l'intemporel.

Lors de la rencontre. Quand je parviens à surmonter ma crainte de l'autre, que j'adhère à l'élan qui me porte vers lui, que je consens à me donner, les mots en abondance coulent de mes lèvres.

1er octobre

Hier, dimanche, j'ai eu cinquante ans. A mon insu, M.L. avait préparé une petite fête et invité à Jujurieux une vingtaine de nos amis.

Le matin, je me suis rendu dans ma famille, ai monté en voiture Maman Ruffieux à l'église, puis l'ai redescendue, de sorte que lorsque j'ai été de retour, à midi, ce fut une surprise totale. Hormis la massive et lourde armoire, tout avait changé de place dans la grande pièce de la maison. Trois tables étaient là, avec tous leurs couverts, et je n'étais pas encore remis de ma surprise que les invités commençaient à arriver. Le repas, les heures qui suivirent, la très bonne entente entre tous ces amis dont certains se rencontraient pour la première fois, tout fut parfait. Jamais je n'ai vécu pareille fête de l'amitié, ni d'ailleurs reçu tant de cadeaux. J'ai connu là une grande, une très grande joie.

Ainsi, j'ai cinquante ans. Cela doit être vrai, mais je n'en suis guère convaincu. Jamais je ne me suis senti aussi jeune, aussi adolescent. Il me semble même que mon goût de la vie et des êtres ne fait que croître.

3 octobre

A partir du moment
où on adhère à la vie
on n'a plus à lui chercher un sens

Quand te submerge le flux
tu t'approches de la vraie vie

Mots-pitons

plantés dans la paroi
au flanc de laquelle tu t'élèves

5 octobre

Souvent, on aimerait donner un peu de ce qu'on est, partager avec autrui ce qui fut vécu, compris, découvert. Non par égoïsme, pour rechercher une satisfaction personnelle, mais par amitié, goût du don, plaisir de faire circuler la vie. Mais dans la plupart des cas, cet autre est à ce point enfoui en lui-même, qu'il ne peut ni pressentir que vous êtes prêt au partage, ni se mettre en position de recevoir. Tel se plaint alors de sa solitude, de l'indifférence de ses semblables, qui rend impossible qu'on lui donne quoi que ce soit.

7 octobre

Tout est énigme. La vie, la mort, ce que nous sommes... Mais bien que nous ne puissions trouver aucune réponse, il importe que nous parvenions à donner notre adhésion.

Adhérer, c'est ne plus haïr la mort. C'est comprendre une fois pour toutes qu'elle est essentielle à la vie. Que c'est elle qui rend chaque seconde précieuse, confère toute sa saveur à l'existence.

Mais... Mais toi, la camarde, l'inhumaine, l'insatiable, ne frappe que le plus tard possible, que lorsque je serai prêt, que lorsque tu n'auras plus le pouvoir d'aiguiser mon désir, exacerber ma soif.

10 octobre

Que tu tardes à percevoir son appel
et l'inconnu qui allait surgir
se dissout dans la nuit

Ces mots qui me reçoivent
deviennent cette source
où pulse mon noyau

23 octobre

Passé un après-midi passionnant en compagnie de Mme Aron, la veuve de Raymond Aron, une dame de soixante-dix-sept ans. Sa parole facile, abondante, enjouée. Et quelle intelligence, quelle vivacité. Elle m'a entretenu longuement de Martin du Gard (et aussi de Gide, de Copeau...), ainsi que de Simone Weil, avec qui elle a été étroitement liée. Leur amitié avait commencé sur les bancs du lycée, de sorte qu'elle l'a vraiment bien connue.

J'aimerais un jour faire parler Mme Aron devant un micro, dans le cadre d'une série d'émissions consacrée à l'auteur de *La Pesanteur et la Grâce.* Mais acceptera-t-elle ?

12 novembre

Il y a quelque temps, j'ai reçu d'une inconnue une lettre bouleversante, et à en juger par la maturité que dénotaient ces lignes, je pensai que celle qui les avait écrites pouvait avoir une quarantaine d'années. Or je viens de la rencontrer. C'est une toute jeune fille qui n'a pas vingt ans, et en paraît cinq de moins. Etudiante en lettres. Mais il y a quelques mois, telles étaient sa solitude et l'intensité de sa vie intérieure, qu'elle a craqué. Elle a pourtant des parents qui l'aiment, mais elle ne peut rien échanger avec eux.

Depuis l'âge de quinze ans, sur des cahiers d'écolier, elle tient un *Journal* et écrit des nouvelles. D'une écriture spontanée, jaillissante, exempte de toute rature. Je lui demande si elle a déjà beaucoup écrit.

– Par peur qu'on les lise, j'ai détruit quelques cahiers. Mais il m'en reste une centaine !

14 novembre

Ces marginaux qui se figurent que pour se réaliser, avoir une vie bien à soi, devenir conscient et responsable, il suffit de quitter la grand-route...

Cette distance si souvent infranchissable et qui m'est douloureuse, entre ce qui émerge en la zone la plus extrême dont je puisse prendre conscience, et ce lieu où ce que je désirerais exprimer se propose aux mots, au langage.

Ce qui se vit en moi exige de demeurer dans la nuit, le secret, le silence, et c'est pourquoi parler, écrire, m'est toujours effort, blessure, arrachement.

Cette joie à laquelle j'aime me livrer : quand telle ou telle personne qui m'est chère se trouve loin de moi, je tente par la pensée de me glisser en elle, épouser sa durée la plus intime, participer à ce qui lui advient, jouir de ses émotions à cet instant où je veux croire qu'elles l'envahissent... Certes, ce que je pense pouvoir imaginer-pressentir à l'aide de ce que je connais de cette personne, est sans doute fort éloigné de ce qu'elle éprouve à l'instant où je m'immisce en elle, mais il n'empêche. Je me persuade que je parviens ainsi à errer au plus près de ce qui à cet instant l'occupe ou la traverse.

Par cette immersion en son dedans, ce désir de totale fusion, j'apprends à mieux la connaître. Et de fait, quand ensuite tous deux nous parlerons d'elle, il m'arrivera de lui révéler sur elle-même des choses dont elle ne savait rien.

15 novembre

Que manque-t-il à ces œuvres non dépourvues de qualités, mais qui laissent indifférent ? Peut-être la passion. La passion de la vie. La passion de la recherche.

Cette jeune fille de vingt ans. Elle a une maturité, une clarté et une profondeur de pensée qui m'impressionnent. Elle a abandonné ses études et vit chez ses parents qui ne cessent de la houspiller, la mettent en demeure de trouver du travail, voire lui adressent des reproches cinglants. Je comprends qu'ils soient en souci, mais en fait, s'ils se montrent inquiets, c'est moins parce qu'elle est en difficulté et que son avenir est problématique, que parce qu'elle froisse l'idée qu'ils se font d'eux-mêmes, qu'elle nuit en quelque sorte à leur position sociale. Avoir à la maison une fille qui ne joue pas le jeu, consacre tout son temps à lire et à écrire, n'est-ce pas une honte qu'il importe de cacher aux autres membres de la famille, aux amis et connaissances ? Elle a déjà effectué un séjour en clinique psychiatrique, et on pourrait penser qu'ils ont à cœur de l'entourer, la ménager, l'aider à retrouver goût à la vie. Mais il n'en est rien. Ils ne font que la harceler, l'agresser, peser sur elle davantage. Leur orgueil les empêche de voir qu'à ce régime, elle risque un jour de perdre pied, et qu'en ce cas, ils porteraient une lourde responsabilité.

Etrange chose, qui m'indigne, sans me surprendre : par la faim qui le brûle, un être est arraché à la médiocrité régnante, voué à une recherche qui exclut qu'il fasse quoi que ce soit d'autre, et ses proches voient en lui un anormal, le rejettent, s'acharnent à le faire se renier.

17 novembre

Ceux qui ont beaucoup de vitalité et ceux qui en ont moins.

Ceux que rien n'entrave, ne savent pas que l'autre est identique à ce qu'ils sont, n'ont d'autre préoccupation qu'eux-mêmes. Et ceux qui connaissent le doute, une certaine exigence, avancent dans la vie avec précaution, ont le souci de ne pas blesser ou léser leurs semblables.

Ceux qui cèdent à ce que nous impose l'époque, veulent gagner de l'argent, conquérir une position sociale enviable. Et ceux qui existent au-dedans, ne vivent que par ce que leur accorde la source.

Ceux qui sont intelligents, ou rusés, ou déterminés. Et ceux qui ne le sont pas...

Dès que des êtres sont liés, ont de fréquents rapports – parents, couples, amis... – inévitablement, il y en a un qui domine l'autre. Sans d'ailleurs en avoir conscience.

Ainsi celui qui prend l'initiative, entraîne, porte. Joue le rôle de leader. Et celui qui acquiesce, suit, se laisse guider, tirer, assumer.

(C'est également vrai pour des couples d'animaux travaillant ensemble. Enfant, j'avais remarqué que lorsqu'on délivrait deux bœufs de leur joug, c'était toujours le même qui donnait le branle, prenait la tête, entrait le premier à l'écurie.)

19 novembre

Qu'apparaissent à vos côtés une oreille et un regard attentifs, et tant de choses qui en vous sommeillaient, font soudain irruption, se communiquent, se trouvent subitement chargées d'une inappréciable valeur. Parce qu'autrui leur fait bon accueil.

Elle m'écrit son ennui, son désespoir, ses mornes errances à l'intérieur d'elle-même.

Avoir la force d'endurer le temps qui ne coule plus. Traverser le désespoir. Consentir à tout ce qu'on porte en soi... C'est là le prix à payer pour user le moi, entrer dans la patience, apprendre à marcher au pas lent de la vie.

21 novembre

Je viens de lire un livre de Nathalie Sarraute, et il me revient ce souvenir : un matin, à Paris, il y a quelques années, je marchais dans la rue, me rendant aux éditions Hachette pour signer le service de presse de mon *Journal II*. Soudain, dans cette femme qui vient en sens contraire, je reconnais Nathalie Sarraute. Je la dévisage, m'immobilise. Vais-je l'arrêter, lui adresser la parole ? Mais ne risqué-je pas de l'importuner ? Et que vais-je lui dire ? Le temps de m'interroger, d'hésiter, de prendre une décision que je rejette aussitôt, quelques secondes ont passé, et Nathalie Sarraute a disparu. Je conviens piteusement que j'ai perdu une belle occasion de faire sa connaissance, suis furieux, me reproche déjà ma stupidité. Alors je me mets à courir, m'engage dans une avenue, rebrousse chemin, repars, maîtrisant de plus en plus mal ce désir grandissant que j'ai de la rejoindre, de lui parler, de lui exprimer mon admiration. Enfin elle est là, à un arrêt de bus. Et tout essoufflé, en prenant bien soin de lui cacher que j'écris – comment oser prétendre qu'on est un écrivain face à qui a engendré une œuvre aussi importante – je lui dis tout à trac que j'ai une connaissance approfondie de son œuvre, que j'ai beaucoup reçu d'elle, qu'elle m'a permis de progresser dans la connaissance de mon processus intérieur, que j'apprécie sa probité, sa rigueur, la netteté de sa langue, en bref que je lui porte une admiration des plus vives, et que je suis profondément heureux de ce hasard qui me fait la rencontrer. Sa surprise, ses sourcils qui se froncent, son regard qui s'avive, se trouble, interroge, cet imperceptible mouvement de recul. Puis elle acquiesce d'un signe de tête, me remercie. Nous nous serrons la main et je la quitte à regret.

22 novembre

Si peu d'êtres savent qui vous êtes. Pourtant, ce n'est pas que vous soyez verrouillé, que vous refusiez le contact, ayez peur du regard qui pourrait se glisser en vous. Non. Ce sont eux qui ne vous prêtent pas attention, n'éprouvent pas le besoin de vous connaître, ne désirent pas recevoir plus que ce qu'ils vous ont permis de leur donner.

Avant, quand je me trouvais avec des amis ou connaissances, j'aimais garder le silence, être à leur écoute. Maintenant, quand je rencontre des personnes qui viennent à moi parce qu'elles m'ont lu, elles sont en position d'attente, me mettent dans l'obligation de parler, et j'ai du mal à endosser ce nouveau rôle.

On m'écrit : « Ne prouve rien je t'en prie. Il n'y a rien à prouver. Laisse vibrer tes cordes. Ce qui te gouverne saura composer ton chant. »

23 novembre

Que de peurs, de frustrations, d'angoisse chez tant d'êtres. Enfants, ils n'ont pas été aimés, ou ils ont été aimés, mais mal, et ils n'auront jamais fini de silencieusement implorer qu'on leur donne ce qu'ils n'ont jamais reçu. Je songe à X... Tel est son besoin d'amour qu'elle est constamment à exiger des preuves, à redouter qu'on la délaisse, à demander toujours plus que ce qu'on est en mesure de lui accorder. Ce puits sans fond qui s'est creusé en elle, rien ni personne n'aura pouvoir de le combler. Pourtant, elle attend que vous y parveniez. Que vous apaisiez sa brûlure, lui permettiez d'accéder un jour à la confiance et la paix. Mais parce que vous échouez à lui donner son content, elle vous culpabilise, stigmatise votre indigence, raille votre manque de générosité.

Qu'il est difficile de vivre. Le moi est si habile à nous abuser. On croit lui avoir échappé, mais si on se montre un tant soit peu lucide, on se rend compte qu'il est encore là, et que c'est lui qui mène le jeu.

24 novembre

Ces êtres qui vivent dans l'ignorance de ce qu'ils sont, qui n'ont pas la moindre prescience de ce qui les meut, combien ils me font mal, me bouleversent.

En réponse à ce que j'ai publié, on commence à m'écrire, à m'envoyer des manuscrits, à me demander des textes pour des revues, à vouloir me rencontrer. Au début, bien sûr, et comment aurait-il pu en aller autrement, j'en éprouvais du plaisir. Mais maintenant, je sais qu'il y a là une menace.

Cet inconnu si ténu, si fragile, qu'un rien effarouche, anéantit, quand il vient à toi, sache faire en sorte qu'il demeure l'inconnu.

25 novembre

Pourquoi ai-je un tel souci de l'autre ? Pourquoi ai-je cette crainte permanente d'être pour lui une cause de trouble, de le déranger si peu que ce soit dans ce qu'il est et ce qu'il pense ? Et pourquoi m'a-t-il fallu si souvent m'annihiler en sa présence ?

J'entends désormais ne plus accepter ces contraintes et ces mensonges. Je dois me laisser exister. Oser enfin être moi.

Ce trouble, cet appel, ce brusque afflux de vie quand il m'est donné de voir un beau visage de femme. Pourquoi ?

Pourquoi la beauté d'un visage ou d'un corps a-t-elle ce pouvoir sur moi, sur nous ? Ce pouvoir de faire naître pareilles émotions, d'affoler, d'exacerber la faim de l'essentiel – celle de la vraie vie, celle d'une joie qui ne s'éteindrait pas et m'octroierait la réponse.

Besoin de se faire aimer. Et pour en être digne aussi bien que pour pouvoir aimer en retour, nécessité d'être beau à l'intérieur de soi, d'approcher une certaine perfection, d'atteindre à ce détachement et cette transparence faute desquels l'amour n'est qu'un mot.

27 novembre

Est-ce moi qui projette ce qui m'a si longtemps maintenu retranché ? Je ne le crois pas. Chez la plupart des êtres, ce que je perçois, c'est la peur. Y compris chez ceux qui n'en soupçonnent même pas l'existence. Qui n'ont jamais su que bien souvent elle les tient dans ses serres.

Pour échapper à cette peur qui les ronge, ils courent, se fuient, amassent. Du savoir, des biens, de la puissance. Mais plus ils amassent, et moins ils sont. Et moins ils sont, plus il leur faut prouver à eux-mêmes et aux autres qu'ils existent.

29 novembre

L'angoisse et ses rafales quand on commence à se risquer un peu loin en soi-même. Ceux qui ne sont pas armés pour faire face, pour déchiffrer et apprivoiser ce qu'ils découvrent, quelle panique parfois doit être la leur.

Faute d'une intense présence à nous-même, cette vie balbutiante en nous qui n'est pas perçue par la conscience, elle reste à vagir dans nos limbes.

30 novembre

Pour une revue :

J'ai à construire une maison. Une maison dont j'ignorerai jusqu'au bout ce qu'elle sera et si je parviendrai à l'achever avant ma mort.

Il m'a fallu d'abord rassembler les matériaux nécessaires. Puis fabriquer de toutes pièces les outils dont j'avais besoin. Puis tailler mes blocs. Puis creuser mes fondations. Puis commencer à monter mes murs.

Je ne sais si je bâtirai une spacieuse demeure ou une quelconque baraque, mais j'œuvre avec un constant souci : édifier une maison qui soit à la fin habitable, et où ceux qui viendront reprendre souffle quelques instants, quelques heures, voire quelques jours, aient l'immédiate impression de se trouver en un lieu familier.

Longtemps j'ai délaissé ma tâche et sillonné la région alentour. Pour faire des rencontres, converser avec ceux dont je croisais la route, visiter les maisons qui m'attiraient, ou simplement folâtrer. Mais un jour, fatigué de courir de droite et de gauche, de demander aux autres ce qu'ils ne peuvent m'accorder, j'ai fini par comprendre qu'il me fallait travailler avec plus de rigueur, donner plus de mon temps et de mon énergie à la maison qui s'élevait. Voilà pourquoi je ne lambine plus. Ne parcours la région que de loin en loin. Ne sais plus tellement ce qui s'y passe.

2 décembre

Les mensonges du moi. Ses ruses. Ses stratagèmes. Et comment le démasquer, quand il peut prendre l'apparence de ce qui ne naît que lorsqu'il a succombé ?

4 décembre

Cette impression, parfois, que je n'ai plus de frontières. Que rien ne me sépare plus de mon semblable. Que ce qui s'agite en lui pourrait se déverser en moi. Que l'immense vie peut me traverser sans que j'aie le désir de la faire mienne.

Le désert où sont relégués ceux qui ne peuvent participer à autrui.

Chaque fois, tous ces crimes perpétrés en nous par la peur.

Un artiste peut être suprêmement savant, habile, doué, inventif, mais s'il ne porte pas la vie en lui, n'a pas passionnément travaillé à lui offrir l'espace le plus vaste, il ne pourra la recréer dans une œuvre. De ce point de vue, on pourrait dire qu'en art, il ne peut y avoir d'imposteur.

6 décembre

Ce monde clos de l'inerte grisaille
fissure-le, détruis-le
Et cet émerveillement
quand déferle l'inconnu

Il est tant de fausses révoltes. Des révoltes qui ne sont que pose, ou ressentiment, ou facile et gratifiante dénonciation des nombreux maux de nos sociétés.

La vraie révolte, elle, elle commence par la remise en cause de ce qu'on est.

Mariée, mère de famille, cette femme a spontanément vécu pour les siens, oubliant qui elle était. Les années ont passé. Elle n'était pas malheureuse mais insatisfaite. Un jour, elle rencontre un homme qui s'adresse en elle à cette part délaissée. Il voit qui elle est, la rend à elle-même, lui témoigne de la tendresse... A près de cinquante ans, elle découvre alors ce qu'est l'amour et ce qu'est le plaisir.

7 décembre

Ceux qui nous connaissent ignorent qui nous sommes. Le plus souvent, la connaissance de surface que nous avons des êtres nous empêche de les connaître en profondeur. Notre regard s'arrête aux apparences, n'a pas le désir de les traverser pour aller voir ce qu'elles recouvrent. C'est parce que je sais tout cela que je prête la plus grande attention aux êtres que je rencontre.

Il suffit d'une oreille aimante. Et il te vient le courage d'aller en toi là où jusqu'alors tu n'avais osé pénétrer.

8 décembre

Ces coïncidences tellement curieuses... En fin d'après-midi, après avoir écrit les dernières pages de mon étude sur Giacometti – j'ai eu le tort, début septembre, d'abandonner ce texte que j'étais sur le point d'achever, puis d'attendre trois mois avant de le reprendre – je suis allé marcher dans les rues. En sortant de l'immeuble, surprise ! C'est aujourd'hui le 8 décembre, jour des illuminations, et les rues sont noires de monde. Je n'en suis que plus heureux. Je flâne, pense aller prendre un verre dans un café, et décide finalement de passer dire bonjour à une amie libraire. Nous parlons un moment, échangeons des nouvelles, et en réponse à sa question, je lui apprends que je viens d'achever mon texte sur Giacometti. Elle m'apprend que je vais pouvoir parler de lui avec quelqu'un qui lui voue une vraie passion. Elle me présente à Christian Da Silva un avocat d'environ trente-cinq ans, extrêmement sympathique, qui m'entretient aussitôt avec ferveur de l'homme et de l'œuvre qui l'ont profondément marqué. Tout ce qu'on peut savoir sur eux, il le sait. Il s'est rendu en pèlerinage à Stampa, le village des Grisons où Giacometti est né et où il repose. Quand il séjourne à Paris, il descend à l'hôtel dont Giacometti était un habitué, a visité avec émotion les lieux où il a vécu et qu'il a hantés. (Peut-être dois-je indiquer ici que Giacometti a mené une existence singulière. Qu'il travaillait dans un atelier misérable et vivait dans le provisoire, les cafés, les hôtels... Pourquoi ? Alors qu'il avait vingt ans, un événement l'avait profondément ébranlé. Un jour où il voyageait en Sicile, il avait lié conversation dans le train avec un vieux monsieur, bibliothécaire à La Haye. Rentré chez lui, il avait reçu d'un ami, quelques semaines plus tard, une annonce découpée dans un journal. Le vieux monsieur souhaitait reprendre contact avec le garçon rencontré dans le train et lui offrait d'aller avec lui à la découverte de Venise. Giacometti avait accepté et rendez-vous avait été pris. Ils s'étaient retrouvés au Tyrol, et à cheval, avaient franchi un col. Mais il neigeait et le vieux monsieur prit froid. Le lendemain, dans un hôtel, alors que son jeune compagnon le veillait, il avait rendu l'âme. « Ce fut pour moi comme un abominable guet-apens, a déclaré plus tard Giacometti. Ma vie a bel et bien basculé d'un seul coup ce jour-là [...] Ce drame, plus j'y pense, c'est à cause de lui que j'ai toujours vécu dans le provisoire, que je n'ai cessé d'avoir horreur de la possession. S'installer, acheter une maison, s'aménager une jolie existence, alors qu'il y a cette menace, toujours... Non ! Je préfère vivre dans les hôtels, les cafés, les lieux de passage... »)

Echange passionnant. Nous nous reverrons dans quelques jours et il me prêtera les livres et documents qu'il possède.

12 décembre

Certains textes que j'aime, que je relis, ils ont pour auteurs des mystiques (de toutes traditions), des sages, des taoïstes, des maîtres zen... Me frappent en eux la clarté, la précision, la concision, la sobriété de la forme, laquelle donne à deviner une pensée claire, ordonnée, ferme, à la fois ample et aiguë, affranchie de toute subjectivité, capable d'aborder les problèmes les plus complexes. Ce plaisir, non, cette jouissance quand je dialogue avec ces textes, car je me représente l'immense travail sur soi-même qu'ont dû accomplir ces hommes pour parvenir à s'exprimer avec une telle netteté.

15 décembre

En réponse à la demande qui m'en a été faite, ces quelques lignes destinées à un livre rassemblant des portraits d'écrivains :

Rapports de l'apparence et de ce dont elle est l'enveloppe ?

Rapports d'un visage et de celui ou celle qu'il laisse deviner ?

Je connais des personnes d'une émouvante beauté intérieure qui ont un visage sans grâce ou insignifiant.

Je connais des êtres indéniablement beaux qui sont d'une consternante indigence.

Alors est-il certain qu'un homme, à quarante ans, soit responsable de son visage ?

Celui qui m'est échu et dont je dois m'accommoder, je n'ai pas l'impression qu'il rende tellement compte de ce que je suis.

Il y a quelques années – regard usé, lèvres inertes, traits figés par l'aride – il aurait dû être à l'image d'une étendue rase, désertique.

Et maintenant, en des instants de moins en moins rares

– regard qui vénère, traits adoucis par la paix lentement venue, bouche prête à s'ouvrir sur ce qui viendra la combler – il ne devrait être que douceur, ne dire rien d'autre que ma fervente joie d'exister.

20 décembre

Pourquoi jusque-là n'avais-je jamais ouvert un livre de Marguerite Duras ? Je ne sais vraiment pas. Or dernièrement, Bernard Noël, le regard embrumé par ce qui resurgissait en lui au rappel de ce nom, murmure autant pour lui-même que pour moi :

– Cette femme, elle est vraiment géniale...

Alors j'ai lu. Je viens de dévorer *Les Yeux verts* – ce numéro agrémenté de très belles photos que les *Cahiers du cinéma* lui ont consacré en 1980 – et *Outside*. Pour une découverte, c'en est une. Des lettres d'amour, des entretiens qu'elle a eus avec des personnes de tous genres – du gangster à la carmélite et à la star – des articles dans lesquels elle aborde toutes sortes de sujets, je suis allé d'étonnement en étonnement. Car une telle acuité dans la saisie de ce qu'elle capte, une telle liberté de pensée et d'écriture, une telle spontanéité de la phrase jaillissant hors de tout contrôle, une telle aptitude à se laisser informer par son inconscient, il est exceptionnel qu'on les trouve réunies à ce degré chez un même écrivain.

Il y a longtemps que je n'avais pas été pareillement bousculé. Il est évident que je vais tout lire. Tout lire et faire lire. Je veux partager avec d'autres cette découverte.

22 décembre

Le regard intérieur doit s'inverser et venir fouiller l'œil dont il émane, afin de tenter de s'affranchir de ce qui conditionne sa vision. Tant qu'il ne s'est pas livré à ce travail de clarification, d'épuration, sa vision est viciée et elle dénature ce qu'elle appréhende.

(Dans cette note, je tente de cerner la raison pour laquelle il est si difficile de se connaître. Et sans doute ai-je déjà écrit cela à plusieurs reprises. Mais peu importe. Je le redirai encore. Il s'agit là de quelque chose d'absolument fondamental.

En nous, ce qui cherche à connaître est ce qui doit être connu. Mais cet organe – cet œil, ce centre de la perception – qui s'emploie à connaître déforme ce qu'il observe de lui-même et de son propre fonctionnement. Pour mettre fin à ces déformations, autrement dit, pour parvenir à avoir des perceptions qui ne soient point erronées, il devra se dégager autant que faire se pourra de cette subjectivité responsable de ce qui gauchit sa vision. Mais une telle entreprise, en raison même des difficultés qu'elle comporte, ne pourra être menée à bien qu'après de longues années d'une vigilante et rigoureuse observation de soi.)

1985

3 janvier

Si le mot de l'énigme nous était donné, la vie garderait-elle pour nous un intérêt ? Alors pourquoi nous insurger d'avoir à marcher dans la nuit ?

Cet homme dépourvu de toute simplicité, et qui ne perd aucune occasion de chercher à vous prouver qu'il est simple.

Ils sont rares ceux qui ont faim d'une vraie nourriture.

4 janvier

Au cours des années passées, j'ai lu et relu l'œuvre de Flannery O'Connor, et sa correspondance qui vient de paraître ne pouvait que me passionner.

Un destin tragique. Atteinte jeune encore d'un lupus érythémateux – cette maladie qui détruit les tissus et avait déjà tué son père – elle a souffert toute sa vie avant d'être emportée à l'âge de trente-neuf ans.

Une forte personnalité que cet écrivain du Deep South.

Avec une énergie, un courage, une lucidité, une soumission à sa vocation et un talent que je n'ai cessé d'admirer tout au long de ces pages.

J'ai aimé aussi, en fin de volume, le beau texte que lui consacre Gabrielle Rolin, sa traductrice.

5 janvier

Lorsque nous sommes recueillis, à l'écoute du plus intime, le non-conscient se manifeste, parle, rend possibles de fragiles découvertes, et nous sommes alors dans ce bien-être que nous accorde la vie quand elle affleure, se dévoile. Mais qu'en un tel moment, la conscience s'éveille, tente d'enregistrer ce qui survenait, et en une fraction de seconde, tout s'efface et se tait. Pourtant, il semble que parfois, je puisse passer du non-conscient au conscient sans que celui-ci réduise au silence celui-là.

7 janvier

Ces amorces de courants qui s'ébauchent à l'intérieur du magma, bien souvent, faute d'être assez intenses, elles avortent sitôt nées, ou restent enfouies dans l'infra-conscient. Pour éviter qu'elles ne meurent ou continuent d'appartenir à la nuit, il faut que la conscience les capte à leur naissance, et ensuite, les aide à se préciser, à gagner en vigueur, puis à se déployer. De la sorte, ces mouvements très ténus, en prenant corps, deviennent de timides poussées de vie – désirs confus, balbutiantes intuitions, menues découvertes, rappels de sensations, de souvenirs... – ces murmures à peine audibles par lesquels le plus obscur se dégage de l'indifférencié et cherche à se faire entendre.

C'est en songeant à tout cela que j'ai envie de dire que nous avons sans relâche à créer ce que nous sommes. A créer ce qui nous est donné.

Il y a vingt-cinq ans mourait Albert Camus, nous rappelle Frédéric Gaussen dans un article du *Monde* qui m'a plu. Camus ! Toute ma jeunesse !

Les rapports qu'on entretient avec une œuvre ne sont pas constants. Ils fluctuent en fonction de ce qu'on est, de ce qu'on devient, de la manière dont on évolue. J'ai découvert le plaisir de la lecture en lisant *L'Etranger* :

« *Aujourd'hui, maman est morte.* » Cette sensation de chaleur, d'étouffement. Un choc. Je devais avoir dix-sept ans. Dans les années qui ont suivi, je me suis pris de passion pour cette œuvre qui me révélait à moi-même.

Cette passion éclairait d'ailleurs bien des choses étrangères aux livres qui la suscitaient : ces heures d'ennui à Aix, pendant l'étude du soir, quand je regardais pâlir le ciel tout en récitant des passages de *Noces* et en rêvant de me promener un jour dans les ruines de Tipasa – cette mère de Camus que je savais illettrée et pour laquelle j'avais tant d'affection – la Provence à travers laquelle je cherchais à me faire une idée de cette Algérie où il avait passé sa jeunesse – le désir de devenir écrivain qui me travaillait déjà sourdement et qui prenait appui sur ce grand exemple...

Mais par la suite, lorsque j'ai commencé à écrire et que la ténèbre en moi s'est épaissie, j'ai délaissé cette œuvre. Je ne me sentais plus en accord avec cette sensualité, cette vitalité, ce consentement à la vie qui s'y exprimaient et que j'avais tant prisés lorsque je l'avais découverte (écrivant cela, je pense surtout à ses premiers livres). D'autres écrivains m'avaient attiré qui avaient nom Leiris, Blanchot, Kafka, Beckett, Hölderlin...

Mais mon évolution s'est poursuivie et j'ai fini par émerger de la nuit qui avait failli ne plus me lâcher.

Naissant à la vie, soucieux de seconder ce qui s'éveillait en moi, il m'avait fallu rompre avec l'œuvre de Beckett dont je ne supportais plus le pouvoir mortifère. Celle de Camus m'avait à nouveau subjugué et j'avais renoué avec elle pour les raisons mêmes qui m'en avaient précédemment éloigné.

Cette grande force de joie et de vie sans laquelle l'artiste n'est rien, devait-il écrire plus tard. En moi, cette force de joie et de vie était encore fragile et je me réjouissais de ce qu'elle trouve à se conforter au contact de la sienne.

Désormais, je sais que les sentiments que j'éprouve à l'égard de cet homme et de cette œuvre ne varieront plus.

Cette générosité. Les combats qu'il a menés. Les valeurs qu'il a défendues. La force de conviction qui l'animait. Le lyrisme de *Noces.* La simplicité de sa langue. L'importance en lui du moraliste, et rien ne me paraît plus important pour un écrivain que d'être préoccupé de morale...

Quand je le lis, j'adhère plus profondément à la vie et ce que j'ai de meilleur entre en effervescence.

Alors qu'il n'avait pas encore vingt-deux ans, il avait écrit à Jean Grenier : « *J'ai un si fort désir de voir diminuer la somme de malheur et d'amertume qui empoisonne les hommes.* » Dans la mesure où ce désir a nourri ce qu'il a produit, son œuvre continue d'être pour moi une présence très aimée.

10 janvier

La plupart des êtres sont coupés de leur réalité interne et ils ne parlent pas à partir de leur propre fond. Ce qu'ils disent, ils l'empruntent en général au discours ambiant, et il ne passe dans leurs mots que très peu de ce qu'ils sont.

15 janvier

G. est en troisième année de médecine. Sérieux, travailleur, il poursuit de bonnes études. S'il veut devenir médecin, ce n'est pas pour gagner de l'argent et se ménager une vie confortable, mais pour aller un jour lutter contre la famine dans un pays du tiers monde. Il n'est nullement un rêveur ou un idéaliste. Il a simplement pris conscience du malheur qui frappe ces peuples, et poussé par une générosité lucide, a le désir de rejoindre ceux qui, là-bas, tentent de s'opposer à cette terrible catastrophe. Il sait qu'elle est d'une ampleur telle que son action, forcément, ne sera que peu de chose. Mais il entend se vouer corps et âme à cette tâche.

A Noël 1983, il a conduit un des douze camions qui ont transporté des vivres et des vêtements à Varsovie, et il m'a dit hier qu'il n'a jamais été aussi heureux, aussi bien accordé à lui-même que durant ces jours-là.

Mais ces temps, découragé par le manque total de rapport entre le bachotage auquel il est astreint et les aspirations qui sont les siennes, il songe à abandonner ses études.

Nous avons parlé. Et je l'ai incité à la patience, lui ai montré qu'il devait ajuster l'exigence qui le gouverne à la nécessité de devenir médecin, d'acquérir un métier, de travailler à obtenir un instrument qui lui permettra d'exercer plus tard une action à la mesure de sa volonté d'engagement. Il le comprend bien, mais cette exigence le brûle, et il souffre.

Tous ceux que ronge la soif d'absolu ont vécu ce problème. Cette soif, comment la faire participer à la vie de chaque jour, composer avec les limitations du quotidien, s'articuler avec les contraintes inhérentes au jeu social ?

Ce déchirement, il n'y a que peu de temps que je ne le connais plus. Mais je n'ai pas oublié combien il est douloureux. Et je sais aussi que nombreux sont ceux qui, possédés par cette soif, un jour où la souffrance se faisait trop intolérable, dans un mouvement d'impatience, ont abandonné leurs études, renoncé à apprendre un métier, et qui, ensuite, se sont retrouvés sur une voie de garage, n'ont jamais pu s'accomplir, jamais pu donner les grandes et belles choses qu'ils portaient en eux.

2 février

Il est des êtres qui ne peuvent vivre qu'en imitant un modèle. Ils sont constamment en porte à faux et rien en eux n'est authentique.

Cette fantastique, cette prodigieuse richesse de la vie qui n'en finit pas de m'étonner, me surprendre, m'émerveiller.

3 février

Qui est établi dans le moi ne peut accéder à la vérité. Etre vrai, c'est être dégagé du moi. Penser selon l'exigence du plus vaste, et non en fonction de points de vue fragmentaires.

Quand on abat les cloisons
qui nous tiennent morcelés
Qu'on devient
comme une eau qui coule
Qu'une libre circulation s'établit
entre la souffrance et la joie

6 février

Lorsqu'on vit pleinement l'instant, qu'il vous comble d'une joie sereine, on comprend que les croyances, les idéaux, le recours à une idéologie..., ne sont que des béquilles.

Etonnement à songer que leur existence durant, des êtres vivent dans la méconnaissance quasi totale de leur part la plus personnelle, la plus intime.

8 février. Amsterdam

A la Maison Descartes, pendant le vernissage de l'exposition des lithographies de Bram, j'ai sympathisé avec un général commandant en chef de la force stratégique de son pays. Un général atypique. Passionné de peinture. Il m'a très vite tutoyé et raconté qu'il lui était arrivé de sauter dans un avion et de s'envoler pour aller voir une exposition de peinture dans une ville éloignée.

10 février. Retour des Pays-Bas

Salah Stétié dont je connaissais l'œuvre est actuellement ambassadeur du Liban aux Pays-Bas, et il m'a invité dans la résidence qu'il occupe à Wassenaar, près de La Haye.

J'aime arriver de nuit en un lieu inconnu. Le matin, au réveil, la surprise est grande de découvrir l'aspect extérieur de la maison, son emplacement, le paysage alentour. Ce soir-là, il en fut ainsi. L'arrivée en voiture, la maison illuminée dans la nuit, la neige tombant à gros flocons. Et le matin, la découverte du parc, la vaste pelouse d'un blanc immaculé, les arbres de haute futaie.

Le meilleur moment de ces trois jours, ce fut la soirée passée en sa compagnie et celle de son épouse, dans la pièce où il écrit. Pendant ces quelques heures où la conversation a essentiellement porté sur la poésie, j'ai été frappé par son charme, son étonnante mémoire, son immense culture. J'ai particulièrement apprécié sa manière de parler. Il parle avec lenteur, en cherchant ses mots, de sorte que son interlocuteur a l'impression de participer au travail de sa pensée. Je l'aurais volontiers écouté toute la nuit.

Ce n'est qu'un petit fait sans importance. Mais il m'a tant étonné que je veux en garder la trace.

La veille de mon départ pour Amsterdam, je traversais

la place Bellecour à la nuit tombante. Je n'avais aucun but et marchais au hasard. Soudain – comme si j'en avais reçu l'ordre – je change de direction, et accélérant l'allure, me dirige vers une librairie qui ne me compte que très rarement parmi ses clients. De nombreux livres sont en vitrines mais d'emblée un titre accroche mon regard : *Une vie bouleversée.* J'entre, feuillette cet ouvrage et m'empresse de l'acquérir. En le réglant, j'apprends qu'il a été placé en devanture quelques secondes plus tôt.

Sans pouvoir le lâcher, je l'ai lu dans le train, puis au cours de ce bref séjour, dès que j'avais un instant à moi. Il s'est trouvé que la Maison Descartes, où je logeais, est située dans le quartier où l'auteur avait vécu.

Pendant ces quatre jours passés aux Pays-Bas, je n'ai cessé de m'étonner de la circonstance qui m'avait porté vers ce livre. Un livre venu de ce pays où j'avais à me rendre et que j'ai pu lire pour une grande part durant le voyage qui m'y conduisait.

L'auteur ? Etty Hillesum. Une jeune femme, juive néerlandaise, qui pendant deux ans avait tenu son journal, et qui avait disparu en 1943, à vingt-huit ans, dans un camp d'extermination, en Allemagne.

Ce livre est un grand livre. Mais aujourd'hui, je saurais mal en parler. Pour la bonne raison qu'il m'a bouleversé et que le tumulte d'émotions, de sentiments, d'idées, de réactions..., qu'il a déclenché en moi, me prive du calme dont j'ai besoin pour écrire.

Cette femme riche d'une intense vie intérieure, intelligente, lucide, dotée d'une forte personnalité, projetait de devenir écrivain et possédait le talent qui légitimait son ambition. Aussi a-t-elle pu exprimer jour après jour dans une langue d'une grande simplicité ce qui s'épanouissait en elle et la tragédie qui allait l'engloutir.

D'une part elle a vécu en accéléré une aventure intérieure qui l'a transformée, lui a permis de tirer de sa souffrance une ardeur à vivre et une capacité d'amour exceptionnelles.

D'autre part, elle savait que pour elle et ses frères juifs la mort approchait, que leur fin serait atroce. Mais elle ne parvenait pas à haïr ceux qui méthodiquement organisaient l'enfer.

Ainsi, au cours de ces deux années, a-t-elle été écartelée entre sérénité et souffrance, consentement et désespoir. Un désespoir surmonté avec une résolution, une lucidité et un courage qui laissent pantois d'admiration.

S'il en était besoin, un tel ouvrage fournirait la preuve qu'un être qui s'affranchit du moi, qui libère les énergies dormant en lui, se trouve ancré par la suite dans une force qui est de l'ordre de l'inaltérable, de l'inentamable. Une force qui lui permet de tout affronter.

Au terme de cette lecture, on est accablé par la pensée de ces millions d'êtres qui ont été pareillement massacrés ou jetés dans les fours crématoires. Révolté à l'idée qu'un être d'une telle qualité ait dû subir la loi imposée par des déments qui étaient aussi des criminels.

Mais à cet accablement et à ce qu'on ressent face à l'inadmissible, se mêle la conviction que tant qu'il existera des êtres d'une telle grandeur, il sera à jamais impossible de désespérer de l'humanité.

Oui, un grand livre. Que je vais m'employer à faire connaître et qui ne me quittera plus.

11 février

Du sein de cette confusion qui est notre lot quand on s'éveille à la conscience, nous nous forgeons une certaine idée de la « vérité ». Et c'est cette idée, inévitablement erronée, qui oriente notre quête. Voilà pourquoi nous nous fourvoyons si durablement.

La « vérité » n'est pas située en tel ou tel lieu où il faudrait se porter. Elle n'est pas constituée non plus par un certain quelque chose qu'il faudrait conquérir et s'approprier. Elle n'est pas davantage une entité lointaine, mystérieuse, dont seuls pourraient s'approcher des êtres exceptionnels.

La « vérité », elle est ce qu'on découvre – en soi, hors de soi – quand l'esprit, établi dans la clarté, exempt de tout désir, de toute intention, se trouve apte à voir, sans rien dénaturer. Voilà pourquoi on ne peut l'enfermer dans une définition. Elle est toujours autre, toujours nouvelle, quoique toujours identique à elle-même.

J'ai eu beaucoup de plaisir à visiter les musées d'Amsterdam, de La Haye, de Haarlem. A Amsterdam, une émotion intense à revoir, je devrais dire : à découvrir les Vermeer. Une densité, une perfection, un raffinement prodigieux. Des toiles véritablement sublimes et face auxquelles on reste éperdu d'admiration.

12 février

Riche, complexe, insondable est la vie... Quand on prend conscience de cette richesse, de cette complexité, qu'on mesure l'immensité de ce qui ne peut être formulé, on en vient à penser que les œuvres les plus considérables et les plus admirées ne sont jamais que des balbutiements.

Silence et recueillement – seul chemin qui conduise à la source.

Quand elle est vécue par un être affranchi du moi, la souffrance est vie. Mon étonnement le jour où j'ai découvert qu'elle pouvait se convertir en joie, renforcer mon adhésion.

13 février

Chacun a besoin de beaucoup de courage pour consentir à ce qu'il est. Si accablante est la disparité entre notre faim de la vie et les ressources dont nous disposons.

Si tu manques de transparence, ou si tu me veux autre que ce que je suis, comprends que je ne peux m'exposer à ton regard.

Le conscient en nous n'est qu'une mince couche recouvrant l'épaisse nuit du non-conscient. Donc comment pourrions-nous être libres, puisque nous ignorons ce qui nous meut ?

Un généticien, un physiologiste, un psychanalyste, quelle idée se font-ils de la liberté ?

16 février

L'amour naît, embrase l'être. Mais bien souvent, au lieu d'être liberté, expansion, ouverture aux autres et au monde, il ne fait que renforcer le moi, déchaîner ses démons.

Quand on a arraché de soi les racines de la peur, qu'on est parvenu à la compréhension, le fleuve se fait plus large, entre en un vaste delta.

20 février

Seuls des individus exceptionnels sont capables de transcender le corps, de s'affranchir du besoin sexuel. Ainsi les grands mystiques. Mais il se trouve que des êtres assoiffés de Dieu, religieux ou non, les ont pris comme modèles, et rien ne pouvait être pire. Car ils se sont astreints à vivre d'emblée ce qui ne peut être que l'aboutissement d'une longue démarche, d'une lente ascèse. D'où des drames, avec la multiplication de problèmes non résolus, et le piétinement dans la recherche.

23 février

Quand on se tient dans le magma, il apparaît que les mots dont on dispose pour tenter d'exprimer ce qui se présente sont parfaitement inadéquats. Ecrire, c'est alors simplifier et quelque peu dénaturer ce qui cherche à se dire. Souffrance à n'être pas rigoureusement exact et à laisser se perdre ce que les mots ne peuvent recevoir.

25 février

Etre vrai. Avoir un regard clair, qui ne déforme rien de ce qu'il voit – en lui et hors de lui. La vérité serait alors cette adéquation entre ce qu'il accueille et la juste réponse – pensée, geste, comportement... – qui s'ensuit.

2 mars

J'ai une telle faim des êtres que je ne pourrai jamais l'assouvir. Et depuis quatre ou cinq ans, chassé de mon antre par mon avidité, j'ai perdu ma solitude, mon silence, négligé mon travail. Il faut absolument que je me reprenne, me réoriente, retrouve le chemin qui mène au plus vivant. Mais où puiser le courage de dire non à ceux qui viennent à moi ?

4 mars

Quand on est parvenu à la compréhension – compréhension de ce en quoi consiste l'aventure intérieure, compréhension de soi, compréhension de l'homme en général, compréhension des grandes forces qui meuvent l'humanité – rien d'autre n'est à chercher. Et on sait alors que tout est mystère. Il ne reste plus qu'à vivre avec sagesse, dans la soumission à l'énigme.

Ecouter autrui
c'est le faire exister

6 mars

Ces jeunes vivaient en communauté dans un village abandonné du sud de la France. Héritiers de l'esprit de mai 68, ils pensaient que l'argent corrompt tout et en conséquence, ils avaient choisi de vivre en marge de la société.

Ils se contentaient de peu et gagnaient leur vie en effectuant de petits travaux. Or un jour, l'un d'eux, qui remontait une maison en ruine, découvrit un « trésor » sous la forme de quelques dizaines d'écus d'or, soit quarante mille francs. Avec une telle somme qui pour eux représentait beaucoup, ils furent littéralement pris de frénésie, et tout fut dépensé en très peu de temps. Mais comme ils n'avaient pu s'entendre sur l'utilisation qu'il convenait de faire de ce pactole, c'en fut fini de la communauté.

7 mars

Il a fait des études, passablement lu, beaucoup voyagé. Il parle avec conviction et raconte des choses passionnantes. Mais en les enjolivant quelque peu. De sorte qu'on ne sait jamais ce qu'il faut croire ou ne pas croire. Mais je l'écoutais avec plaisir, savourant de me trouver dans l'état où il me mettait – un état flottant, sans repères, dont je ne suis que trop rarement favorisé.

9 mars

Elle a été surprise de voir que je ne suis plus celui dont j'ai fixé les traits dans mon *Journal.* Surprise de découvrir que j'occupe pleinement l'espace qui m'est dévolu. Mais ce qui l'a le plus frappée, m'a-t-elle dit, c'est la vigueur avec laquelle je m'exprime lorsque je parle de littérature ou de ce qui me tient à cœur.

Etonnement à recevoir ces paroles... Moi qui suis si souvent indécis, tâtonnant, divisé.

11 mars

L'autre jour, Serge Pey surgit à huit heures du matin dans ma chambre d'hôtel, à Toulouse. Pour me faire écouter son « bâton à poème ». En réalité, un bambou de fort diamètre, d'environ un mètre cinquante de long, à l'intérieur duquel il a perforé chaque membrane et introduit des débris d'os pilés. Lorsqu'il renverse ce bâton, les débris d'os se mettent à cascader le long du labyrinthe, pendant peut-être une trentaine de secondes, en émettant un bruit indéfinissable. Il fait ainsi régulièrement tourner ce bâton, et c'est sur ce fond continu qu'il récite ses poèmes, psalmodie ses incantations.

15 mars

Certaines œuvres ont tant compté pour moi, je les ai tant admirées, les ai placées si haut, qu'il était inévitable qu'elles m'écrasent, me renvoient à mes insuffisances, me donnent le sentiment que rien ne pouvait être ajouté à ce qui avait été écrit jusque-là.

Fort heureusement, depuis un an ou deux, mon rapport à ces œuvres a changé. Je continue de les vénérer, mais elles n'ont plus ce pouvoir de me faire prendre en dérision ce que j'écris. Je sais maintenant que si un être vit avec authenticité et une certaine intensité, il a nécessairement des choses personnelles à dire.

Ecrire peu ou beaucoup est sans importance. La seule chose qui compte, c'est de « parler vrai », de « dire juste ».

17 mars

Je rencontre ce peintre que je n'avais pas revu depuis quinze ou vingt ans, et qui a le même âge que moi. Je gardais de lui l'image d'un être jeune, plein de vitalité et de défi, qui commençait à construire une œuvre... Quel choc en le voyant ! Il a pris du ventre, perdu des dents, et son visage bouffi est maintenant celui d'un alcoolique. Après plusieurs graves crises de delirium tremens, il a été admis il y a quelques mois dans un hôpital psychiatrique et envisage d'y rester. Avant d'y entrer, il buvait chaque jour trois quarts de litre d'apéritif. J'étais si malheureux que je n'ai rien su lui dire. Au reste, en parlant de lui et de son alcoolisme, il semblait plutôt vouloir qu'on l'admire, non qu'on s'apitoie sur lui.

Et je songe à cette femme sculpteur qu'un ami m'a fait rencontrer il y a quelque temps. Elle est anorexique, et par là même, d'une maigreur impressionnante.

Etreint par un constant malaise en visitant sa maison et en découvrant ses sculptures. Celles-ci sont réalisées avec de vieux vêtements et des coulures de matière plastique. Elles disent son drame, et comme telles, ne sont pas sans intérêt, mais ressemblent plus à des tuméfactions purulentes qu'à toute autre chose. L'autre jour, je l'ai rencontrée par hasard. Nous étions dans une galerie marchande, et tandis que nous parlions, je pouvais voir les gens qui arrivaient sur nous s'écarter, puis se retourner avec des mines effarées. Son beau visage désolé, et dans son regard chargé de souffrance, cette déchirante supplication.

19 mars

Je repense souvent à cette amie rencontrée un jour de mai l'année dernière et avec qui j'avais eu un échange impossible à oublier.

L'homme qu'elle aimait et avec lequel elle vivait depuis une quinzaine d'années l'avait abandonnée. Sur ces entrefaites, elle avait perdu son travail. Et son fils venait d'être emprisonné pour trafic de drogue. Elle a mon âge, et cette triple épreuve, en la brisant, l'avait menée à la racine d'elle-même, engagée dans cette aventure de la découverte de soi qui se révèle toujours passionnante. Elle comprenait que jusque-là, elle avait vécu d'une manière superficielle, et que l'occasion lui était enfin offerte de véritablement savoir qui elle était et ce qu'elle valait. La hache avait pénétré si loin en elle qu'elle n'avait plus le cœur de se mentir ou d'en faire accroire. Aussi lui fallait-il pour la première fois se montrer à nu. Et cette vérité qu'elle apprenait à déchiffrer imprégnait ses traits, éclairait ses yeux, la rendait grave et belle. Et moi qui étais profondément ému et l'accompagnais dans sa souffrance, j'ai voulu lui donner l'essentiel de ce qu'ont amassé en moi trente ans de travail et de cheminement.

Alors que nous nous quittions, elle m'expliquait encore : – *J'avais lu ton* Journal, *mais je n'étais pas prête, vivais trop à l'extérieur de moi-même. C'est maintenant que ce que tu as écrit me pénètre. M'aide à saisir que cette épreuve peut être une chance. Mais pour l'instant, je suis trop meurtrie. Il faut d'abord que je me refasse des forces. Et c'est plus tard que je pourrai avancer sur mon nouveau chemin.*

23 mars

Je croise dans la rue une personne dont le visage est empreint d'angoisse, de souffrance, ou dont l'apparence me donne à penser qu'elle mène une existence difficile, et parfois, un intense sentiment de compassion m'étreint, me ramène à la conscience de notre solitude, me fait redécouvrir la précarité de notre condition.

Mais je puis être aussi remué à la vue de quelqu'un qui n'a rien de particulier et je me plais alors à lui inventer une vie. Une vie avec ses problèmes, ses joies, ses frustrations, sa plaie secrète...

Hier soir, cette femme d'une trentaine d'années – belle, absente, lasse – qui avançait en tirant par la main ses deux petites filles perdues dans leurs rêves – cette femme et ces deux enfants, combien elles m'ont ému.

24 mars

Ceux qui n'ont pas rencontré leur médiocrité connaissent-ils la difficulté de vivre ?

25 mars

Délaisse ces chemins que tu as l'habitude d'emprunter. Veille à te surprendre. Te déconcerter.

La spiritualité est une dimension de l'être humain, et comme telle, elle a joué un grand rôle dans l'histoire de l'humanité. Mais nombre de romanciers semblent être privés de cette dimension, car elle est le plus souvent absente des personnages qu'ils créent.

On peut discerner dans l'être humain quatre dimensions : la dimension physique (le corps), la dimension émotionnelle (dont le cœur est le siège symbolique), la dimension intellectuelle (le cerveau, la pensée, la raison, la capacité de réflexion), la dimension spirituelle (cette part de notre réalité interne qui aspire au sans-limite, et qui naguère avait pour nom : l'âme). Bien des œuvres écrites ne procèdent que de la seule dimension intellectuelle, à laquelle s'adjoint parfois la dimension émotionnelle. Or il importe que ces quatre dimensions alimentent la parole de l'écrivain. Si l'une d'elles fait défaut – voire deux ou trois d'entre elles – il ne nous sera proposé de nous-même qu'une image incomplète.

> Ceux qui n'ont jamais rencontré ce qu'ils sont
> et ne savent que réciter ce qu'ils ont appris
> Et ceux qui ont désobstrué leur source
> Tirent leurs mots de leur propre fond

30 mars

Il est délicat, attentif aux autres, a un visage intéressant, une vraie sensibilité. Mais j'ai eu le sentiment qu'il ne s'est pas encore décompliqué. De sorte qu'au cours de ce dîner et bien que nous ayons sans doute maintes choses en commun, je n'ai jamais pu le rejoindre et la rencontre n'a jamais eu lieu.

Sa femme écrivait, et il y a quatre ans, elle s'est donné la mort. Il m'a paru que lorsqu'elle était à ses côtés, il vivait pour elle, à travers elle, et il a évidemment beaucoup de difficulté à surmonter ce drame.

Dominique B. m'avait envoyé un roman et deux nouvelles. Depuis un an, elle poursuit des études pour devenir masseur-kinésithérapeute. Elle a de gros problèmes avec son mari qui n'admet pas qu'elle veuille travailler.

Elle a eu une enfance difficile et m'en a parlé longuement. Elle m'a parlé aussi de la misère de ces femmes prisonnières des villes-dortoirs. Nombre d'entre elles quand elles se sont mariées, pour aider leur mari à poursuivre leurs études, ont abandonné les leurs et renoncé à apprendre un métier. Elles se trouvent maintenant dans une totale dépendance, et sans argent, résidant trop loin du cœur de la ville, elles se morfondent, sombrent parfois dans la dépression.

Ses études la désespèrent. Les professeurs se plaisent à humilier leurs élèves, cherchent à les coller et ne leur apprennent même pas ce qu'ils auront à savoir. Les connaissances qui lui feront défaut, elle devra les acquérir en travaillant aux côtés d'un masseur expérimenté.

Elle est très différente de celle que j'avais imaginée. Sa douceur. Mais aussi, sa détermination. Quelle vie harassante est la sienne.

10 avril

Mon père a quatre-vingt-un ans. Il marche d'un bon pas et conduit sa voiture sans difficulté. Mais son visage est devenu celui d'un vieillard : joues creuses, peau grise, regard qui a perdu sa vivacité. Il continue néanmoins à faire de petites astuces en souriant.

15 avril

Kafka, Beckett... Je ne veux plus avoir de contact avec ces œuvres. Pendant des années, elles ont par trop ajouté à ma difficulté de vivre. Mais ce n'est pas d'aujourd'hui que je ne les fréquente plus. En 1978, *L'Inconnu sur la terre* de Le Clézio avait contribué à m'en détacher. Avec quel profond bonheur j'avais dévoré cet hymne à la vie, et quel bien il m'avait fait. J'avais eu la sensation qu'il me coupait à jamais de ce qui si longtemps m'avait tenu dans le refus et la détresse. La sensation qu'il me lavait – la tête, les yeux, la peau, les poumons – qu'il me purifiait, me redonnait une innocence, me gorgeait de joie et de lumière, me rappelait l'importance d'une ouverture aux choses, aux éléments, aux multiples beautés de la nature, à l'immensité de la vie...

Parfois, pendant des heures, j'erre en moi, et tout s'efface. Inondé par ce qui ruisselle paisiblement de la source, je perds conscience du lieu, du temps, de ce que je suis. Mais lorsque cet instant d'éternité prend fin, et que sans transition je retombe dans le temps, le retour au quotidien est douloureux.

18 avril

L'autre matin. Je tournais en rond dans la pièce en attendant que M.L. achève de se préparer. Je prends au hasard un livre posé sur une table. *Outside* s'ouvre sur ce texte en tout point remarquable que Marguerite Duras a consacré à Leontine Pryce. Mon regard tombe sur ces mots : *Face à elle, je pense à elle.* Je referme le livre. Cette notation toute simple, si brève mais si juste, c'est trois fois rien, et le lecteur peut ne pas s'y attarder. Cependant, elle m'a laissé en arrêt. Qui n'a pas vécu cela ? Mais qui a su s'en étonner et le dire ? Ces mouvements infimes qui surviennent en des zones échappant à la prise de conscience, Marguerite Duras parvient à les capter et les tirer au jour.

Cette capacité de s'identifier à l'autre, d'aller au plus intime et au plus aigu de ce qu'il est, de percevoir-imaginer ce qu'il pense et ressent, Marguerite Duras prouve dans ces pages qu'elle la possède au suprême degré.

Face à elle, je pense à elle. Toute la journée, je n'ai cessé de ressasser cette petite phrase et de m'en repaître.

20 avril

Quand on comprend que le manque génère le désir, entretient cette flamme au cœur de l'être. Quand on comprend que la mort et la constante menace qu'elle représente donnent tout son prix à notre existence, contribuent à rendre précieux chaque instant de notre vie. Quand on comprend que la solitude à laquelle chacun est voué lui interdit d'échapper à lui-même, le contraint de vivre ce qu'il a à vivre, exclut qu'il fasse endosser à autrui la responsabilité de sa propre existence – quand on comprend tout cela, on n'est plus en désaccord avec notre condition, on adhère même avec reconnaissance à ce qui la détermine.

25 avril

J'arrive à dix heures du matin aux éditions Fernand Hazan pour signer le service de presse du modeste *Giacometti* que je publie. Les personnes qui m'accueillent sont bouleversées. Dans la nuit, l'entrepôt où étaient stockés leurs livres a été ravagé par un incendie, et les cinq mille exemplaires du *Giacometti,* livrés la veille, ont été détruits, soit par le feu, soit par l'eau qu'ont déversée les pompiers.

J'étais ennuyé pour eux, mais j'ai été étonné de constater que je n'étais même pas déçu de n'avoir pu prendre connaissance de mon livre. Preuve m'était donnée, pensais-je, que j'avais enfin atteint cette équanimité que je recherchais depuis longtemps. C'était là pour moi une réjouissante découverte.

Je me suis retrouvé boulevard Saint-Germain. Il faisait une belle journée de printemps, et de m'éprouver soudain libre, de savoir que j'allais pouvoir flâner pendant des heures dans les rues que j'aimais, j'étais heureux comme un enfant.

Un mot sur ce *Giacometti.* Dans cet essai, j'ai tenté de refaire son parcours, de reconstituer sa démarche, de mettre en lumière ce qu'exprime son œuvre.

En général, un homme tel que lui, on le voit à travers l'image de l'artiste qui a « réussi », qui est connu : les journaux et les revues parlent de lui, ses œuvres atteignent des cotes élevées, et les grands musées présentent d'importantes rétrospectives. Mais on oublie bien souvent que cette reconnaissance a été précédée par des années de recherche, de tâtonnement, de vaches maigres. Dans le cas de Giacometti, ce n'est guère qu'à quarante-cinq ans qu'il s'est trouvé, qu'il a commencé à élaborer l'œuvre qui allait l'imposer comme un des grands artistes de ce temps. J'ai donc cherché à savoir ce qui s'était passé pour lui lors de ces années où ce qu'il réalisait le laissait insatisfait.

J'ai été heureux qu'on me propose d'écrire ce livre, car il y a longtemps que cet homme et cette œuvre me parlent et me touchent.

Je dois ajouter que la meilleure introduction à cette œuvre, le commentaire le plus sagace qui en a été fait, on les doit à Jacques Dupin, un poète que par ailleurs j'apprécie.

27 avril

J'ai rencontré Michel Leiris que je n'avais pas revu depuis assez longtemps. Pendant ces deux heures où je suis resté avec lui, j'ai été dérangé par cette impression que notre rapport s'était inversé. Avant, prisonnier de ma timidité, c'est à peine si j'osais lui parler, lui poser des questions. Cette fois-ci, alors qu'il commence à être diminué par le poids des ans, et que moi, au contraire, j'ai mûri, gagné en assurance, le climat de l'échange a été tout autre. C'est moi qui avais à répondre aux questions, et j'ai été ému quand il m'a remercié d'être venu le voir, quand j'ai constaté que ma visite lui avait causé un réel plaisir.

29 avril

Si tu ne te réprimes plus, tu sais bien que tu ne vas pas pour autant te mettre à faire n'importe quoi. L'exigence morale est en toi assez forte pour qu'elle ne cesse plus de régler ta conduite. Alors va, desserre les freins, abandonne ta réserve, laisse-toi aller. Ne plus te réprimer n'aura d'autre conséquence que de t'amener à t'ouvrir davantage, que de te rendre plus léger, t'assurer un meilleur rapport avec toi-même et la vie.

3 mai

On ne peut se libérer d'une entrave intérieure que par la prise de conscience. Mais pour avoir quelque effet, peut-être faut-il encore que celle-ci soit renforcée et relayée par un ardent besoin de vivre mieux et plus intensément.

Plus le conscient croît – et il se développe nécessairement au détriment de l'inconscient – et plus la liberté grandit.

Se libérer, c'est se rendre libre de ce que recélait l'inconscient. (J'avance là une énorme évidence !) Mais cette libération ne nous livre pas pour autant accès à cette liberté dont nous rêvons. Toujours cet écart entre ce que nous pouvons atteindre et ce à quoi nous aspirons.

5 mai

On avait demandé à Confucius ce qu'était la sagesse, et il avait répondu :

– *Se vouer sincèrement au service des hommes et se tenir loin de ce qu'on appelle monde spirituel, c'est la sagesse.*

Etre au service de quelqu'un, c'est ne pas le dominer, c'est se soumettre à ce qu'il attend, à ce dont il a besoin. *Se vouer sincèrement,* c'est se montrer désintéressé, faire preuve de générosité. Et pour en être capable, il importe de mettre à distance ce qui si souvent nous occupe et nous empêche d'agir, nous détourne de tenir pleinement notre rôle dans la collectivité : les illusions, croyances, conduites qui, sous couleur de spiritualité, ne sont que des moyens nobles de nous fuir, d'éviter d'entreprendre le travail sur nous-même auquel tout un chacun doit s'astreindre, travail qui permet d'échapper à la prison du moi et de participer à autrui.

Par opposition à *ce qu'on appelle monde spirituel,* on pourrait définir la vraie spiritualité comme ce qui ressortit à l'exigeant besoin de se clarifier, se perfectionner, se faire exister meilleur et plus haut. Avec cette conséquence qu'autrui devient véritablement un semblable. Un être avec lequel il faudra se comporter comme avec un autre soi-même.

Je me sens en plein accord avec ce réalisme, ce souci de bien vivre le quotidien qui caractérise tant la pensée de Confucius que le bouddhisme et le zen. Ce réalisme qui veut, entre autres choses, que la démarche intérieure se mette à l'épreuve de la réalité, trouve à se prolonger dans la vie de chaque jour.

9 mai

Ce qu'il dit, est-ce l'expression de ce qu'il est, de ce qu'il pense ? Ou ne tient-il un tel discours que parce qu'il sait ce qu'il y a lieu de dire pour paraître intelligent, donner le sentiment qu'il est un homme à l'esprit éclairé ?

12 mai

Dans son beau livre sur *Buenos Aires,* Alicia Dujovne Ortiz explique ce qu'est le rituel du *piropo.* Je reprends donc ce qu'elle en dit, quoiqu'en le réduisant et l'appauvrissant.

Dans une rue de la ville, un homme est appuyé contre un mur et une femme vient dans sa direction. Chacun sait que l'autre l'a vu. A l'instant où la femme passe à sa hauteur, l'homme se détache du mur et *laisse tomber un mot ou deux sur le cou de la femme, juste contre l'oreille. Mots agressifs, lyriques, érotiques, romantiques, grossiers, comiques, inspirés, plats, peu importe.* Pendant quelques secondes, *cet homme et cette femme sont devenus l'Homme et la Femme.* Et cette femme a reçu *le choc d'être vue, donc d'exister.*

Ces lignes m'ont fait prendre conscience que moi aussi je me livre à un semblable rituel. Lorsque je flâne par les rues et que je croise une femme dont le visage m'émeut, j'improvise dans ma tête un court poème. Juste quelques mots pour la complimenter, lui dire que son visage m'a remué et que je l'ai trouvée belle. Mais il arrive parfois qu'elle continue de m'occuper, de me troubler, qu'elle alimente tout un rêve. Alors ces quelques mots qui me sont venus en engendrent d'autres, et bientôt, ajoutant à mon émotion, un poème se balbutie. Tel l'autre jour celui-ci que je dois à une femme d'un certain âge, au visage usé, au regard las et bon :

qui que tu sois
mais tu n'es jamais
laide jamais fanée

pour peu que tes yeux
aient la transparence
de tes eaux fertiles

qu'ils me laissent
pénétrer dans tes terres
déambuler par tes ravins
tes collines

pour peu qu'ils disent
un limon promis
aux féconds labours

la grotte où clapotent
tes eaux

l'asile où pouvoir
s'enfouir naître
susciter l'origine

la perpétuelle naissance
de l'origine

toi qui n'es jamais
laide jamais flétrie
si je te croise dans la rue

inconnue et lointaine
rayonnante
maternellement proche
entends la voix qui murmure
ô mon amour
sur ton passage

15 mai

A la télévision, cet homme de trente ans raconte son histoire. Enfant d'une famille nombreuse, il vivait avec le sentiment que ses parents ne l'aimaient pas.

A quatorze ans, il est entré à l'usine où travaillait son père. Il faisait de grosses journées, mais n'était pas payé en conséquence.

A quinze ans, on l'a placé sur une machine compliquée, sans qu'au préalable il ait reçu la formation nécessaire. Après quelques heures, ce fut l'accident. Son père s'était alors empressé d'aller chercher sa voiture pour l'emmener chez le médecin. Durant ce trajet, il avait été couché sur le siège arrière, la tête sur les genoux de sa mère. Puis il avait fallu le conduire à l'hôpital, et son père avait pris place à ses côtés dans l'ambulance.

Quinze ans ont passé depuis ces moments-là, et cet homme vient d'écrire le récit de son enfance et de cette journée. Il parle de celle-ci avec joie, et par là même, il révèle la souffrance qui l'habitait. Durant ces instants, il avait découvert que ses parents l'aimaient. D'où cette impression, parce qu'il comptait à leurs yeux, qu'il était *devenu quelqu'un*. Il évoquait ce jour comme s'il avait été le plus beau de sa vie. Or il ne venait rien moins que de perdre la vue.

Et l'étonnement croît de l'entendre parler de ce jour avec plaisir, quand on apprend que cet accident ne lui a valu ni indemnité ni dédommagement. Il n'était pas légal qu'à cet âge il travaillât, mais avec une belle roublardise, la direction de l'usine avait dégagé sa responsabilité, et pour ne pas avoir d'ennuis, ne pas subir de représailles, les employés de l'usine ainsi que les gens du village avaient gardé le silence.

En dépit de tout cela, ce qui prévalait encore pour cet homme, c'était le bonheur d'avoir vu ses parents affectés par le malheur qui l'avait frappé.

Ces blessures de l'enfance qui marquent l'adulte à jamais.

Ecrire, c'est charger les mots de ce qu'ils disent, c'est faire en sorte qu'ils incarnent ce qu'ils expriment.

13 juillet. Jujurieux

T... venue hier et repartie en début d'après-midi. Cauchemars, insomnies, somnifères. Elle est pâle, maigre et ses mains tremblent. J..., son mari, l'a quittée. Pourtant, nulle mésentente entre eux, nul sujet de désaccord. Alors pourquoi ?

J... avait le sentiment que sa vie était un mensonge, qu'il jouait un rôle, et pour devenir enfin lui-même, il a repris sa liberté. En fait, c'est maintenant qu'il règle ses comptes avec son enfance et son père, mort il y a déjà un certain nombre d'années. Père sévère, exigeant, qui l'a écrasé, l'a habitué à vivre selon des modèles et des principes rigides. A vingt ans, J... s'est marié en partie pour fuir sa famille, se soustraire à l'emprise paternelle. Etudes astreignantes, agrégation de philo, puis après quelques années d'enseignement, l'Ecole nationale d'administration. Mais on n'échappe pas si facilement à des conditionnements devenus part intégrante de ce que l'on est. Il lui a fallu arriver à près de quarante ans pour prendre conscience qu'il n'avait cessé d'étouffer son être intérieur. Epuisement psychique à constamment se surveiller, se conformer à des modèles, exiger de soi toujours davantage. Un jour, il n'a plus eu la force de soutenir cette tension, et il s'est résolu à faire voler en éclats ce faisceau de contraintes dont il était prisonnier.

La semaine dernière, nous avons longuement parlé. Son bonheur à être seul, à ne pas devoir vivre en fonction d'autrui, à ne plus porter de masque, à pouvoir enfin s'abandonner. Sa joie à découvrir des plaisirs tout simples que jusqu'alors il s'était interdits. Et cet événement, d'une décisive importance : il s'est affranchi de la peur. Il ne se préoccupe pas de savoir comment leurs familles respectives et leurs amis réagiront. Ce bien-être qu'il éprouve et qu'il n'avait jamais connu est tel qu'il sait avoir pris une salutaire décision.

Sur le plan professionnel, une promotion lui a été offerte, mais il l'a refusée. Depuis longtemps, il a l'intention d'écrire, et il comptait mettre à profit cette neuve solitude pour commencer un texte, mais il ne jouit pas d'un calme intérieur suffisant, et il n'a encore rien entrepris. Il n'en est pas affecté, et ne se culpabilise pas à l'idée qu'il n'aura rien à présenter le jour où il lui sera éventuellement demandé à quoi il a employé son temps. Il n'a qu'un besoin : être seul, tranquille, ne plus avoir à se forcer.

Mettre fin à des contraintes intérieures qui entraînent de graves mutilations, devenir soi-même, laisser s'épanouir ce qu'on porte en soi, faire droit à ses aspirations les plus profondes, c'est là une exigence parfaitement légitime. Bien souvent, au long d'une vie et pour de multiples raisons, cette exigence s'étiole ou parle à voix étouffée. Mais quand elle se fait irrépressible, impossible alors de lui résister, quel que soit le gâchis qui peut s'ensuivre sur certains plans.

Même s'il était acculé à pareillement bouleverser son existence, il lui a fallu beaucoup de courage. A l'inverse, si l'on considère ce qu'il inflige à T... et à leurs deux petites filles, on l'accusera d'égoïsme et de lâcheté. Inextricable complexité des problèmes humains : lui, qui naît à lui-même, à la liberté, au bonheur de vivre. Mais les deux petites filles amputées du père. Et T... désemparée.

14 juillet

Film sur Thelonius Monk à la télévision. Son fils – une quarantaine d'années – en quelques mots, a très bien su l'évoquer. Mais parce que j'étais encore tout occupé de T... et de J..., une vérité qu'il a énoncée et qu'il avait reçue de son père, a longuement retenti en moi : « *Si tu es pleinement toi-même, la route est claire.* »

Bal champêtre du 14 Juillet. Dansé jusqu'à deux heures du matin.

15 juillet

J'ai perdu la solitude et la concentration qui étaient miennes au début de mon parcours, et depuis trois ou quatre ans, j'ai l'impression d'être en jachère, de n'avoir jamais véritablement travaillé. En revanche, je suis beaucoup plus ouvert au monde extérieur, j'en reçois davantage, et je me sens mieux armé lorsque j'affronte la page blanche. Je suis parvenu à partiellement me libérer de ce doute radical sur moi-même qui m'a si longtemps entravé. Fort heureusement, il arrive un temps dans la vie où l'on ne se réfère plus à des modèles, ne se livre plus à des comparaisons, ne confronte plus ce qu'on produit à ce que d'autres ont réalisé. Où l'on ne se laisse plus stériliser par la conscience que ce qui apparaît sous la plume est par trop inférieur à ce qui avait été entrevu. C'est pourquoi j'entends désormais écrire ce que j'ai à écrire, sans bien sûr renier l'exigence qui m'habite, mais sans m'interroger à tout propos sur la valeur de ce que je fais. Naîtra ce qui doit naître, et à-Dieu-vat !

Que va m'offrir cet été, saison bien peu propice pour moi à l'écriture ? Je voudrais reprendre *Lambeaux,* ce récit abandonné depuis plusieurs mois et dont le personnage central est ma mère. Mais nous sommes déjà à la mi-juillet, et je remarque avec un vif déplaisir que je ne suis pas encore entré dans ce travail. Au début du mois, invité deux jours dans le val d'Aoste, et depuis, tout mon temps donné à l'amitié.

L'émotion fournit l'amande
Et c'est la conscience
qui la savoure

Ces richesses qui dorment dans l'inconscient, nous avons à les tirer au jour. Les rendre conscientes, c'est les faire s'épanouir, les faire croître, libérer leur dynamisme.

Plus on se libère, plus on s'ouvre, plus on donne, et plus grande, plus riche, plus intense devient la vie.

16 juillet

Retourné à Lyon pour rencontrer Douglas et Suzanne, nos amis américains. Une belle et riche journée d'amitié et d'échange, qui laisse en moi une joie durable. Leur gentillesse, leur attention à autrui, leur capacité d'écoute, et surtout, leur fraîcheur. Il y a huit ans, le jour où j'avais fait leur connaissance, nous avions parlé pendant deux heures. Et nous ne nous étions jamais revus. Or ils se souviennent de ce que je leur avais dit ce jour-là. N'ont pas oublié combien j'aime l'œuvre de Carson McCullers, de Flannery O'Connor, quelle passion je porte à celle de James Agee... Suzanne a trente-huit ans, lui peut-être la cinquantaine, et tous deux sont professeurs dans une université du Missouri. Le parcours que Douglas a suivi est dans la droite ligne d'une certaine tradition américaine. A seize ans, passionné d'aviation, il passe son brevet de pilote alors qu'il n'a pas encore obtenu son permis de conduire. Puis pendant plusieurs années, pilote de chasse dans l'armée américaine. Après quoi il entre au Massachusetts Institute of Technology – l'équivalent de notre Ecole polytechnique – et devient ingénieur en aéronautique. Travaille à la N.A.S.A. Puis, ayant atteint la trentaine, il se rend compte que son métier ne l'aide en rien à répondre aux questions qu'il se pose. Alors il abandonne tout et entreprend des études de lettres. Parallèlement à son travail d'enseignant, il écrit, tient un *Journal*. Il vient en outre de publier son premier livre. Un ouvrage consacré à l'écrivain américain Jack Conroy. Cet homme, né en 1898, a d'abord travaillé à la mine, puis dans des usines. Son père et ses deux demi-frères ont trouvé la mort dans un puits, et son frère aîné, en traversant une voie ferrée, a été écrasé par une locomotive. Pendant la crise de 1930, il a participé activement aux combats qu'ont menés les ouvriers. Richard Wright, le romancier noir, l'auteur du très beau *Black Boy*, a dit de lui qu'il était « *le grand-père de tous les rebelles américains* », et sans doute pourrait-on sommairement le définir en disant qu'il fut, toutes proportions gardées, une sorte de Gorki.

18 juillet

Chaque matin, quand la nuit commence à pâlir, tiré du sommeil par le chant des oiseaux. Le chant de la vie s'éveillant à un nouveau jour.

Parfois, même si rien ne surgit, la seule descente en soi, la seule silencieuse approche du magma dispense de la joie.

Régine. Elle est infirmière dans un centre où sont placés des enfants retirés à leurs familles, et elle vient de faire un camp avec eux dans les Alpes. Elle nous dit le lien très fort – compréhension et complicité immédiates, attirance intense et réciproque – qui s'est tissé entre elle et Grégory, un garçon de sept ans. Revenue ici, elle a le cafard, tant il lui manque. Elle nous entretient du drame de ces enfants démolis par des parents aux prises avec trop de problèmes et passablement irresponsables. Je lui prête *L'Été 80,* ce recueil d'articles de Marguerite Duras, où celle-ci parle, entre autre choses, de l'amour violent qu'une monitrice de colonies éprouve pour un des jeunes garçons dont elle a la charge.

Interview de Miles Davis. « *Les filles sont toujours là pour piquer la force des musiciens. Elles sont meurtrières. Et d'un autre côté, ce sont elles qui ont vraiment le feeling pour la musique. Plus que quiconque. Elles nous font écrire les chansons d'amour. Ces chansons d'amour, toutes sont différentes, ce sont elles...* » Dès les premières mesures d'un concert, il sait immédiatement, explique-t-il, ce qu'a fait son batteur la nuit précédente. « S'il n'a pas dormi, il ne lui reste rien. »

Tchango, mon ami pianiste, commence à jouer et à réaliser des disques avec des jazzmen de renom. Lui qui n'a d'autre préoccupation que la musique, que son travail de musicien, qui vit dans la misère et avec rigueur, il découvre avec effarement ce qu'ils sont, la manière dont ils se conduisent, ou plutôt ne conduisent pas leur existence. Beaucoup sont paumés, ont perdu toute ferveur, tout enthousiasme, et certains boivent et se droguent.

Tchango vient d'enregistrer avec A... et il l'a rencontré à plusieurs reprises. En se levant, ce dernier commence par griller un ou deux joints, et jusqu'à ce qu'il se couche, ne cesse d'écluser verre de whisky sur verre de whisky. Il n'a jamais la moindre notion de l'heure, s'abandonne sans contrôle à l'instant, rate ses trains, ses avions, voyage avec les poches et la valise bourrées de billets de banque. Ce grand musicien est un homme blessé et sa blessure s'appelle racisme. Il a une réputation mondiale, et on pourrait supposer – à vues humaines – que la position qu'il occupe au firmament du jazz l'aide à surmonter ce problème. Mais il n'en est rien. Pour tenter d'oublier la couleur de sa peau, les humiliations qu'il subit, le seul recours qu'il ait, lorsqu'il se trouve dans un magasin, un bar ou un hôtel, c'est de tirer une liasse de billets de sa poche et d'épater son vis-à-vis blanc en dépensant sans compter. J'ai eu beaucoup de peine en apprenant tout cela. C'est un musicien que j'admire, et à travers photographies et interviews, je m'étais fait de lui une idée fort différente. Il n'empêche qu'il a une intuition prodigieuse, une intelligence à la fois aiguë et puissante, une vaste et solide culture – je crois qu'il a fait des études de philosophie – et il est douloureux de penser qu'en dépit des moyens qui auraient pu lui permettre de surmonter son mal-être, il reste avec cette blessure et continue à se détruire.

Il y a environ deux mois, j'ai assisté au premier des deux concerts qu'il a donnés au *Bec de Jazz*. Assis au premier rang, je n'ai guère pu apprécier ce qu'il a joué. Il était ivre-mort, et pas une seconde ne m'a quitté la crainte de le voir subitement vaciller et s'écrouler sur moi.

19 juillet

Maryvonne. Avec elle qui capte tout de la vie et a une importante réserve de choses à dire, la conversation glisse d'un sujet à l'autre et reste toujours intéressante. Ses enfants, ses sœurs, le violoncelle qu'elle vient d'acheter, le chant des oiseaux, un voisin à qui sa femme, témoin de Jéovah, rend la vie infernale et qui veut se suicider, une émission de radio, le livre qu'elle vient de lire, les poèmes qu'elle griffonne dans sa voiture garée sur le bord de la route, des souvenirs de sa douloureuse enfance (cinq enfants, mais le père n'a jamais su leurs prénoms et la mère ne les aimait pas davantage...), sa nièce de treize ans qui s'oppose systématiquement à sa mère, et qui explique, alors qu'on lui en fait le reproche : *mais elle me répond, elle me tient tête..,* des anecdotes tirées du lycée où elle travaille, ses projets de vacances, le séjour de sa fille en Angleterre, la passion qu'elle a pour l'océan.., elle parle d'abondance, vous donne tout ce qu'elle porte en elle.

Cette petite flamme de l'être intérieur
Dès que le monde rugit son souffle
combien vite elle vacille et s'éteint

20 juillet

Je vois trois causes à ma difficulté d'écrire :

– en premier lieu, le manque d'intensité de ma vie intérieure. En raison de ce manque, ma pensée demeure le plus souvent confuse, informe, ne parvient pas à coaguler. C'est à force de travail sur les mots à l'aide desquels elle cherche à se dire, que je lui donne consistance, netteté et vigueur ;

– en second lieu, quand je me déverse dans des mots, cette sensation de perte, de vie qui s'échappe, et qui fait que parfois, je répugne à prendre la plume ;

– en troisième lieu, un goût profond pour le silence, la passivité, l'abandon à ce qui vagit au cœur de ma nuit. Ce goût provient peut-être de mon enfance, de ce milieu paysan où j'ai grandi. Se taire. Garder pour soi. Porter seul sa souffrance. Ne pas avoir la faiblesse de se tourner vers autrui, de chercher à se faire plaindre et consoler. Voilà pourquoi ces mots que je veux extraire de moi, je me refuse au fond à les délivrer.

Ponceuse du voisin – coups de marteau d'un charpentier qui refait un toit – deux roquets qui aboient d'une voix aiguë – motos qui foncent en rugissant – puissant tracteur qui passe et repasse sous nos fenêtres – camion qui livre du fuel... tels sont au long du jour les agréments de la vie à la campagne ! Tous ces bruits, ils sont autant d'agressions, de blessures. Mais où donc faudrait-il aller pour avoir un peu de silence ?

21 juillet

J'expliquais à cette amie que s'unifier, s'affranchir du moi, obéir à l'instance morale qui nous habite, ne pouvait que nous conduire à la joie. Elle me fit alors observer qu'elle avait toujours mené une vie morale, qu'elle ne pensait pas qu'on pût rien lui reprocher, qu'elle avait toujours tenu ses engagements, pris soin de respecter ses semblables, qu'elle remplissait sa tâche de professeur avec le plus grand sérieux, mais qu'elle n'était pas heureuse pour autant, que sa vie était vide, qu'elle se cherchait désespérément un but.

Je fus si décontenancé par ses paroles que je ne sus quoi lui répondre.

Oui, sans doute pouvons-nous satisfaire à l'exigence morale sans vivre l'aventure qui mène un être de la ténèbre à la lumière, et en ce cas, il n'est pas forcé que nous connaissions la joie. Mais si cette aventure est vécue, il est dans son essence qu'elle nous achemine vers un profond bonheur d'exister.

Cette vie qu'enfante une émotion, une sensation, une réaction..., alors que la conscience est occultée. Puis la conscience entre à nouveau en action, pénètre cette bouffée de vie qui l'avait submergée, l'interroge, la fouille, la fait se déployer, éventuellement l'intensifie, en extrait toutes les richesses, n'en finit pas de la savourer...

Ainsi vivons-nous en deux temps.

23 juillet

Cette jeune femme perdait la vue. Maladie incurable, ont conclu les médecins qui s'avouaient impuissants à la soigner et pronostiquaient qu'elle deviendrait aveugle à brève échéance. Puis un jour, elle va consulter un psychiatre. Elle lui apprend qu'elle est mariée, mais qu'elle n'a pas de vie de couple, que son mari est homosexuel. Elle n'avait rien dit de cette situation à personne et portait seule ce secret depuis des années. A partir de ce jour, elle a recouvré la vue. Cette importante baisse de vision était due à son refus de voir mentalement un fait qu'elle ne pouvait se résoudre à accepter.

24 juillet

Immobile, penché sur ma table, j'écris. Et Benoît, quatre ans, placé en contrebas, me voit au travers d'une fenêtre close. Quand je le rejoins :

– Tu faisais quoi ?

– Je travaillais.

– Tu travaillais... Mais tu faisais quoi ?

– J'écrivais. J'invente des histoires pour les grandes personnes.

– Tu as quoi dans la tête ?

Maryvonne s'arrêtant de parler, puis après quelques secondes, disant comme pour elle-même, d'une voix rêveuse : il est merveilleux de vivre... La vie est d'une telle richesse...

25 juillet

Dans son rêve, cette jeune femme se trouve sous un énorme édredon qu'elle n'arrive pas à rejeter et qui menace de l'étouffer. Mais elle sait qu'elle peut échapper à la mort si elle parvient à s'enfuir par la fenêtre. Des mois passent. Et un jour, cette femme qui est sans culture, qui n'a aucune connaissance de la littérature psychanalytique, pense à ce rêve, et elle comprend soudain que l'édredon qui menaçait de l'étouffer, c'est son mari, sa vie de couple. Sur-le-champ, elle prend la décision de divorcer.

27 juillet

Chaque jour, énorme difficulté à me retirer du monde extérieur, à faire taire les préoccupations et émotions qui lui sont liées, puis à descendre au fond du puits et à me tenir là où sourdent les mots.

9 août

Rentré avant-hier de ce village du Luberon où nous nous sommes rendus pour assister au mariage de Manuela, la fille de Geneviève. Lundi, émotion, comme chaque fois, à retrouver Aix-en-Provence et le cours Mirabeau. Visite au musée Granet, puis à Claude et Nany que je n'avais pas revus depuis quelques années. Claude fut à Aix mon meilleur ami. Il a effectué une brillante carrière dans l'armée de l'air. Ces dernières années, promu général, il dirigeait la Région aérienne d'Aix. En retraite depuis le début juillet. Il avait invité M. Laurent, mon ancien professeur de français, que j'ai retrouvé avec un plaisir des plus vifs. Le soir, flânerie dans les rues de Lourmarin. Quelques secondes de recueillement devant la maison de Camus. Mardi, à l'abbaye de Montmajour, pour l'exposition Chillida, à l'œuvre duquel j'aimerais à l'occasion consacrer quelques pages. Mais jour de fermeture. Déception. Bon moment, en Arles, le temps d'un repas succinct sur une petite place calme et ensoleillée. Après, à l'abbaye de Sénanque pour l'exposition Antonio Saura. Tout le jour, une très belle lumière, et ce ciel que j'aime tant, avec d'un horizon à l'autre, de petits nuages clairs poussés par un léger vent. Mais le lendemain, jour noir. En rentrant, j'ai occasionné un accident. Un accident qui aurait pu être grave, mais qui s'est fort heureusement soldé par quelques tôles froissées. Ironie des choses, ma voiture n'a subi aucun dégât. Mais celle d'un villageois du Vaucluse, pour éviter la mienne, est allée heurter la voiture d'une famille anglaise, arrêtée à un stop. Depuis, en moi, un lourd malaise, qui me laisse sans courage. Reproches. Culpabilité. Frayeur à imaginer ce qui aurait pu arriver. A redécouvrir qu'en conduisant, et si attentif qu'on soit à respecter le code, à se montrer correct et prudent, on peut devenir en une fraction de seconde celui par qui la mort frappe. Sentiment aussi que je ne pourrai plus me faire confiance. Pourtant, depuis quelque trente ans que je conduis, c'est là mon premier accident. La chance a voulu que les chauffeurs des deux véhicules endommagés aient fort bien réagi et fait preuve à mon endroit de la plus grande compréhension. Mais il n'empêche. Il m'est pénible de me dire que j'ai été à l'origine de cet accident et que ces personnes ont eu à pâtir de mon manque d'attention.

10 août

Ciel gris. Pluie menaçante. L'été, soudain, qui n'est plus là. Apaisement à constater qu'aujourd'hui le dehors se fait moins attirant. Plaisir tranquille – sur fond de malaise consécutif à l'accident – à pouvoir flâner en moi en toute quiétude. Rien de précis ne s'y dessine, mais le simple bonheur d'être à soi, d'accompagner – sans chercher à les capturer – des mots qui se balbutient, des idées qui bourgeonnent, des phrases qui s'ébauchent. Bonheur, mais aussi, mélancolie. Une mélancolie dont je ne peux me dégager et qui m'empêche de travailler.

12 août

La douleur te tient au plus pauvre
au plus démuni de toi-même
et c'est d'elle que tu dois recevoir
les mots qui vont t'enfanter

Dans l'ordre de l'être, de l'aveugle approche de la vie,

dès qu'intervient la volonté, elle fait surgir sur son chemin un obstacle infranchissable.

13 août

Jean-Marie, cinq ans, subit une prise de sang. Mais ses veines sont peu apparentes, et l'infirmier, qui d'ailleurs n'est pas des plus habiles, doit s'y prendre à plusieurs reprises pour arriver à introduire l'aiguille dans la veine. L'enfant ne pleure pas. L'infirmier s'en étonne, lui dit que pour se montrer si grand garçon, il doit bien avoir une dizaine d'années. Jean-Marie ne répond rien et se contente d'élever sa main droite aux cinq doigts bien déployés. L'infirmier insiste, le félicite pour son courage. En haussant les épaules, le petit garçon répond : – *Moi, quand on me fait mal, je regarde ma maman, et je sens rien.*

14 août

Comment avoir foi en soi-même quand une lucidité impitoyable vous fait voir votre insuffisance, montre à l'évidence que vous n'êtes pas apte à remplir la tâche qui vous est assignée ?

La douleur émonde dénude épure
et tant qu'un être ne l'a pas rencontrée
il lui est difficile d'être vrai

Quand l'être va au-devant
de ce qui se dérobe à toute connaissance
la moindre intention le plus léger vouloir
suffit à tout faire avorter

Ceux qui donnent se donnent
sans calcul sans mesure

ce sont eux qui reçoivent
le meilleur de la vie

16 août

Entre la vie et moi
continue de s'interposer
ma soif de la vie

18 août

Pendant trop d'années, j'ai exercé un sévère contrôle sur moi-même. J'étais à la recherche d'une certaine perfection qui, inévitablement, impliquait des refus, des rejets, ne prenait pas en compte la totalité de ce que je suis. Maintenant, je sais que la perfection doit naître de la conciliation des contraires et ne rien éluder de ce que comporte la condition humaine. C'est pourquoi je me suis réenfoui en cette pâte dont nous sommes faits, ai retrouvé ces racines que nourrissent le sang et la terre. D'où maintenant ce besoin d'écrire des nouvelles, des récits, soit de me situer au cœur du quotidien, de capter la vie dans toute sa diversité.

20 août

Nos illusions, les modèles que nous nous donnons, l'idéal que nous poursuivons, l'image que nous avons de nous-même et à laquelle nous nous efforçons de nous conformer..., tout cela n'est rien d'autre que le refus de soi, ce qui me paraît aujourd'hui l'expression la plus achevée de la bêtise. Pourquoi donc ai-je eu un tel besoin de me contrôler, me mutiler ? Qu'avais-je donc à redouter de moi ? Maintenant que j'ai mis fin à cette sévère auto-surveillance, je peux voir qu'il n'en est rien résulté de fâcheux. D'où vient que cette soif de perfection qui nous habite, nous conduise parfois à nous fourvoyer ? Est-ce parce qu'il subsiste en elle des peurs ? De l'orgueil ? Une sorte de volonté de puissance sur soi-même et sur la vie ? Quel repos c'est que de n'être plus dans la contrainte et l'efforcement, de pouvoir totalement s'abandonner.

21 août

La moindre attente, l'intention la plus anodine, le désir le plus ténu, suffit à fissurer l'être, à empêcher qu'il soit pleinement livré à lui-même, qu'il réponde à ce qui le sollicite en étant unifié.

Si tu doutes trop, tu te détruis. Si tu ne doutes plus, tu risques de mener une existence qui ronronne. Trouver cette frontière où le doute et une indispensable confiance en soi peuvent cohabiter. Mais qu'il est difficile de demeurer là où convergent ces exigences contraires que nous avons à satisfaire. Il suffit d'un infime déplacement, d'un trop ou d'un trop peu, pour que ce qui était recherche de l'accord et de l'harmonie disjoigne les pièces du puzzle au lieu de les assembler.

22 août

Il ne s'agit que de traverser la peur et de s'abandonner. Instinct, intuition, intelligence et sagesse sont là pour nous ouvrir le chemin. Celui où l'être est en accord avec lui-même, avec les exigences fondamentales de la vie.

23 août

Rien n'est plus redoutable que ce qui est enfoui en

nous. Quand on prend conscience de ce dont l'homme est capable en fait de crimes, de tortures, d'exactions de toutes sortes, on comprend qu'il soit effrayé par ce qu'il est, et que tant d'êtres aient peur de descendre en eux-mêmes.

Ces gens qu'on croise dans les rues, et parfois, on peut lire sur leur visage qu'ils hébergent en eux un cadavre.

Que nous soyons tous profondément semblables, je l'ai toujours su. C'est une évidence avec laquelle je vis, qui gouverne et ce que je pense et ce que j'écris. Pourtant, pourtant... Si je me fie à ce que je vois, je suis tenté de conclure que la majorité des êtres paraissent n'avoir aucune vie intérieure. Ils s'en portent d'ailleurs fort bien, vivent assurément bien mieux que ceux qui en ont une, et qui se débattent avec des problèmes qu'ils ne sont pas en mesure de résoudre. A celui qui n'existe pratiquement qu'au niveau du corps, des choses, de la routine quotidienne, que pourrais-je dire d'une réalité dont il semble qu'il n'ait même pas le soupçon ?

24 août

Pourquoi se contraindre, se limiter, se refuser à ceci et privilégier cela ?

Faire confiance à la vie. A cette sagesse qu'un passé vieux de millions d'années a déposée en nous.

Descendre en soi, c'est projeter la lumière dans la cave, dénouer les conflits, démanteler le moi (volonté de puissance, agressivité, conditionnements divers provenant d'un passé personnel et collectif, d'une famille, d'un milieu, d'une époque...), débâillonner la voix de cette sagesse qui sommeille en chacun et ne demande qu'à indiquer le chemin. A l'inverse, celui qui ne peut s'affronter, il demeure la proie des démons que son incapacité à se connaître laisse prospérer dans les profondeurs de sa nuit.

25 août

Cette volonté de puissance que nous exerçons si souvent sur nous-même. Jusqu'au jour où nous nous avisons que celui qui domine est aussi le dominé. Autrement dit, les mains qu'il liait, c'étaient les siennes Se pose alors la question : ces mains qui ont si bien su nouer leurs liens, sauront-elles les trancher ?

7 septembre

Venons de passer huit jours en Toscane auprès de Philippe et de Pierrette. Nous les connaissions peu, mais j'avais pressenti que tout se passerait bien entre nous et que nous deviendrions rapidement de grands amis.

Ils n'ont aucune image d'eux-mêmes, sont simples, vrais, intelligents, et ils possèdent cette « vertu d'humanité » à laquelle je suis particulièrement sensible. Tous deux passionnés de littérature, enseignent à la faculté de Grenoble, lui l'italien, elle le français.

Pendant la guerre d'Algérie, Philippe a fait montre de beaucoup de courage et de détermination en refusant d'accomplir les sales besognes (torture, exécutions sommaires...) qui, là où il se trouvait, incombaient aux appelés. Ce fut pour lui une sombre période, dont il n'a gardé que de pénibles souvenirs.

Il prend son métier d'enseignant très à cœur, travaille avec beaucoup de sérieux, a publié des articles, des études, des traductions de l'italien et un essai sur Pavese. Il possède également d'immenses connaissances sur l'art en Italie, et ce nous fut un plaisir accru que de visiter Lucques, Pise et Florence en sa compagnie.

Pierrette – beau visage et voix mélodieuse – est accordée à la vie, d'une profonde bonté, et il ne règne autour d'elle que bien-être, paix, sécurité.

A Florence, nous avons rendu visite à Mario Luzi, un des grands poètes italiens. J'ai apprécié sa gentillesse, sa totale simplicité, sa manière tâtonnante de parler et me suis senti avec lui de grandes affinités. Des œuvres de lui vont paraître en France, cet automne, dont deux traduites par Philippe et Bernard Simeone. Impatient de rencontrer sa parole écrite, d'entrer dans son univers.

Après l'avoir quitté, nous avons vu deux expositions. La première, où j'ai découvert quelques belles toiles (Cézanne, Gauguin, Egon Schiele, Kandinsky, Giacometti...), donnait à voir une partie de la collection Tyssen. La seconde, remarquablement présentée et d'une formidable richesse, était consacrée à l'art étrusque. Profonde émotion à découvrir à travers ces œuvres nées plusieurs siècles avant Jésus-Christ une civilisation dont j'ignorais tout.

La maison de Philippe et Pierrette est une de ces demeures dont on rêve quand on se plaît à imaginer la maison où l'on souhaiterait vivre. Construite sur le flanc d'une haute colline, entourée d'oliviers, regardant vers l'ouest et dominant un vaste paysage. Ici, en l'occurrence, cette plaine – lac, nombreux étangs, cultures, puis à l'horizon, moutonnement noir de la pinède au-dessus duquel se laisse apercevoir la mer – qui s'étend entre Livourne et Viareggio. Le matin, surprenante pâleur des couleurs, et le soir, je ne me lassais pas de contempler ce paysage. Trop courtes heures à parler de littérature, d'art, de nous-mêmes..., à ramasser des figues, ou à se promener solitairement sous les oliviers (curieux spectacle de voir ces filets à mailles fines d'une dizaine de mètres de long, d'un blanc-gris brillant parfois sous le soleil, attachés aux troncs ou suspendus aux branches, et que les paysans étendent chaque automne sur le sol pour y recueillir les olives qu'ils font tomber à coups de perche).

Un échange plus serré sur la liberté, Philippe affirmant

que l'homme est libre, maître de ses choix, et moi soutenant l'exact contraire.

Les allées et venues d'Isabelle, leur fille de dix-sept ans. Belle, bronzée, souriante, les cheveux fous, participant avec discrétion.

Quand vos amis vous permettent d'être totalement vous-même, et qu'en eux, rien ne vous gêne, l'amitié est assurément un grand bonheur.

15 septembre

Nous avons eu un bel été. Mais depuis quelques jours, fatigue de ce trop de lumière et de chaleur, et joie à voir arriver l'automne, ma saison préférée. L'automne avec ses brumes, ses ciels changeants, ses couleurs feu, et ce grand besoin en moi de retrait, de silence, d'intimité.

Hier soir, alors que je marchais dans une rue du village, à la nuit tombante, la riche odeur d'une fumée montant d'un feu de bois, a fait resurgir tout un pan de mon enfance.

16 septembre

Une amie me signale ce poème de Borges qui a pour titre *Le Remords* et qui commence ainsi :

> *J'ai commis le pire des péchés*
> *qu'un homme puisse commettre. Je n'ai pas été*
> *heureux.*

Il y a une vingtaine d'années, une telle assertion, je n'aurais pu la comprendre. Mais aujourd'hui je le peux. Je sais désormais que vivre pleinement, c'est vivre dans l'accord, la paix, la joie, alors que la souffrance est lourdeur, séparation, ténèbre, étouffement. La souffrance est liée au moi, lequel est isolement et fragmentation. Se délivrer de la souffrance, c'est donc quitter la mare du moi pour pénétrer dans le fleuve, devenir un, ne plus offrir d'obstacles à ces énergies qui traversent l'être, le dilatent, lui accordent lumière et plénitude.

Depuis que je sais de quoi naît la joie et ce qu'elle signifie, ces œuvres où la souffrance n'a pu être dépassée n'exercent plus sur moi le même attrait.

22 septembre

Visite à Madeleine Charbonnier, cette amie peintre qui vit dans un petit village près de Mâcon, et que Maxime Descombin m'a fait rencontrer il y a une vingtaine d'années. Quel âge a-t-elle ? Je ne sais. Peut-être quatre-vingts ans.

Une petite femme décharnée, le visage et les bras striés de rides, les cheveux d'un blanc-gris, lisses et mi-longs, séparés par une raie médiane, les mains affreusement déformées par les rhumatismes. Elle portait une jupe et une tunique de laine blanche qui lui donnaient grande allure. Elle a perdu ce côté revêche et acide qui n'était pas en elle ce que je préférais. L'esprit prompt, aigu, qui ne s'écarte jamais de l'essentiel. Elle était manifestement heureuse de nous voir et a beaucoup parlé, ce qui ne lui est pas habituel. Elle a encore réalisé quelques très belles œuvres, non plus sur toile, mais sur papier. Toujours ce thème du labyrinthe, de la recherche, de l'exploration.

La cour mal entretenue. La maison silencieuse, un peu abandonnée, et d'où l'on sent que la vie commence à se retirer. Les pièces sont à son image, d'un dépouillement extrême, et le peu qui s'y trouve est bien souvent sorti de ses mains. Ce qui explique que les couleurs et teintes qu'on voit, soient celles-là même qui règnent dans son œuvre – des ocres, des bruns, des marrons.

Le dénuement et la solitude dans lesquels elle vit. Sa totale indifférence à la nourriture et aux problèmes matériels. Je suis à peu près certain que Descombin et moi sommes les seules personnes à vraiment savoir qui elle est, à s'intéresser d'une manière continue à ce qu'elle peint. Elle m'a spontanément prêté une belle toile que je vais installer sans tarder en face de ma table de travail.

Elle a vécu et continue de vivre une grande aventure. Mais pourquoi ce retranchement ? Ce refus du monde et d'autrui ? Et quelles blessures l'ont motivé ? Mystère que cette femme que j'admire et voudrais tant mieux connaître.

Au cours de cette journée, ce qui m'a étonné, ce fut cette grande paix qui régnait en moi, laquelle m'a fait prendre conscience avec acuité que jusqu'à ces temps, j'ai presque toujours vécu rongé par l'attente. L'attente de quoi, je ne saurais le préciser, mais assurément, de cette vie dont j'ai soif. Une vie haute, intense, mille fois plus riche que celle qui m'était avaricieusement concédée. Ce terrible ennui qui a enténébré ma jeunesse, je sais maintenant qu'il n'était autre que cette attente de la vie, de la vraie vie, de cela qui aurait eu enfin pouvoir de m'assouvir. Ainsi étais-je dans l'impossibilité de céder à l'instant, d'accueillir ce qu'il me proposait. Morne enfer de l'ennui qui vous coupe du peu susceptible d'adoucir la brûlure de la soif. Quel bonheur j'éprouve à constater que cette attente a pris fin, que je peux m'abandonner à l'instant, que je ne suis plus à toujours désirer autre chose que ce qui m'est offert.

Ceux qui se prennent au sérieux, qui sont comblés par une réussite sociale, ou par une quelconque notoriété, ou par le fait qu'ils détiennent tel ou tel pouvoir..., ils ne sont pas habités par une haute exigence.

Ecrire des textes brefs, en recherchant la concision, la densité, c'est voir la pensée courir le risque de se crisper sur ses prises, de se bloquer, se figer.

Or si elle veut pouvoir se déployer dans toute son ampleur, consentir à ce qu'exige d'elle l'idée qui se présente, répondre sans délai aux imprévus que comporte toute investigation, se modeler sur l'infinie complexité de ce qu'elle explore, garder cette mobilité indispensable à la recherche, elle doit demeurer docile, souple, fluide – à l'image d'une eau qui coule.

Si pendant longtemps je n'ai pu écrire que par fragments, je sens maintenant la nécessité de textes plus longs, plus amples, où la parole se développerait en un mouvement non discontinu.

8 octobre

Pour préparer les entretiens que nous aurons sur France Culture, j'ai passé tout l'après-midi avec Velickovic dans son atelier.

Sa formidable capacité de travail. Jamais un jour de repos. Parfois, il reste dans son atelier jusqu'à minuit.

– *Ce sont les plus belles heures. Il y a du silence. Je suis bien concentré.*

Ce qui m'étonne tellement : sa sensibilité – avec les émotions, les blessures, les remous qu'elle entraîne – ne lui a jamais été une entrave. Elle ne l'a jamais empêché de travailler.

Nécessité pour l'artiste d'être animé par une forte passion. Tant d'œuvres dans lesquelles on ne sent pas un véritable engagement. Son œuvre – violence, agression, mort – n'a rien de morbide. En elle, une vigoureuse énergie.

12 octobre

Denis et Dominique sont coureurs cyclistes amateurs. Tous deux ont un brillant palmarès, et ils auraient pu devenir professionnels, car « ils ont la classe », mais les circonstances en ont décidé autrement.

J'ai passé une soirée avec Dominique et son amie. Il a une forte personnalité, est intelligent, sensible, mais ce qui bouillonne en lui le perturbe, lui crée des problèmes, et comme il « marche au moral », il passe continûment par des hauts et des bas.

– *En me levant, je sais si ce sera ou non un bon jour. Si je vais ou non gagner. Je ne me trompe jamais.*

Cet été, je suis allé les voir courir à plusieurs reprises. Notamment à Grand-Corent, dans le Revermont. Une course difficile, avec des routes étroites et dangereuses, des côtes à fort pourcentage et de mauvais virages. Le vent du sud soufflait et il faisait une chaleur étouffante.

Tous ces coureurs prennent des risques insensés. Pour gagner d'ailleurs des sommes modestes, sans commune mesure avec ce qu'ils donnent d'eux-mêmes au long de ces trois heures de violents efforts. Ils ont en outre un étonnant pouvoir de récupération. A l'arrivée, j'ai vu la sueur littéralement gicler du front de l'un d'eux. Mais après une demi-heure, les visages avaient perdu toute trace de fatigue.

Avant le départ de cette course, Dominique a étudié avec beaucoup de soin la trajectoire qu'il aurait à prendre dans ce virage très serré, situé en haut d'une côte, à quelque deux cents mètres de l'arrivée. Au dernier tour, lorsqu'il s'est présenté dans ce virage, il l'a fort bien négocié, et comme il a du punch, il a démarré et a littéralement laissé sur place ceux qui l'accompagnaient. Mais deux coureurs l'avaient précédé sur la ligne de quelques secondes.

Il n'a aucune culture et il souffre terriblement de ne pas savoir s'exprimer. Lorsqu'il parle, il ne lui échappe à aucun moment que ce qu'il dit donne de lui une image fausse et nettement inférieure à ce qu'il est, ce qu'il vaut, ce qu'il porte en lui.

Il est étouffé par sa vie intérieure, et en lui éclatent des émotions si violentes qu'il serait éventuellement capable de commettre les actes les plus insensés.

– *A mon amie, je lui dis tout. Mais parfois, je ne peux plus la supporter et je la hais. Et en retour, elle aussi, elle me hait.*

– *Quand je panique, on ne lit rien sur mon visage, mais je suis tout rouge de confusion à l'intérieur.*

– *J'en veux à Dieu, s'il existe, de m'avoir mis un sang aussi brûlant dans les veines.*

Il est timide, ne s'aime pas, n'a pas confiance en lui. Franchir le seuil d'un magasin lui demande un réel courage.

– *L'autre jour, j'ai dû acheter un pantalon. J'étais face à la vendeuse, et soudain, je n'arrivais plus à parler. J'étais en sueur et j'ai dû sortir après m'être piteusement excusé.*

En l'écoutant, j'étais au bord des larmes. Tout ce qu'il souffre, je l'ai souffert pendant tant d'années. Ces imprévisibles réactions quand surgit ce qui déchire et qu'on n'est plus maître de soi.

Une souffrance à l'état nu. Sans phrases, sans jeu, sans complaisance. Celle qui est implantée en tant d'hommes et de femmes. C'est à des êtres tels que lui que je destine idéalement ce que j'écris.

9 novembre. Arles

Michel Peyratout. Il est bassiste, musicien de jazz. Je ne le connais pas, mais j'ai lu hier l'interview qu'il a donnée à Jazz Magazine. *La musique, c'est être avec les autres, c'est jouer avec les autres. Ce sont les êtres humains qui m'intéressent, j'aime les accompagner* [...]. *Je préfère parler des choses qui m'ont fait.* Il nomme alors Baudelaire, Dickens, Dostoïevski, Rimbaud, *Mrs. Dalloway* de Virginia Woolf... *Je ne suis pas un rêveur. Mais la vision de Virginia Woolf...*

Pourquoi ces mots m'ont-ils à ce point touché, pénétré ? Je ne sais. Depuis hier, ils vivent en moi et me maintiennent en état d'effervescence.

J'ai repris *Mrs. Dalloway,* et hier, dans le train qui m'amenait ici, je l'ai lu avec ferveur, avec passion.

11 novembre

Certains des plus beaux moments que j'ai pu connaître, je les dois à des livres. Lire, c'est plonger au cœur d'une vie. C'est faire la rencontre d'un être qui, dans une langue travaillée, porteuse d'émotion, me fait pénétrer au plus intime de lui-même, me livre (un livre est effectivement un lieu où l'on se livre, où l'on se donne), ce qu'il a de plus secret. Et nulle joie ne me paraît plus aiguë ni plus bouleversante que celle que j'éprouve en de tels instants. Voilà pourquoi, lorsque je franchis le seuil d'une librairie, je suis toujours dévoré d'avidité. Et dans un grand trouble.

29 novembre

Une enveloppe bordée de noir et un faire-part qui m'apprend la mort de M. Stupeur ! Je l'avais rencontrée trois jours avant et le choc est rude. Rien n'est dit des circonstances de cette mort, mais j'ai su immédiatement qu'elle s'était suicidée.

Elle devait avoir environ trente-cinq ans, était mariée et mère de deux enfants qui avaient, je crois, douze et seize ans. Elle m'avait écrit après avoir assisté à une représentation de ma pièce, il y a de cela un peu plus de trois ans, et depuis, nous nous retrouvions de temps à autre. Ou bien elle me téléphonait et gardait le silence, attendant que je parle.

Elle était discrète, réservée, n'avait rien d'une forte femme – ni au physique ni au moral – et on était surpris d'apprendre qu'elle avait couru plusieurs marathons, vaincu de hauts sommets en Himalaya. Pour s'entraîner, elle parcourait chaque matin dix à vingt kilomètres. Elle savait très bien parler de ce qui se passait en elle au long de ces épreuves qui la forçaient à se transcender : la fatigue, l'épuisement, la défaillance, le sursaut de volonté qui oblige à puiser dans d'ultimes réserves, le corps qui n'est plus qu'un automate, puis la joie d'avoir pu terminer l'épreuve et d'être allée à l'extrême de soi... Mais il y a deux ans, l'asthme est apparu, et il lui fallut renoncer à courir. Elle en fut profondément affectée. Une nouvelle vie commença, et elle se tourna vers la musique, apprit à jouer de la viole de gambe...

Elle était infirmière, et à mon sens, aurait dû travailler, car rien n'était pire pour elle que d'être jour après jour confrontée à elle-même.

Elle m'avait tout dit de ce qui la concernait – à mi-mots, avec pudeur – et je savais quelle était sa difficulté de vivre, mais que pouvais-je, que pouvait-on faire ?

Ces temps, ils avaient déménagé, et leur nouvel appartement ne lui plaisait pas. Un effort d'adaptation lui était demandé et je suppose que cet effort à fournir, trop coûteux pour elle, lui a été fatal. Elle était si lasse, si désespérée.

Je songe à son mari, ses enfants. Comment peut-on surmonter un tel drame ?

30 novembre

Dans la nuit, j'ai longuement songé à M. et ce poème s'est écrit en moi :

les bruits de verre
les sifflements du percolateur
le brouhaha des voix
le va-et-vient des serveurs
l'incessant mouvement
de ceux qui entrent
et ceux qui sortent

mais le tragique de ton regard
efface tout
et je te rejoins dans ton silence
pénètre bientôt en toi
sur ces terres défoncées
d'où j'ai du mal à revenir

commence alors entre nous
le dialogue de la vie et de la mort

les meurtrières questions cent fois reprises
nos vaines allées et venues
à l'intérieur de tes ruines
mon effroi à mesurer l'étendue de ta détresse
ce que j'avance et que tu récuses

mais je nie qu'il soit trop tard
et mes mots obstinés s'acharnent
écartent ce qui t'écrase
te libèrent de ta fatigue
font enfin lever en toi
un ferme désir de vivre

quand nous nous quittons
tu as repris ton chemin
et ton sourire et ton regard
ont retrouvé leur lumière

puis trois jours plus tard
ce faire-part qui m'apprenait
que tu n'étais plus

3 décembre

Cet être particulièrement creux, qui n'a rien d'intéressant ni de personnel à dire, mais qui tient à faire figure, et qui ne peut se poser qu'en s'opposant.

5 décembre

Cet homme au visage consumé, qu'on sent décalé, malheureux, il m'a ému. Il n'a pas cette prétention, cette arrogance dont font montre si souvent ceux qui ont accumulé des diplômes, et qui tiennent à vous le faire savoir, à ce que vous ne le perdiez pas de vue. Le soir, après le dîner, quand j'ai un peu parlé de l'écriture, de l'aventure intérieure, il était perdu en lui-même, avait un regard douloureux.

Je ne suis pas parvenu à me faire une idée de son épouse. Elle n'a pratiquement rien dit, mais il n'est pas impossible qu'elle soit prisonnière d'une épaisse ténèbre. Il m'a paru qu'elle n'était pas présente et je crois même qu'elle ne m'a pas vu.

6 décembre

Parler et écrire procèdent de démarches différentes et répondent à des fonctions non moins différentes. Je le sais. Néanmoins, en présence de cet ami psychiatre, je m'étonne de ce qu'un poète que je connais, et qui ne dit que des choses fort compréhensibles, écrive des poèmes abscons. Cet ami me donne alors une possible explication, qu'il vient de découvrir dans un ouvrage de psychanalyse.

Quand on parle ou quand on écrit, on risque de déranger, de perturber celui à qui on s'adresse, et en retour, on s'expose à être dérangé ou agressé.

Lorsqu'on voit celui à qui on parle, on a connaissance de ses réactions, et en fonction de ce qu'elles nous apprennent, on module ce qu'on dit. En ce cas, on n'a rien à redouter d'avoir une parole claire, et le message peut s'avouer pour ce qu'il est.

Mais par écrit, alors que contrôler la réaction d'autrui n'est pas possible, on serait porté à enrober, à voiler le message.

Une telle explication est loin d'être satisfaisante. Mais parfois, il peut être utile d'y avoir recours.

10 décembre

Dans cette revue de psychiatrie que je viens de lire, je trouve ceci : adoptée à deux jours, une petite fille de quatorze mois qui commence à parler, demande à sa mère adoptive : – *où elle est ma maman ?*

Un exemple de plus qui corrobore un fait maintenant bien connu : ce que vit l'enfant dès le premier jour de sa naissance – et même avant – demeure inscrit dans son inconscient.

Quant à moi qui ai été séparé de ma mère à l'âge de trois mois, pendant des années j'ai dû être aux prises avec la question que posait cette petite fille. Cette question devait en engendrer beaucoup d'autres qui élargissaient la fracture : si je suis loin de toi, c'est que tu m'as abandonné. Si tu m'as abandonné, c'est que je ne suis pas digne d'être aimé. Si je ne suis pas digne d'être aimé, alors je ne mérite pas de vivre...

Quand la substance que je vais injecter dans un mot palpite en moi, soudain quelle richesse possède ce mot, quelle énergie, quel rayonnement. Mais lorsqu'un lecteur le rencontrera, que subsistera-t-il en lui de ce dont je l'avais lesté ?

20 décembre

Pour une revue qui paraîtra au printemps :

UNE MÊME AVENTURE. UN MÊME DESTIN

Cette souffrance en l'homme. En l'humanité. Due à des causes qui ne viennent pour leur plus grande part que de lui. Que de nous.

Emu par cette souffrance. Empli d'une ardente compassion pour cet être mal formé, cet être inabouti et malmené que je suis, que tu es, que nous sommes.

Convaincu que toutes les frontières – psychologiques, religieuses, politiques, sociales, géographiques – ne font que diviser. Créer d'inutiles différences. Engendrer d'inextricables conflits.

Me porter à ta rencontre en ignorant ces frontières. En n'oubliant jamais qu'il y a en moi, en toi, cette insatisfaction profonde, ce mal-être – car je ne puis concevoir que tu sois sans trouble face à la vie telle qu'elle est, sans inquiétude face au monde tel qu'il va – et aussi cette fondamentale aspiration à la joie, au bonheur. En n'oubliant jamais que nous ne pouvons vivre qu'en étroite interdépendance. En n'oubliant jamais combien nous sommes semblables. Combien nous sommes proches. En n'oubliant jamais cet immense besoin d'amour qui t'habite – besoin d'être compris, reconnu, apprécié, valorisé.

Mais d'abord refuser ces chemins où nous poussent les grands rêves, les nobles aspirations, les vastes desseins. Et travailler sur soi. S'affranchir de tout ce qui enferme, sépare, asservit. Faire rendre gorge jour après jour à cet homme dur et mauvais qui réside en chacun. Cet être sans bonté engendré par notre égocentrisme, et plus encore sans doute par la peur, par nos peurs, lesquelles nourrissent cet aveugle besoin de sécurité, de puissance, de domination, d'où résultent tant de ravages. Travailler sur soi. Eliminer la peur, les peurs. Pour découvrir que l'autre est un autre toi-même. Que tu n'as ni à le dominer ni à l'exploiter. Que nous avons à nous connaître, nous respecter, nous entraider. Si possible nous aimer.

Inlassablement, travailler sur soi. Avec le souci de s'améliorer. De devenir un foyer de forces bénéfiques à autrui. Et ces forces, ne pas vouloir les diriger. Ne pas leur fixer un but. Ne pas en attendre un résultat. Les laisser agir d'elles-mêmes. Au seul niveau du quotidien. Loin des mots ronflants, des grands rêves et des ambitions irréalistes.

Morale exigeante. Travail incessant. Alors que tant de choses chaque jour – en nous ou hors de nous – nous incitent à baisser les bras, nous détourner, choisir le retrait. Ne pas perdre de vue que je ne suis, que tu n'es que rarement à la hauteur de ce que nous désirerions être. Faire preuve de patience et de compréhension. Envers soi comme envers autrui. Et ne pas se laisser décourager par les échecs et déconvenues. Ni par tout ce qui assombrit l'horizon. Pour ce faire, s'employer à se donner des fondations et à se construire. En vue d'être clair, robuste, résolu. Ainsi, une tâche qui ne peut avoir de fin. Qui implique en outre lucidité et courage. Soit le refus de toute illusion. De sorte que rien jamais ne puisse déraciner notre foi en l'homme. En l'humanité.

Ce travail sur soi-même accompli – mais il est toujours à reprendre – alors seulement peut-on envisager d'avoir une action plus étendue, de participer à des luttes, de se battre pour faire avancer certaines idées, réduire des injustices, agir en profondeur sur la société...

Etre de gauche ? Certes. Comment pourrait-il en être autrement ? Pour libérer les mots qui parleront à tous et à chacun, l'écrivain ne doit-il pas descendre au plus profond de lui-même, là où s'étend cette terre qui nous est commune (laquelle ne diffère pas de sa part la plus intime, la plus singulière), cette terre où il n'est plus de divisions, où rien ne me sépare plus de toi, où tous nous ne sommes plus qu'un seul.

Un seul corps. Une seule psyché. Une même aventure. Un même destin.

Et souvent tu es là quand j'écris. Avec ta fatigue, tes

tourments, ton angoisse. Parfois ton désespoir. Et ces mots que je tire de ma nuit, je les trace à ton intention. Avec cet espoir qu'ils te rejoignent, te révèlent à toi-même, te donnent une plus claire conscience de ce que tu es et éprouves. Avec cet espoir qu'ils t'apaisent et te réconfortent. Qu'ils te soient parfois appui, nourriture, lumière.

1986

26 janvier

Tout comme moi, Pierre a lu Krishnamurti, lequel l'a grandement aidé à mieux comprendre nombre de problèmes relatifs à la connaissance de soi. Grâce à lui, il a pu notamment aller plus avant dans sa recherche de la simplicité.

Ce souci, cette volonté d'être simple n'est pas sans influer sur son travail. Il étudie depuis quelques années des galaxies en cours de formation et qui sont encore à l'état gazeux. Il tire de ses observations certaines données, et ensuite, pour les exploiter, il doit se livrer pendant des mois à des calculs d'une grande complexité. Or il a remarqué que la simplicité intérieure à laquelle il est parvenu, lui a permis de concevoir une autre procédure de travail, de sorte qu'il a pu accomplir en un jour ce qui auparavant lui en aurait demandé trente.

Il n'est plus en crise par rapport à son métier, il a même un regain d'enthousiasme pour ce qui l'occupe actuellement. En écrivant son dernier article (en anglais bien sûr, puisque cette langue est celle de la communauté scientifique internationale), il a eu plaisir à constater qu'il avait su accueillir l'imprévisible – idées, cheminements, raccourcis –

qui s'était présenté. Etonné par ce dont l'esprit est capable lorsqu'on est très concentré, il admire ce pouvoir d'invention et de synthèse que possède la pensée, et je n'ai pu qu'adhérer à ce qu'il disait.

J'ai un vif plaisir à échanger avec lui. Cette rigueur de pensée qui est l'apanage du scientifique, il l'applique à tout ce qui relève de l'aventure intérieure, et cela, je l'apprécie au plus haut point. Moi aussi, dans mon travail, je cherche à m'approcher de cette rigueur. Les mots sont d'un emploi si facile que je les tiens en grande défiance. On peut en effet écrire les pires inepties sans qu'il y ait de sanction immédiate. Je suis donc, quand j'écris, d'une extrême vigilance. En outre, ce que je perçois, je veille à le capter sans le déformer. Souvent je me dis qu'il me faut être semblable à une plaque photographique, laquelle ne modifie rien de ce qu'elle enregistre.

La simplicité – une simplicité d'être, de pensée, d'expression, de comportement – elle est depuis longtemps ce que je cherche à atteindre. Mais je m'exprime mal. Je n'ai pas à m'efforcer. La nécessité d'être simple est ce qu'on rencontre très tôt dès qu'on s'engage sur le chemin de la connaissance.

Pendant cette quinzaine d'années où j'étais brûlé par le besoin d'écrire et où l'écriture se refusait, je n'ai pas fait que traînasser et me réfugier dans des orgies de lectures. Je crois que j'ai aussi passablement travaillé. D'une part, je me suis employé à me constituer un vocabulaire, à définir avec précision chacun des mots que j'affectionnais et qui étaient pour moi lourds de sens, maîtres mots par lesquels une chose importante m'avait été révélée la première fois où j'avais dû les utiliser. D'autre part, je suis fréquemment intervenu sur moi pour me décompliquer, me dépouiller, laisser opérer en moi ce qui émanait de ce centre à partir duquel je cherchais à m'unifier.

Cette notion de simplicité me fait d'ailleurs penser à une petite chapelle romane située à Brancion, près de

Cluny. Cette chapelle, elle est toute simple, mais d'une telle justesse de proportions que lorsque je la vois, je suis comblé, émerveillé. Solitaire, humble, de couleur ocre, orientée vers l'ouest, nimbée les soirs d'été par cette lumière qui paraît devoir ne jamais mourir, elle est une réussite insigne, et bien souvent, son image s'imposait à moi lorsque je méditais sur la simplicité.

Et de cette chapelle, je glisse à ce qui dans ma pensée lui est associé : une interview de Hemingway. J'ai lu celle-ci quand je commençais à écrire, mais la parole qu'ont retenue ces lignes, je ne l'ai jamais oubliée.

– *Les grands mots,* disait en substance Hemingway, *je les connais aussi bien que n'importe qui. Mais je me donne beaucoup de mal pour n'avoir pas à les employer.*

27 janvier

Hier soir, à la télévision, une belle émission sur l'Aquitaine. Marie-Claude Gracia – si tel est bien son nom – tient une auberge quelque part dans le Sud-Ouest, et elle nous a entretenus de son métier, de ce que faire la cuisine représentait pour elle.

Sans regard sur soi, pudique, mais se livrant sans détours et avec une grande simplicité, elle a intelligemment parlé de son travail, et dans ses mots passaient la connaissance intuitive qu'elle a des réalités essentielles aussi bien que l'amour dont elle déborde. Car qu'y a-t-il de plus généreux, et d'une certaine manière de plus intime, que de préparer avec talent des plats dont le contenu glissera à l'intérieur d'un corps, apportera nourriture et bien-être, comblera peut-être pour un temps une autre faim que celle qu'il a fonction d'assouvir ? (Quand je suis invité chez des amis et que la maîtresse de maison me sert des plats qu'elle a apprêtés avec grand soin, je suis profondément touché, et même, quand je songe à tout ce qui a été investi dans leur amoureuse préparation, je ne peux me défendre d'éprouver un certain trouble.)

Lorsqu'elle a expliqué – joignant le geste à la parole – comment elle composait une sauce, ce qu'elle ressentait face à ce sang qu'elle utilisait, elle était littéralement bouleversante.

28 janvier

Il y a deux ou trois ans, alors que je visitais une exposition au centre Georges-Pompidou, un jeune homme m'avait abordé. Originaire d'un village du Béarn, mais résidant à Lyon où il poursuivait ses études, il préférait la peinture à la chimie, et nous n'avons pas eu à tâtonner bien longtemps pour trouver un sujet de conversation. Je l'ai revu ici à plusieurs reprises, nous avons beaucoup parlé, il m'a montré ce qu'il peignait, et ainsi, nous découvrant des affinités, Jean-Paul et moi sommes devenus amis. Depuis, le temps a passé. Jean-Paul est maintenant ingénieur, mais pour autant, il n'a pas renoncé à sa passion pour la peinture.

Il y a deux jours, flânant rue de Rivoli, il a reconnu le président de la République qui se promenait incognito, protégé par des lunettes noires. Jean-Paul a aussitôt pensé que c'était là une occasion à saisir. Tenant ses mains ouvertes devant lui pour signifier au garde du corps qu'il n'avait pas à intervenir, il n'a pas hésité à accoster le Président. Et comme ils se trouvaient devant un café, il s'est même risqué à l'inviter à boire un verre. Je dois ajouter que Jean-Paul est beau, qu'il a du charme, qu'il s'exprime avec facilité, et je suppose que tout cela a dû plaider en sa faveur, de sorte que contre toute attente, il a eu le plaisir de voir son invitation spontanément acceptée. Tous deux ont pris un demi, et pendant une vingtaine de minutes, Jean-Paul a répondu aux questions de François Mitterrand qui l'écoutait avec attention.

30 janvier

Ces personnes que je connais depuis une vingtaine, une trentaine d'années, que je croise de loin en loin, avec lesquelles j'échange éventuellement quelques mots, une poignée de main, ce sont ce qu'on pourrait appeler de vagues connaissances. Mais dans la mesure où je peux supposer que nous avons les mêmes goûts, les mêmes orientations, je sens qu'elles occupent en moi une certaine place, font quelque peu partie de mon passé, et parfois, quand je les rencontre, je suis surpris par la réelle et vive amitié que j'éprouve soudain à leur endroit.

20 février

Krishnamurti est mort il y a trois jours en Californie. En mai, il aurait eu quatre-vingt-onze ans.

Il a eu pour moi une grande importance et j'aurais dû parler de lui dans ce *Journal* à maintes et maintes reprises. Si je ne l'ai pas fait, c'est parce que je suis incapable d'écrire sur ce qui me touche au vif, sur ces penseurs, écrivains et artistes qui vivent en moi et avec lesquels je dialogue fréquemment. Chaque fois que j'ai voulu évoquer ici Rûmî, Mâ Ananda Moyî, ou bien Rembrandt, Van Gogh, Cézanne, ou bien encore Tchekhov, Camus, James Agee..., j'ai été submergé par une telle émotion que ma pensée n'était plus en état de fonctionner. De surcroît, j'ai le sentiment que tout ce que je pourrais dire serait si pauvre, si dérisoire comparé à ce que j'ai reçu d'eux, qu'il me paraît préférable de garder le silence. Ce sont là les deux raisons qui m'ont empêché de parler dans ces pages de ce grand maître de sagesse. Mais s'il en est absent, du moins l'ai-je beaucoup fait lire autour de moi. Cela m'a d'ailleurs valu des déceptions, car bien souvent la réaction manifestée n'était pas à la hauteur de celle que j'attendais.

Il y a quelques années, sa disparition m'aurait profondément affligé. Aujourd'hui, elle ne m'affecte que modérément. Je me repose sur cette évidence que sa parole va continuer de se propager et apporter sa lumière à un toujours plus grand nombre de personnes.

Je reviendrai plus longuement sur lui dans quelques mois.

5 mars

Mme N. a quatre-vingt-trois ans. Je l'ai rencontrée il y a une quinzaine d'années. Je traînais devant le rayon « Poésie », dans une librairie, et comme elle ne savait quoi acheter, je lui avais fait quelques suggestions. Depuis, nous échangions de temps à autre un signe d'amitié. Mais il y a deux jours, elle m'a téléphoné et demandé de lui rendre visite. Le ton de sa voix et la lenteur de son débit m'ont donné à penser qu'elle était en difficulté, et hier, je suis allé la voir.

Elle m'a longuement parlé. Elle a fait ses études aux Etats-Unis où elle a rencontré un jeune Suisse allemand, originaire de la haute bourgeoisie bâloise, et ils se sont mariés. Par la suite, cet homme a occupé des postes de responsabilité et ils ont vécu dans les grandes capitales européennes, n'ayant pour relations et amis que des personnes haut placées. Mais cet homme était physiquement fragile et il a fait de nombreux séjours en clinique, victime de graves dépressions.

Ils ont eu deux enfants. Une fille qui a maintenant une cinquantaine d'années. Une femme rigide, qui oppose un refus massif à tout ce qui est vie intérieure, psychologie, et qui ne veut connaître de l'existence que le domaine des choses matérielles. Sa mère a de difficiles rapports avec elle.

Le fils n'a jamais été accepté par le père. Placé très jeune dans une institution religieuse, il a été entraîné par un prêtre dans une amitié particulière qui a duré des années et l'a profondément marqué. Le frère et la sœur se haïssent.

La désolation de cette pièce surencombrée de livres et de cartons, où cette femme plus ou moins abandonnée par ses enfants vit dans une grande solitude.

Elle lit beaucoup. Des ouvrages que compte tenu de son âge, on peut qualifier de difficiles : les œuvres de Jung et des livres de philosophie. Passionnée de poésie, elle n'a que mépris pour le roman. Elle a eu une vie difficile, et si elle a pu tenir, ce fut grâce aux œuvres des poètes qu'elle affectionnait.

Je ne rapporte là que l'essentiel de ce qu'elle m'a dit, mais elle m'a raconté beaucoup d'autres choses. Je lui ai fait remarquer que sa vie – comme la plupart des vies – a été un véritable roman. Ma réflexion l'a étonnée. Cette idée ne lui était jamais venue.

Elle m'a montré les nombreux cartons pleins de lettres, les piles et les rangées de livres soigneusement annotés.

Elle voit venir la belle saison avec terreur, car dans cette petite pièce, dès que la chaleur arrive, elle étouffe.

Avant que je ne me lève, elle s'est mise à genoux devant moi, et le regard chargé d'effroi, sur un ton désespéré, suppliant :

– J'ai vécu et compris beaucoup de choses, j'ai beaucoup souffert, beaucoup lu, et je ne veux pas partir sans avoir transmis tout cela. Aidez-moi. Aidez-moi à écrire ce livre que j'ai toujours rêvé d'écrire. Aidez-moi à être utile à quelques-uns.

8 mars

Ne pas mentalement s'emparer de ce que la vie nous accorde. Accepter de ne rien retenir. Et lorsque la mort se présentera, nous consentirons en douceur à tout abandonner.

Entendu au cours d'une conversation :

A la suite d'un accident de voiture, ce jeune homme est totalement paralysé et il ne peut s'exprimer que par le regard. Grâce à l'électronique, les mouvements de ses globes oculaires se convertissent en mots sur un écran. Mais dernièrement, il demandait à ce qu'on débranche les fils de la machine à laquelle il est relié, qu'on le laisse mourir.

Sa sœur, une petite femme insignifiante aux allures de vieille fille, fait du parachutisme de compétition. L'autre jour, elle a failli se tuer. Lâchée en haute altitude et saisie par le froid, elle ne parvenait pas à déclencher l'ouverture de son parachute. Celui-ci ne s'est ouvert qu'à cinquante mètres du sol et son attèrrissage a été pour le moins brutal.

10 mars

Avant, la conscience de notre solitude, de notre précarité, de cette mort à laquelle nous sommes promis, m'était douloureuse, me faisait parfois détester la vie, m'empêchait à tout le moins de m'y abondonner. Maintenant, je suis à même de comprendre que la vie perdrait tout sens et tout intérêt si la solitude et la mort ne faisaient pas partie intégrante de la condition humaine. Voilà pourquoi j'adhère sans réserve à ce qui nous est imposé.

12 mars

Ces notes dans lesquelles je livre ce que je suis, ce que j'ai fait, ce qui m'est advenu, je n'ai ni gêne ni crainte à surmonter lorsque je les vois paraître. D'une part, je sais que ce que je vis, autrui l'a nécessairement vécu, sous une forme ou sous une autre, et je présume qu'il se retrouvera dans ce que j'ai écrit. D'autre part, je n'ai pas une image de moi à préserver, de sorte que je ne peux redouter le regard qui se posera sur mes mots.

Je ressens de plus en plus la vie comme un fleuve, et les eaux qui paressent ou bouillonnent entre mes rives sont celles-là même qui coulent en mon semblable. Aussi que pourrais-je lui dire ou lui cacher qu'il ne connaîtrait pas ?

18 avril

En novembre 1979, j'avais adressé à Beckett les pages nées de mes rencontres avec lui. Je désirais les publier – Bram Van Velde avait déjà peint cinq gouaches destinées à devenir les cinq lithographies qui accompagneraient le texte – et je les lui soumettais pour les faire paraître avec son accord. Mais il me le refusa et je décidai de garder ces pages par-devers moi. Je comprenais son refus, et intérieurement, je me soumis sans réserve à sa décision. Toutefois, la même semaine, parut la volumineuse biographie que Deirdre Bair venait de lui consacrer. Avant d'entreprendre cet énorme travail, elle était venue le consulter, et il lui avait déclaré qu'il ne l'aiderait pas, mais qu'il ne s'opposerait pas à son projet. Cependant, il lui communiqua des adresses, ce qui lui permit d'avoir accès à de nombreuses lettres dans lesquelles il s'était longuement épanché. Bien évidemment, tout ce qu'elle apprit, elle ne manqua pas d'en nourrir son livre, donnant en pâture à ses lecteurs la substance vive de Beckett, jusques et y compris des détails fort intimes sur sa physiologie.

Après avoir lu cet ouvrage, je décidai de publier un jour le texte à la parution duquel j'avais initialement renoncé. Puisque cette biographie nous proposait tant d'indiscrètes révélations, il me parut que divulguer les pages pleines d'amitié et d'admiration que j'avais écrites, ne pouvait faire injure à celui qui les avait inspirées.

Ainsi ce petit livre achevé il y a plus de huit ans vient de paraître. (Bien que quatre rencontres y soient relatées, j'ai choisi, pour le titre, d'écrire *Rencontre* au singulier, afin qu'un éventuel lecteur, acquérant ce petit livre après l'avoir commandé, ne soit pas déçu par sa minceur.)

Avant-hier, jour de son anniversaire, j'en ai adressé un

exemplaire à Beckett. M'inspirant d'une anecdote zen, j'y ai inscrit cette dédicace :

> Un maître avait un disciple.
> Un jour, pour se libérer de l'emprise
> que le maître exerçait sur lui,
> le disciple se résolut à le défier.
> Alors le vieux maître d'éructer :
>
> Quel est ce fou
> qui ose tirer
> la barbiche
> du tigre
>
> Fidèlement
>
> C.J.

19 avril

Cette joie fougueuse, durable, qui naît de certaines rencontres. Parce que cette part en nous qui était assoupie ou bien morte, elles l'ébranlent, l'éveillent, y font surgir la vie.

Je devrais écouter plus souvent de la musique, mais dès que j'ouvre la radio ou mets un disque, je m'adresse des reproches, ai le sentiment que je ne fais pas ce que je devrais, et après un instant, je me lève pour aller travailler ou lire. Je sais pertinemment que je gagnerais beaucoup à être moins centré sur ce qui m'occupe, à me laisser dériver, à pousser de plus fréquentes incursions en cet autre univers qui m'attire, mais il ne m'est pas possible de me soustraire à ce que je ressens comme un devoir. Et s'il arrive que je contrevienne à ce qu'il exige de moi, je ne peux savourer le plaisir que je pensais m'octroyer.

C'est à chaque instant qu'il faut mourir à soi-même. Et mourir à soi-même, c'est savoir – entre autres choses – ne rien retenir en soi de ce qui a été vécu. Une telle attitude libère, allège, purifie, renouvelle.

Après avoir accepté de ne rien thésauriser, alors peut-on entrer dans le silence et la solitude. Pour n'être plus qu'avec soi-même. Pour se nicher au plus intime et se mettre à l'écoute du clair murmure des eaux profondes.

Ainsi, aimer intensément la vie, c'est aimer la mort, le silence et la solitude.

20 avril

Notes prises pour préparer une interview portant sur les poèmes de Beckett :

Les poèmes sont dans la continuité des proses et du théâtre. C'est toujours la même voix qu'on entend. B. ne sait parler que de lui. Mais il en parle de telle sorte qu'il exprime aussi ce que nous sommes.

Les douze premiers poèmes, écrits entre 1937 et 1939, ont été composés au cours d'*une période d'égarement, de dérive – une période d'apathie et de léthargie.* Dans ces moments, il s'exprimait *en aveugle,* disait *l'absence d'amour,* la solitude, le dégoût du monde, la difficulté d'être...

A cette époque, il a vécu comme une loque, en buvant et en passant par des dépressions extrêmement graves. Il lui arrivait alors de rester couché en position fœtale, tous rideaux tirés, pendant des journées entières.

L'avenir brillant qui s'offrait à lui à l'université, il l'avait refusé. Il voulait écrire et n'y parvenait pas. Il avait pourtant produit *Murphy* et *Watt,* mais il cherchait autre chose. Il se vivait comme un raté.

C'est après 1946 qu'il a écrit la seconde partie, ces poèmes qu'avec dérision il appelle *Mirlitonnades.* Cette année-là, sur un môle battu par la tempête, en Irlande, il avait eu la révélation de ce qu'il avait à faire et à dire. Alors il avait pu se remettre à écrire. Une nécessité intérieure si forte qu'il ne pouvait se conformer à un quelconque mode d'écriture.

Ce jaillissement lui révélait sur lui-même des choses qui l'effrayaient. Il écrivait littéralement sous une dictée, à tel point qu'il n'osait pas se relire, tant il était bouleversé par sa propre parole.

Enfermé à l'intérieur d'une conscience souffrante. En réalité, il est resté prisonnier de son enfance, des souffrances infligées par une mère despotique. Des souffrances telles qu'elles ont causé des mutilations psychiques et affectives irréparables.

Son œuvre est née d'un besoin de délivrance. Du besoin de mettre fin à ses tensions, ses déchirements, sa détresse. Dans la mesure où, de livre en livre, son fardeau s'est allégé, il est compréhensible qu'au cours de ces dernières années, le débit de la source soit allé en diminuant.

B. a toujours été un homme extrêmement silencieux. Un homme qui ne parlait pas ou très peu. Toutes ses énergies consumées par sa vie intérieure. A longtemps vécu à l'écart du monde, immergé en lui-même. Cette jeune femme que j'avais rencontrée et qui n'avait pu continuer de prendre des leçons de piano auprès de Suzanne B. Car elle n'avait pu supporter de voir cet homme étrange, assis dans l'angle d'une mezzanine, qui restait rigoureusement immobile à regarder dans le vide durant deux heures de temps, comme pétrifié.

Pour être compris, certains poèmes exigent que l'on ait une bonne connaissance de l'œuvre, voire de la vie de B.

Lueurs lisières / De la navette / Plus qu'un pas s'éteignent / Demi-tour remiroitent.

Ce poème, je ne le comprends bien que parce que B. m'a confié une ou deux petites choses de la vie qu'il mène quand il est à la campagne. Il effectue de longues marches à la lisière d'un bois proche de sa maison, allant et venant comme une navette.

Quand on se tient comme lui au vif de l'être, on vit en

dehors des mots. Ce passage de *Watt*, sur la cruche. *La condition de l'objet était d'être sans nom et inversement.* De sorte que l'objet sur lequel son regard se pose, est pour lui un objet dont il ne sait rien et qui suscite de la stupeur. Une parole originelle qui naît en deçà du langage, des mots.

Ces pages de *L'Innommable* scandées par la pulsation haletante d'une parole irrépressible. Les segments de phrases peuvent être découpés en autant de vers. Des vers qu'il serait facile de disposer sous forme de poèmes.

La justesse et la véracité de sa parole. Ce qui m'impressionne : la densité du silence d'où émergent ses mots. Le silence de quelqu'un qui a reculé en lui jusqu'au plus noir et au plus désertique de la détresse la plus extrême.

Une parole radicale, qui décape, avive, mais qui pourtant, laisse souvent un goût de mort.

23 avril

Quand je vois ces piles et ces piles de livres sur tant de tables et de présentoirs dans les grandes librairies, je me dis : comment peut-il exister des gens assez fous pour continuer d'écrire ? Depuis fort longtemps, tout a été dit de ce qu'il importe de dire. Alors pourquoi tiennent-ils à ajouter un infime complément aux milliers et milliers d'ouvrages que les siècles passés ont amassés dans nos bibliothèques ? D'autant que le nombre des lecteurs et le temps qu'ils consacrent à la lecture vont diminuant.

Je suis l'un de ces fous et je continue à écrire. Alors pourquoi ne pas mettre fin à cette forme de folie ? La réponse est simple. Si j'écris, c'est parce que j'en éprouve le besoin. Mais ce besoin, qu'y a-t-il à sa racine ? De quoi se nourrit-il ? Généralement, ceux qui n'ont pas connaissance de ces problèmes, se figurent que l'écrivain écrit poussé par l'espoir de passer à la postérité. Ou par celui d'apporter un certain quelque chose à la communauté. De telles explications me paraissent fort loin de ce qui le conduit à affronter la feuille blanche. Ce besoin d'écrire, c'est à mon sens et pour une grande part, le besoin de jouir de soi. Et comment mieux jouir de soi que de s'enfouir au plus opaque de son intériorité en vue de donner forme et existence à ce qu'on y rencontre ?

Le texte né de cette immersion et de ce travail est ensuite proposé à autrui, et c'est sans doute là qu'il trouve sa seconde finalité. Mais si l'écrivain ne désirait pas avant tout entrer plus intimement en contact avec sa réalité interne pour mieux la savourer, il me paraît probable que peu de poèmes et de romans auraient vu le jour.

Accusera-t-on alors l'écrivain d'égoïsme et de narcissisme sous prétexte que la recherche de cette jouissance est à l'origine de ce qui le contraint à écrire ? A mon sens, ce serait une erreur. On est là au plus épais des contradictions que recèle la nature humaine. Dans l'échange d'être à être, le meilleur qu'on puisse donner, on ne peut le puiser qu'en soi-même. D'où l'obligation d'être relié à sa vie intérieure, et si possible, au long des années, de s'employer à l'enrichir.

Mais sans doute peut-on éclaircir ce qui nous occupe ici en constatant que pour l'essentiel, écrire diffère peu de parler. Ecrire, c'est se dire pour communiquer, pour se livrer à autrui. Alors qu'importe si cette jouissance de soi est première, puisqu'elle conditionne la qualité et la richesse du texte dont le lecteur va tirer son plaisir.

25 avril

– *Je savais tout faire sur mon saxo,* explique ce musicien de jazz. *Mais j'étais encore loin. Il m'a fallu travailler dur pour trouver mon son.*

Trouver le son. Trouver le ton de ma voix écrite. Au début, je sentais bien que ce que j'écrivais ne reproduisait pas le ton feutré de cette voix qui murmure en mon for intérieur. Mais progressivement cet écart s'est réduit, et je pense que maintenant, les mots que j'aligne sur la page parlent avec ma voix.

Dans le ton de cette voix sourde, étouffée, marquée par un tempo plutôt lent mais que je voudrais encore distendre, on devrait percevoir, me semble-t-il, la gravité de mon approche, un fond de souffrance, une indéniable sérénité, mais aussi, une inguérissable nostalgie.

Plus que ce que les mots expriment, la voix, le ton de la voix d'un écrivain permet de se faire une idée de la manière dont il ressent les choses et de quelle région enfouie monte sa réponse. Voilà pourquoi, lorsque je tente de déterminer le lieu d'où il me parle, je ne me réfère pas tellement au contenu de son œuvre. Ses livres étant fermés, je préfère écouter sa voix, et c'est elle qui m'apprend ce que je cherche à savoir.

27 avril

J'ai retrouvé un « carnet de notes » de l'école primaire. Ce carnet que les parents devaient signer à chaque fin de mois, et dans lequel étaient portés les notes de compositions, le classement, ainsi que les appréciations de l'instituteur.

J'ai découvert ce que j'avais oublié : je n'allais en classe que du début novembre à la veille des vacances de Pâques. Le reste du temps, soit du 1er avril à la Toussaint, je devais garder mes vaches, et c'était là chose bien normale. Dans une ferme, s'il n'y a pas un enfant pour remplir cette tâche, c'est à un adulte de s'en charger, et en ce cas, il n'est plus disponible pour les gros travaux.

Souvent, je me suis demandé ce que je serais devenu si je n'avais pas eu la chance d'entrer aux enfants de troupe.

28 avril

On dit que je suis secret, mystérieux, parce que je

m'abstiens de parler de moi à autrui. Me taire et écouter, voilà ce que je préfère. Ma réticence à me livrer, peut-être est-elle due à cette crainte que j'ai de voir refusé ce que je pourrais donner de moi.

Pas mortes les peurs d'enfance, ni cette conviction que je ne vaux rien, que je ne peux intéresser personne.

30 avril

Je regrette de n'avoir pas mis de côté cette étude lue il y a déjà quelques années, et dans laquelle il était dit que nombre d'écrivains ont eu, étant enfants, un rapport intense avec leur mère – que ce rapport eût des effets positifs ou négatifs – le père étant ou inexistant, ou absent, ou mort. Ce fut le cas de Gide, Mauriac, Montherlant, Malraux, Jouhandeau, Camus, Beckett, Duras... Sans doute aussi de beaucoup d'autres, dont au XIXe siècle, Baudelaire et Rimbaud.

Moi aussi, je serais en droit d'ajouter mon nom à cette liste. J'ai eu peu de rapports avec mon père. Quant au Papa Ruffieux, son état de santé ne lui a pas permis d'assumer pour moi un rôle de père. En revanche, mon attachement à Maman Ruffieux a été total, absolu, et plus tard, j'ai compris que c'était elle qui avait façonné ma personnalité, elle encore qui avait inscrit en moi les valeurs en fonction desquelles je vis et écris.

Je m'acharne à rendre moins opaque ma part obscure. Pourtant, je voudrais qu'elle subsiste dans mes mots, qu'elle les alourdisse, qu'on sente en les lisant qu'elle les a sécrétés.

5-12 mai. Paris

Séjour riche en rencontres.

Nedim Gürsel, cet écrivain turc avec lequel j'ai enregistré une série d'émissions pour France Culture. Un être dépourvu de moi, simple, direct, d'une grande douceur. Je le vois comme un privilégié : il n'a pas de vouloir, se laisse traverser par la vie sans chercher à intervenir. A dix-huit ans, il jouissait déjà d'une étonnante maturité, écrivait et publiait des nouvelles d'une remarquable perfection formelle et d'un intense pouvoir poétique. Pour ma part, j'aime beaucoup celles qu'il a regroupées dans son dernier recueil, *Les Lapins du commandant.*

Malheureusement, notre entretien s'est déroulé dans de mauvaises conditions. Le preneur de son est arrivé avec une heure quarante de retard. Type odieux, au ventre lourdement proéminent, qui puait l'alcool, et qui, mécontent d'avoir dû monter six étages avec son matériel, a commencé d'emblée à déverser sa mauvaise humeur, affirmant qu'il était impossible d'enregistrer cinq émissions en une après-midi (et pour cause !), ajoutant que de toute manière, il partirait à dix-huit heures, alors que la séance devait durer une demi-heure de plus. Et comme il n'y avait pas de table où poser son appareil, sa mauvaise humeur a redoublé. Malgré tout, on est parvenu à s'organiser. Mais à l'instant où nous allions débuter, il s'est aperçu qu'il avait oublié ses écouteurs. Il lui a donc fallu redescendre les six étages, aller à sa voiture garée à une certaine distance, puis remonter en pestant et en soufflant comme un phoque. Quand nous avons pu enfin commencer, il va sans dire que nous étions rien moins que détendus. Après un instant, notre bonhomme s'est assoupi. Mais Nedim qui attendait un appel de Berlin où il devait se rendre les jours suivants, n'avait pas retiré la prise de son téléphone. Par trois fois la sonnerie a retenti et tiré de sa torpeur notre irascible preneur de son. D'où arrêts et réflexions désagréables. De surcroît, à quelques minutes de la fin, l'appareil a donné des signes d'épuisement. Donc obligation de changer les piles. Ces cinq émissions, nous les avons donc enregistrées dans la précipitation, moi les yeux fixés sur ma montre, préoccupé d'en avoir fini avant les six heures fatidiques.

Si quelqu'un vous agresse alors que vous ne vous y attendez pas, il bénéficie d'un effet de surprise, et il peut se faire que nous n'ayez pas le réflexe de répliquer. C'est ce qui s'est produit. Lorsque ce type est arrivé, il y avait cinq heures que j'étais avec Nedim. Nous avions préparé ces émissions avec soin, puis déjeuné, et nous étions dans l'état où se trouvent deux amis qui ont plaisir à être ensemble : paisibles, parlant avec abandon, exempts de toute méfiance. Voilà pourquoi je n'ai pas su réagir face à cet olibrius qui, en principe, avait à se mettre à notre disposition, et dont je ne pouvais prévoir qu'il aurait un tel comportement. De la sorte, il a pris d'entrée de jeu un ascendant sur nous, et j'ai senti que par la suite, il était impossible de retourner la situation.

Rencontre de B.

Elle peint et se trouve aux prises avec les problèmes que tout peintre rencontre pour peu qu'il s'interroge sur ce qu'il fait. Quand elle parle, c'est de l'intérieur de sa solitude et sa souffrance.

Elle vit dans une petite ville du Nord, a une sœur et plusieurs frères. Maniaco-dépressive, la mère faisait de fréquents séjours à l'hôpital. Le père, d'origine russo-polonaise, était un alcoolique. Il rentrait ivre à la maison et délirait toute la nuit. C'était un rêveur, peut-être un artiste raté, un homme des plus attachants. Quand B. a eu vingt ans, il a abandonné sa famille, laquelle a toujours vécu dans une extrême pauvreté.

Il y a deux ans, elle est partie cinq mois aux Etats-Unis, laissant son mari et ses deux enfants. Elle voulait être seule et voir de la peinture. Elle est rentrée déprimée, accablée par le gigantisme de ce pays où tout est à une autre échelle que ce que l'on voit ici.

Sa gravité. Ses doutes. Sa totale authenticité. Cette quête de l'être, âpre, douloureuse, qui épuise, parce qu'elle ne laisse aucun répit.

Des êtres tels que B., qui peignent ou écrivent sous la

contrainte d'une impérieuse nécessité, et qui ne cherchent pas à se faire connaître, ils sont peut-être moins rares qu'on ne croirait. En l'écoutant, il m'apparaissait qu'elle vivait son aventure avec un engagement et une intensité que bien des professionnels du pinceau ou de la plume pourraient lui envier.

Elle a une passion pour l'œuvre de Joan Mitchell et pour celle de Rothko.

Ces quelques paroles dont je me souviens :

– *Parfois, je suis le brouillard du Nord* (parce qu'elle est cotonneuse, qu'elle ne se sent pas exister).

– *Devant les toiles de Rothko* – c'est en premier lieu pour voir ses toiles qu'elle s'est rendue aux Etats-Unis – *on s'étonne qu'un jaune soit si dépendant d'un vert, qu'un violet soit à sa plénitude, qu'un rouge soutenu vibre, voisinant avec un orange dans un rapport immatériel, véritablement surnaturel.*

– *En peinture, on laisse venir. Il y a une fluidité.* (Bram me disant : *Je suis un être liquide.) Rien ne s'arrête.*

– *Il n'y a pas grand-chose à dire de la peinture. C'est une autre forme de communication. Un peu comme le rêve.*

– *J'aime la réflexion, la contemplation. C'est la tension apparue en moi qui me fait choisir telle ou telle couleur.*

– *Ce que je sais de l'être humain et de la vie, je le savais déjà quand j'avais treize ans.*

– *J'aime interroger ce qui est à l'origine de notre vision mentale et physique.*

– *Ce que je cherche ? Quelque chose de total.*

Je suis allé voir cet homme, avec l'idée de réaliser avec lui des entretiens pour la radio. Mais il est complètement vampirisé par sa femme. Je lui posais une question et c'était elle qui répondait. Je les ai quittés dans un état de malaise qui a persisté toute la soirée. Impossible de donner suite à cette rencontre.

Au musée d'Art moderne, première rétrospective complète de l'œuvre de Robert Frank.

Robert Frank le marginal, le rebelle. Celui dont l'œuvre et la vie sont marquées du signe de la rupture et de la séparation. Ses amitiés avec les peintres, Pollock, Franz Kline, Oldenburg..., avec Kerouac, Ginsberg, Burroughs... Les films qu'il leur a consacrés. Ses errances à travers les Etats-Unis. Quinze mille clichés en deux ans, et à l'arrivée, *Les Américains,* un livre de quatre-vingt-trois photos qui nous montrent l'envers du décor. – *Je voulais dévoiler ce qui restait caché, ce qui paraissait ennuyeux et dont personne ne voulait s'occuper. Les photographes montraient toujours la joie de vivre, une Amérique heureuse, qui gagne. Moi, j'ai toujours eu de la sympathie pour les perdants.*

18 mai

Il n'est que pose, calcul, et il lui faut toujours vous manœuvrer, tenter de vous circonvenir. Et comme il ne peut vous imaginer qu'à travers ce qu'il est, il se figure que votre simplicité est une forme supérieure de rouerie, une manière subtile et astucieuse de mieux s'assurer cette domination sur l'autre dont il suppose que vous la recherchez vous aussi.

Ces jeunes qu'on sent profondément malheureux, ils restent des heures ensemble et ils passent leur temps à boire. Mais ils ne savent rien se dire et demeurent silencieux. Rien n'est plus tragique que des êtres qui ne peuvent exprimer leur souffrance, et par là même, sont dans l'incapacité de s'en délivrer.

21 mai

Il me semble que progressivement, je parviens à surmonter le doute et la haine de soi. Ces temps, des poèmes me sont venus et je suis moins tendu lorsqu'il me faut affronter la page blanche. Viendra peut-être un jour où je pourrai puiser dans ce que j'ai amassé jusque-là.

23 mai

Ceux qu'habite une haute exigence, il arrive assez souvent qu'ils vivent dans la honte et la culpabilité. La disproportion entre ce qui leur est demandé et ce dont ils sont capables, est telle qu'ils ont l'impression en permanence de faillir, qu'ils s'accablent de reproches, se sentent parfois indignes de vivre.

25 mai

Tous ces adolescents qui se sentent écrasés par la vie, et qui se démettent, recourent aux drogues. Ils ne se sont pas encore construits qu'ils s'acharnent déjà à se détruire.

Le besoin de comprendre et de connaître. Le besoin de vivre en un espace toujours plus vaste, dans une lumière toujours plus vive. Le besoin d'écrire. En moi, ces trois besoins n'en font qu'un.

5 juin

Il y a quelques années, pendant quelques mois, j'ai beaucoup lu l'œuvre de Beckett. Mais je n'en ai rien dit dans ce *Journal.* L'émotion était trop vive, et je ne pouvais m'en dégager pour tenter de relater combien avait été importante pour moi la plongée dans cet univers. Mais il se trouve que j'ai écrit un texte pour le *Magazine littéraire* qui consacre son numéro de juin à l'auteur de Molloy. Il me paraît légitime de reprendre ce texte ici, car il donnera une idée du rapport que j'ai entretenu avec cet homme et cette œuvre.

UN VIVANT

Première rencontre. Je suis assis près de Beckett, dans la pièce exiguë qui est celle où ordinairement il travaille. Il n'est pas seul. Se tiennent à côté de lui tous les personnages qu'il a enfantés. Murphy, Watt, Mercier, Camier, Molloy, Moran, Malone, Moll, Macmann, Estragon, Vladimir, Pozzo, Lucky, Hamm, Clov, Nell, Nag, Winnie, Willie, Krapp... Lourde charge psychique qui le rend encore plus impressionnant.

Sa gravité. Sa densité. Son silence. Un silence qui me dénude et me réduit au silence. Aussi comment engager la conversation ? En moi, des bribes de phrases qu'il a écrites se mêlent à ce que Bram Van Velde m'a dit de lui.

En réalité, je suis effondré. Un écrivain que vous avez passionnément lu, dont l'œuvre vous a marqué en profondeur, avec lequel, par le truchement de ses livres, vous avez si longuement dialogué, fait partie intégrante de vous-même. Or quand vous le rencontrez pour la première fois, vous découvrez que vous n'êtes pour lui qu'un inconnu, et que ces dialogues qui vous réunissaient tous deux à l'intime de vous-même, vous étiez seul à les conduire. Dès lors, toutes ces questions auxquelles vous étiez impatient de l'entendre répondre – questions concernant l'enfance, la mère, la solitude, la honte, l'angoisse, le suicide, la folie, la mort, l'écriture... – vous percevez qu'il n'est plus possible de les poser.

Toutefois, certaines questions ont pu être émises, et celui que murait le silence leur a donné des réponses brèves, claires, immédiatement compréhensibles.

Ce qui m'a étonné, lors de ces quatre rencontres, ce fut précisément la simplicité et la netteté de sa parole. Nul langage discursif. Une pensée qui s'exprime par images – des images frappantes, évocatrices – ou qui emprunte un raccourci imprévisible, lequel vous laisse surpris, émerveillé, allume en vous cette sensation jubilatoire que vous avez déjà connue en dévorant l'un ou l'autre de ses livres. La sensation que vous êtes en présence du génie.

L'écriture m'a conduit au silence... Cependant, je dois continuer. Je suis face à une falaise et il me faut avancer. C'est impossible n'est-ce pas ? Pourtant, on peut avancer. Gagner quelques misérables centimètres.

– *Ça s'organisait entre la main et la page.*

– *Je suis comme une taupe dans sa taupinière.*

– *Ces temps, la maladie m'a beaucoup aidé.*

– *Oui, il faut être là* – index pointé sur la table – *et aussi* – index levé vers le haut – *à des milliers d'années-lumière. En même temps.*

– *Il faut se tenir là où il n'y a ni pronom, ni solution, ni réaction, ni prise de position possibles... C'est ce qui rend le travail si diaboliquement difficile.*

– *On ne peut même pas parler du vrai. C'est ce qui fait partie de la détresse.*

– *J'ai toujours eu la sensation qu'il y avait en moi un être assassiné. Assassiné avant ma naissance. Il me fallait retrouver cet être assassiné. Tenter de lui redonner vie.*

Etre. Vivre. Que mettre en ces mots ? Quelle réalité recouvrent-ils ? Aller vers la vie, en premier lieu, c'est s'appliquer à détruire. Détruire ce qui a envahi l'être et le brouille, l'altère, l'obscurcit. Détruire ce qui entrave sa racine. Mais qu'est-ce que la racine de l'être ? Et quelle est cette part en lui, qui ne se laisse ni circonscrire ni atteindre, mais qu'il brûle de rejoindre, et où il pourra enfin déposer les armes et s'abandonner ? Car ce n'est qu'en elle qu'il trouvera la paix, deviendra capable de consentir à la vie.

Un feu ronge l'être. Et ce feu exige qu'il perfore, jette bas, détruise tous ces écrans qui le séparent de lui-même. Illusions, croyances, idéaux, savoir, sentiments, passé..., l'encombrent, vicient la perception qu'il a de lui-même, embrument le regard à l'aide duquel il s'emploie à se connaître et se saisir.

Il est grand, avait averti Bram Van Velde, *il ne s'est jamais dérobé.* Effectivement, il n'a jamais tenté d'éteindre ce feu qui brasillait dans sa nuit. Et soudain, cette vision d'une torche. D'une torche vivante. Celui qui consacre sa vie à chercher la vie, à forcer le seuil de l'être, n'est-il pas un peu comme une torche ? Car le feu qui dévore en lui tout ce qu'il a rôle d'anéantir, il attaque également son corps, sa chair, s'en prend à sa vitalité, sape les bases de son existence, le maintient en cette zone où la quête du vivre doit livrer combat à la mort. Torche qui aspire à vivre. Etre qui brûle en vue de se donner le jour et produire la lueur dont il a besoin.

On fête les quatre-vingts ans de Beckett, on souligne à juste titre l'importance de son œuvre, on met en lumière la grandeur de l'homme et de l'écrivain, mais on oubliera sans doute que cet être, en sa jeunesse, est descendu aux enfers et y a séjourné un long temps.

En effet, durant des années, le père de tant de personnages déglingués et en perdition a vécu comme une loque, failli sombrer maintes et maintes fois. Il était affligé d'une sensibilité maladive, souffrait d'une paralysante détresse. Cette vie qui paraissait inaccessible – l'écriture qui se refusait –, ce feu qui le consumait, le mettait à vif, à mal, couvrait de cendres et de suie la totalité de ce qui, habituellement, structure et nourrit une vie d'homme... D'où dépressions, boisson, envies de suicide, dégoût, honte, gouffre du désespoir, menaces de fracture psychique, la torche vivante reléguée au plus extrême d'une solitude où nul ne pouvait le rejoindre. Mais au plus noir, au plus destructeur de ce feu, l'être s'épurait, son regard s'affûtait, sa parole se forgeait. Une parole rigoureuse. Tendue. Renvoyant au silence dont elle est née.

Cet Irlandais à l'œil d'aigle n'est ni un moraliste, ni un philosophe, ni un romancier, et son œuvre a grandi à l'écart de la littérature. En écrivant, il semble qu'il n'ait obéi qu'à une seule urgence : n'être pas désagrégé par les énergies furieuses qui s'affrontaient en lui. Se délivrer d'une souffrance dont nous savons par ses mots combien elle dut être terrible.

Ce qu'il a écrit, il l'a vécu. Et ce qu'il a vécu, nous le vivons tous. Mais il nous faut le lire pour que la conscience nous en vienne. Brûlures de la lucidité. Scalpel qui taille dans le vif de l'être. Alternance de l'adhésion et du refus. Honte de nous sentir si misérables, alors que nous taraude cette soif qui nous fait rêver d'infini. Besoin forcené d'une présence à soi-même qui peut aller jusqu'à tuer la vie et nous livrer à l'hébétude. Torturante attente de ce qui pourrait nous assouvir et qui ne nous est jamais accordé...

Il a été donné à Beckett – nerfs d'acier, énergie quasi surhumaine – de pouvoir s'offrir passivement au combat qui faisait rage en sa ténèbre. Car il s'est laissé broyer – éliminant ainsi tout vouloir – puis s'est laissé écrire. Les réalités intérieures dont il a nourri ses fictions, il n'en est pas dissocié à l'instant où il les convertit en mots. Ou bien encore, cette part de l'être en lui, qui capte et formule, elle appartient en totalité à ce qui a pris possession d'elle. D'où la clarté, la justesse, la force vivifiante de ce qui s'énonce à travers elle, à travers lui. *Il se voit mort,* observait Bram Van Velde, *et il est le plus vivant.*

Beckett n'a fait que rendre compte, donner à voir, à ressentir, à éprouver. La vie est si vaste, si complexe, si contradictoire, elle nous donne de telles joies, nous inflige de telles souffrances, que toute solution au problème de vivre, toute morale, toute réponse à l'énigme, est aussitôt mise en pièces par un esprit flagellé qui récuse tout autant les explications que les refuges. Beckett s'est usé et s'est poli jusqu'à atteindre la transparence, jusqu'à devenir ce miroir qui nous restituerait le visage de notre nuit.

Mots nus, vrais, imparables – nés en deçà de cette incessante et pâteuse rumeur verbale qui peuple la conscience – qui nous décapent, nous corrodent, nous démantèlent, mais pour finir, nous éperonnent et nous gonflent de vie.

Il faut le voir, avait insisté Bram Van Velde. *C'est*

quelque chose d'unique. En fait, peut-être n'avais-je aucune question à lui poser. Peut-être ne suis-je venu à lui que pour le voir. Voir ce visage à la rare et grave et farouche beauté. Voir ce regard d'une intensité insoutenable, et qui n'est peut-être, qui n'est même sans doute que l'expression physique de ce regard intérieur dont son œuvre atteste qu'il ne s'est jamais dérobé. Oui, tout simplement le voir. Voir non un écrivain, mais un homme. Un homme qui a connu l'entière détresse de la condition humaine, qui a dépassé le feu et la flamme, et qui continue de veiller en lui sur son être, sur la vie.

15 juin

Un long article sous forme de portrait-entretien m'a été consacré dans un journal. C'est un bon article et j'ai tout lieu d'en être content. Mais le titre en grandes lettres qui occupe le haut des deux pages ne peut avoir mon approbation. On lit en effet : Charles Juliet : *le créateur est un élu.* J'avais simplement dit : *l'écrivain est un privilégié,* ce qui a une toute autre signification.

28 juin

J'ai réalisé ces derniers mois plusieurs séries d'émissions pour France Culture. Outre Velickovic et Nedim Gürsel, j'ai invité à nous parler de lui et de son œuvre l'écrivain yougoslave Danilo Kis. Puis Soulages. Et j'ai consacré une émission d'une heure trente à Hadewijch d'Anvers, cette mystique flamande du XIIIᵉ siècle dont j'aime tant les écrits.

Pour préparer ces émissions qui m'ont demandé beaucoup de travail, j'ai délaissé le mien. Mais je suis loin de le regretter. J'ai vécu là de belles rencontres.

10 juillet. Sommières

J'ai eu plaisir à retrouver Claude et Denise Esteban avec lesquels, un soir de mars, j'avais dîné, en compagnie de Truphémus, chez des amis de celui-ci, collectionneurs de peinture.

J'apprécie ce qu'écrit Claude ainsi que ses traductions des poètes espagnols. Et Denise a une personnalité attachante. Plusieurs fois elle m'a fait penser à Bram. Elle a de la candeur, une vision personnelle des choses, et ce qui surgit en elle, elle le formule sans le soumettre à la moindre censure. Déjà en mars, lors de ce dîner, elle avait dit à plusieurs reprises des choses étonnantes, qui m'avaient frappé. Elle et Claude, j'aimerais avoir l'occasion de mieux les connaître.

17 juillet. Jujurieux

Avons passé cinq jours à Sète, chez Pierre et Colette Soulages. J'ai enregistré avec lui un entretien qui deviendra le texte d'introduction à son prochain catalogue, lequel paraîtra cet automne à la faveur de l'exposition que présentera la Galerie de France.

J'ai eu beaucoup de plaisir à écouter Soulages. Il parle avec aisance, et ce qu'il dit est toujours d'une remarquable justesse. Parfois, il risque un mot, et comme celui-ci ne lui convient pas absolument, il en cherche un autre, plus précis, qui exprime mieux ce qu'il veut vous faire entendre. Sa pensée est ferme, cohérente, et il est certain qu'il a beaucoup réfléchi à la peinture, à tout ce qui a déterminé son évolution au cours de ces dernières décennies.

Ce qu'il est physiquement, ce qu'il pense, ce qu'il peint, tout est d'une remarquable unité.

16 - 17 août

Visite de Christian Bobin. Je lui avais écrit après avoir lu *Souveraineté du vide*, et je l'avais déjà rencontré l'automne dernier, dans un café, à Lyon.

Je revois cet instant à Paris, au *Divan*, où frappé par le titre indiqué ci-dessus, j'avais ouvert ce livre d'un auteur inconnu. L'émotion que j'avais éprouvée à en parcourir quelques lignes. Puis après, cette lecture qui avait aboli le temps, le bruit du train, ce qui m'entourait. Ensuite, pendant plusieurs jours, des mots et des phrases qui s'étaient imprimés dans ma mémoire, avaient continué de vivre en moi, diffusant une tendre lumière.

Grande facilité de contact avec lui. Une évidente proximité. Il a fait des études de philosophie, mais elles ne l'ont pas dévoyé. Pour le dire au plus juste, c'est un « pur ». Il est détaché, se moque de « réussir », et la force de sa personnalité le met à l'abri de ce fatras dont notre époque si souvent nous submerge. Au sens plein du terme, il est un poète. Il absorbe les choses et la vie avec fraîcheur, sensibilité, et ce qu'il ressent, il est à même de le traduire spontanément dans une langue simple, directe, chargée d'une émotion vraie. Ce matin, après avoir bu ses deux bols de café, il a parlé pendant une heure, et l'écouter était un régal, car ses mots « coulaient de source » – clairs, évidents, marqués par cette part d'enfance qui subsiste en lui, et à laquelle, à mon sens, il est en partie redevable de ce don très particulier qu'il possède.

Notre entente repose sur un socle solide et je sens que l'amitié qui vient de naître entre nous est promise à durer, ce dont j'ai grande joie.

25 septembre

Des photographies donnent à voir des maisons où des écrivains du passé ont vécu, des lieux qu'ils ont pu hanter, des décors ou des objets susceptibles de les évoquer. Chacune de ces photographies a été remise à un écrivain d'aujourd'hui, à charge pour lui d'écrire un texte en rapport avec elle. L'ensemble de ces photographies et de ces textes deviendra un album dans quelques mois.

La photographie qui m'a été soumise a trait à Léon Bloy.

Une étroite ruelle pavée, qui va se rétrécissant et qui décrit une légère courbe obliquant vers la gauche. Elle est bordée, à gauche, par un mur de ciment écaillé, et à droite, par des plaques de bois d'assez grandes dimensions et qui constituent un autre mur. Ciel absent. Grisaille. Atmosphère de totale désolation. En outre, je n'ai jamais lu Léon Bloy, et le peu que je sais de lui, je l'ai grappillé dans des articles de journaux que le hasard a placés sous mes yeux.

Donc au départ une photographie n'ayant rien qui pût m'inspirer et un écrivain dont l'œuvre m'est inconnue. Mais j'ai voulu relever le défi et voici le texte que je vais proposer :

Non pas même une venelle, mais un goulet. Une espèce de tranchée qui ne peut conduire qu'à un endroit lugubre, où l'on ne s'aventure qu'avec une sourde angoisse. Je songe à une prison, un labyrinthe, un dédale tracé dans les entrailles d'une forteresse depuis longtemps à l'abandon.

Solitude de pierre. Détresse. Enfermement.

La nuit. La bruine. De loin en loin une rare lumière. Portant une pèlerine qu'on t'a donnée, trop longue pour toi et qui traîne sur le pavé gras, tu avances d'un pas lourd. Tu songes à cette femme qui, une nuit de l'autre hiver, a surgi là, devant toi, puis t'a entraîné. Elle pratiquait le plus vieux métier du monde, et plus tard, après l'avoir beaucoup fréquentée, c'est d'elle dont tu t'es inspiré pour créer cette Clotilde dans ce roman que tu as en chantier. Il a eu pour titre *La Désespérée,* puis *La Prostituée.* Mais depuis quelques mois, tu penches pour *La Femme pauvre.* Au cours de cette année, tu as enterré tes deux fils : André, puis Pierre, âgé de deux mois. Tant de souffrances et de révoltes ont fait rage en toi que tu te sens harassé. Tu marches d'un pas lourd et voici que tu t'arrêtes. Ce coupe-gorge dans lequel présentement tu te trouves et dont tu connais chaque pavé, il t'apparaît soudain comme l'image de ta vie sinistre. Et aussi comme l'entrée de ce labyrinthe intérieur – parois nues, marche aveugle, tremblante et sans retour jusqu'à ce centre où se faire peut-être dévorer – ce labyrinthe qui pourrait te mener à la connaissance de ce que tu es, mais où tu répugnes à t'engager. Quels obstacles en toi t'en interdisent l'accès ? Dans ce profond silence, cette terrible solitude, il arrive alors, pour la première fois de ton existence, que tu portes sur toi un regard humble et lucide.

Avec un calme souverain, en te surplombant de très haut, tu *vois* ta confusion, tes contradictions, la source de tes fureurs, toute cette boue de haine, d'amertume et de dégoût que tu déverses inlassablement dans tes mots. Et en cet instant, tu es contraint de reconnaître ta petitesse, ta médiocrité. Mais toi, le rebelle, en ces secondes accablantes, tu n'as pas ce sursaut qui te permettrait de t'insurger. Dès lors, tu consens. Tu consens à celui que tu es. T'envahit aussitôt une immense pitié. Pour toi tout autant que pour cette humanité que tu n'as plus le cœur de prendre à partie.

Ton roman vient de s'ordonner dans ta tête et la voix te dicte même la phrase sur laquelle il pourra s'achever. Lourdement tu t'ébranles. Et tandis que tout ton être acquiesce à cette évidence qui se fait jour, tu murmures pour toi-même, dans un souffle, heureux de cette découverte où vient se résumer ce que tu sais de la vie : *Il n'y a qu'une tristesse, c'est de n'être pas des saints.*

2 octobre

A l'invitation de la Robert Bosch Stiftung, me voici à Tübingen où je vais rester cinq mois. Après quoi j'irai à Stuttgart.

Hier, à dix-sept heures, je suis arrivé au pied de la

maison à l'instant où M. Gerstberger arrivait lui-même. Membre de la direction de cette Fondation, il est l'homme qui a organisé mon séjour et avec qui j'aurai affaire durant ces prochains mois.

Le soir, au restaurant, Annerose – la jeune femme qui me donnera des cours d'allemand et m'aidera à régler de petits problèmes – m'a offert un petit bouquet. Quoique avec un jour de retard, elle avait tenu à me souhaiter mon anniversaire ! Fort surpris qu'elle ait eu connaissance de ma date de naissance, et touché par son geste.

J'occupe le premier et le second étage d'une petite maison ancienne à colombage, située dans la Lange Gasse, tout près de la cathédrale et à quelques dizaines de mètres de la place centrale. Je ne pouvais disposer d'un appartement mieux placé.

Au second étage, mon bureau est une petite pièce mansardée. J'y ai compté, poutres ou éléments pris dans les murs, pas moins d'une quarantaine de pièces de bois, toutes peintes en noir.

Venu souterrainement, un petit ruisseau coule sous la maison. Sitôt après, il apparaît à l'air libre, pour disparaître à nouveau, et se jeter par la suite dans le Neckar.

4 octobre

Avec Annerose pour guide, j'ai visité la ville, les églises, le château, la prison universitaire, le Stift où Hölderlin a été élève... Tübingen n'est pas une ville importante, mais elle a un grand charme. Un charme qu'accentuent encore la lumière et les couleurs d'automne.

8 octobre

Je suis ici depuis huit jours et j'ai déjà passablement

arpenté la ville. Que de belles maisons ! Et quel charme ont certaines rues, certains quartiers !

Ma première sortie m'a conduit à la maison où Hölderlin est demeuré enfermé pendant la seconde moitié de sa vie. C'est maintenant un musée. Bien sûr, dans ces pièces qui ont d'ailleurs été remarquablement aménagées, il ne reste plus rien de sa présence. Toutefois, quand on se trouve dans cette tour où on sait qu'il a passé trente-six ans, qu'on découvre ses manuscrits et les documents qui l'évoquent, il est impossible de n'être pas ému. Son œuvre, je la connais assez bien. J'ai en outre plusieurs fois lu *Hypérion,* et aussi son admirable correspondance, de sorte que sans effort je le retrouvais en moi, qu'il n'était plus tout à fait absent de ces lieux où j'étais venu le chercher.

C'était une très belle journée d'automne. Une lumière or, légèrement voilée. Le saule pleureur sur la berge. (Arbre si bien nommé, dont les graciles et molles branches retombantes semblent pleurer sur ce manque de vitalité qui les empêche de se dresser dans le ciel. Arbre las, exténué, qui paraît ne plus désirer vivre, et dont la vue suscite immanquablement en moi une poignante mélancolie.) La vigne vierge d'un rouge vif sur la tour ocre au pied de laquelle glisse l'eau lente du Neckar, emportant déjà des feuilles plaquées comme des flammèches à la surface de l'eau.

Le lendemain de mon arrivée, je me suis rendu à Calw, cette petite ville de la Forêt-Noire où Hermann Hesse a vu le jour. Un musée lui est consacré, mais des quatre ou cinq personnes interrogées dans la rue, aucune n'a su m'indiquer où il se trouvait. Quand enfin je suis parvenu à l'atteindre, la porte était fermée depuis dix minutes. (En raison de travaux effectués sur la principale voie d'accès, j'ai pénétré dans la ville par une petite route. Je n'ai donc vu aucun panneau et n'avais plus les repères auxquels je pensais me fier. En outre, j'étais arrivé un peu tard.) Il n'empêche. La campagne alentour, la forêt traversée, la longue descente sur la ville, l'église avec son tilleul, la si jolie place en pente, les pavés, la fontaine, les très belles maisons à colombage, aux façades peintes, les enseignes, les hautes collines proches, la Nagold, le petit pont médiéval avec cette minuscule chapelle gothique porté par l'une de ses piles – tout cela m'a longuement parlé de Hermann Hesse et modifie déjà l'éclairage sous lequel je plaçais son œuvre.

10 octobre

Annerose. Trente ans, mais elle en paraît vingt-cinq. Visage aux traits fins, yeux verts, cheveux blonds. Simple, directe, extrêmement sympathique. Etudes de lettres et de philosophie poursuivies à Tübingen puis à Paris où elle a eu des professeurs prestigieux. Elle a acquis ses diplômes, achevé sa formation de professeur, mais elle n'a jamais pu obtenir un poste, de sorte qu'elle se trouve en chômage. Elle gagne sa vie en donnant des cours particuliers, en assurant des permanences dans un bureau, en servant de guide à des touristes qui visitent la ville ou le château. Chaque jour, pendant une heure et demie, je suis un de ses élèves. Par sa présence, sa gentillesse, les services qu'elle me rend, elle m'aide à m'acclimater, à mieux vivre mon apprentissage de la solitude. Mais elle vient de partir en week-end à Munich, et je vais rester quatre jours sans personne à qui parler. Devoir garder les lèvres closes ne me gêne guère. Toutefois, je suis peut-être moins détendu que je ne veux croire, puisque depuis mon arrivée, j'ai chaque nuit une longue insomnie.

11 octobre

J'aime tellement ces petits cadeaux que la vie sait parfois nous offrir.

J'étais au restaurant, un peu morne, un peu mélancolique, et je m'apprêtais à rentrer pour travailler à ma nouvelle. Or ma voisine qui était venue s'asseoir à ma table avec son jeune fils – dans un restaurant, il est admis ici qu'on peut s'installer à une table où quelqu'un est déjà en train de consommer – se rendant compte que j'étais un Français (je viens de commettre un intéressant lapsus, lequel répond tout à fait à l'état intérieur qui était le mien. Au lieu d'*un Français,* j'ai écrit *un enfant*), m'a adressé la parole et nous avons engagé la conversation. Après quoi elle m'a invité à l'accompagner. J'ai donc passé l'après-midi en sa compagnie. D'abord promenade en ville, puis en pleine campagne, sur une colline d'où on a une très belle vue sur la ville. Et avant que je la quitte, elle m'a emmené prendre le thé chez elle. Elle est française, mariée à un Allemand, et vit ici depuis une vingtaine d'années. Professeur, tout comme son mari. Son beau visage sans fard. Sa paix. Sa douceur. Sa distinction.

Ces heures que j'ai passées à deviser avec elle, seront un des beaux souvenirs que j'emporterai de Tübingen. Car il y avait encore ceci : la lumière somptueuse, le voile de brume estompant les lointains, les feuillages aux couleurs d'automne, l'épais tapis de feuilles mortes dans les sous-bois, la sensation aiguë d'une plénitude et d'une consumation, d'une ultime flambée de vie avant le déclin qui approche...

12 octobre

Solitude. Autres rapports à soi, au temps. Autres nuits.

Je suis désormais si bien amarré intérieurement, que lorsque la tristesse survient, elle n'a plus le pouvoir de me rendre triste.

Content d'avoir pu travailler. D'avoir franchi sans encombre ce dimanche, jour de la semaine qui reste pour moi bien particulier.

J'ai entrepris une nouvelle. D'une manière un peu aventureuse. Sans l'avoir si peu que ce soit élaborée dans ma tête. Je suis parti sur une idée qui m'est venue l'autre nuit au cours d'une insomnie. L'idée de faire se rencontrer et dialoguer l'homme que je suis à ce jour, et celui que j'aurais pu devenir si j'étais resté dans mon village, n'avais pu faire des études...

En fin de journée, heureux d'avoir pu me tenir tout l'après-midi à ma table de travail, je suis sorti. Errance à travers la ville. Franchissant à nouveau le pont sur le Neckar, je remarque qu'un café est ouvert au premier étage de la maison qui fait l'angle (ici, le dimanche, tout est fermé). Je monte. Une assez vaste salle, et prolongeant celle-ci, une sorte de rotonde qui surplombe la rivière. Chance : la table la mieux placée se libère, et je m'installe. Je me trouve ainsi dans l'axe du Neckar qui apparaît là-bas, sous des arbres aux riches frondaisons. A cent mètres, sur la berge, se détache la Hölderlinturm. Lieu magique. Instant magique. Lentement meurt le jour. Les cygnes et de nombreux canards continuent d'aller et venir sur l'eau dormante et qui s'assombrit. Une barque passe – celles qu'on voit ici sont longues d'une dizaine de mètres – et l'homme qui la dirige n'en finit pas de faire glisser dans ses mains la longue lourde perche enfoncée dans l'eau et sur laquelle il s'arc-boute.

Depuis l'autre jour, le sang rouge vif de la vigne vierge plaquée sur la tour s'est écaillé. Un voile de brume blanchit le vert des feuillages aux contours de moins en moins distincts. Parallèlement aux berges, là où se dressent sur l'île les hauts platanes, et en face, les saules pleureurs, l'ombre gagne, réduit la largeur de la rivière, laquelle n'est plus visible que par cette surface luisante, mais de moins en moins claire, où tombe une rare lumière d'un ciel de plus en plus pâle. Puis celle-ci va s'épuisant, et la bande de clarté aux franges imprécises et irrégulières, se retrécit, s'engrisaille, enfin s'efface. Les arbres, la tranchée qu'ils ménageaient, la Hölderlinturm ont maintenant disparu. La rivière elle non plus n'est plus visible. Mais je sens là, au-dessous de moi, cette eau noire qui continue de vivre.

En moi, une totale ouverture de l'âme, une paix

profonde, un ardent amour des hommes, de la vie, de ce monde pitoyable qui est le nôtre.

14 octobre

Il y a quelques jours, Annerose m'a emmené au cimetière voir les tombes de Uhland et de Hölderlin. Grand plaisir à découvrir ce lieu. A l'entrée, d'immenses platanes, et un peu partout, sur un terrain en pente, de nombreux arbres, de toutes espèces : chênes, érables, trembles, sapins..., et surtout de magnifiques bouleaux, aux troncs d'un blanc très clair. L'herbe fournie et bien coupée, les haies épaisses et bien taillées, les tombes très sobres et bien alignées, de faible hauteur, en granit sombre, et dont je dirais presque qu'elles se font oublier, tant la nature ici est richement présente. La tombe de Uhland, avec plusieurs arbres à proximité. La tombe de Hölderlin. Entourée sur trois de ses côtés par une étroite haie basse. Avec un petit arbre – d'une essence particulière, et dont j'ignore le nom – qui pousse sur l'emplacement même de la tombe. Ce qui m'a ému, ce fut ces deux petits bouquets de fleurs fraîches. Elles m'ont rappelé celles que j'ai vues, un matin, sur la tombe de Van Gogh, à Auvers-sur-Oise. Le jour déclinait. La beauté de ces arbres dans la mourante lumière d'automne qui faisait flamber leurs feuilles. Je ressentais si fort tout ce qui m'entourait que je ne pouvais parler.

15 octobre

Samedi dernier, une bande de papier blanc, longue d'une trentaine de mètres, large d'environ un mètre vingt, et qui allait diminuant jusqu'à finir en pointe, a été déroulée sur les pavés de la place, devant la mairie. Et des dizaines de jeunes enfants étaient là, accroupis, un pinceau à la main, un pot de peinture à leur côté. Avec quelle concentration ils peignaient sous le regard attendri des passants qui faisaient halte.

L'autre matin, le plaisir que j'ai pris, aux côtés de nombreux enfants, à voir sur le marché ces deux massifs et puissants chevaux de trait. Depuis combien d'années n'en avais-je pas vu ? Leur disparition de nos villages et de nos campagnes est une chose bien triste et à laquelle je n'arrive pas à me résoudre. (Bernadette Lizet, la sœur de Maryvonne, a écrit un livre de grand intérêt : *Le Cheval dans la vie quotidienne.* Elle y met notamment en lumière le rôle capital qu'il a joué dans la vie de l'homme et de nos sociétés.)

16 octobre

L'autre dimanche, quand M.L. est partie et que je me suis retrouvé seul sur le trottoir à neuf heures du matin. Le brouillard. Le silence. La ville endormie. Fallait-il que je rentre ? Il m'a paru que marcher au hasard des rues était encore le meilleur moyen de franchir ces instants un peu difficiles. Donc j'ai marché. A un moment, je me suis trouvé à la hauteur d'une jeune femme noire, qui avançait avec une extrême lenteur, la tête basse, le regard douloureux. J'ai eu le sentiment qu'elle était plus malheureuse que moi, et il m'est venu l'envie de lui caresser le visage. Je me suis contenté de lui adresser la parole. Elle ne parlait qu'anglais et venait de Somalie. Elle était à l'hôtel et devait rentrer en clinique le lendemain pour se faire opérer d'une oreille. J'ai essayé bien maladroitement de lui offrir quelques mots de réconfort. Dans la seule idée que sa journée ne se passe pas sans qu'elle reçoive un petit signe d'un de ses semblables. Je sais par expérience que lorsqu'on est dans le noir d'une totale solitude, un mot, un sourire, un regard peut être sans prix. Mais lorsque je l'ai quittée, le sourire qui avait fleuri sur ses lèvres ne s'était pas encore éteint, que la souffrance revenue avait déjà noyé ses yeux. Puis j'ai poursuivi ma déambulation. N'ai croisé que quelques hommes. Tous travailleurs immigrés. Que sans doute l'ennui et la solitude avaient déjà chassés de leur chambre et qui se trouvaient au seuil d'une journée dont ils ne sauraient que faire. Notre gêne quand nous nous croisions. Parce que nul ne pouvait cacher à l'autre que s'il était là, dans cette rue vide et silencieuse, à marcher sans but et d'un pas lent, c'était parce que le cœur n'était pas à la fête.

18 octobre

L'homme et l'écrivain qu'il porte en lui ne cessent de s'affronter. De se combattre. L'écrivain est descendu au profond de la mine, il creuse, ouvre des galeries, désire faire naître une lueur au cœur des ténèbres. Quant à l'homme, c'est d'une autre lumière dont il a besoin. D'ailleurs, cette lumière, elle lui est donnée. Il l'aperçoit là-haut, à l'entrée du puits, alors que lui parvient la douce voix des femmes qui l'appellent, le pressent de fuir le noir de la mine, de participer au festin. Et bien souvent, ne pouvant résister à ce qu'elles lui promettent, il s'échappe, s'empresse de les rejoindre, ne voulant rien savoir de ce mineur en quête d'une autre lumière et qui, pour conduire ses travaux, le contraint à demeurer là où il étouffe.

Tout à l'heure, sur la place, réunion des « Verts » qui mènent une action contre la construction d'une usine où seraient retraités des déchets radio-actifs. Deux ou trois cents personnes étaient là. Quelques brèves allocutions. Puis une jeune femme, probablement latino-américaine, s'est mise à chanter en espagnol. Autour d'elle se pressaient des hommes à la peau sombre. Graves, admiratifs, profondément remués par ces chants. Mon regard s'est fixé sur l'un d'eux. Une trentaine d'années, et sans doute lui aussi était-il latino-américain. Un beau visage. Mâle, dense, marqué par la vie. Dans son regard perdu errait une telle souffrance que j'en ai été bouleversé. Les larmes me sont venues aux yeux, et pour ne pas me mettre stupidement à pleurer, j'ai dû m'éloigner en hâte. (Ces temps, j'ai du mal à me défendre contre l'hypersensibilité que suscitent la solitude et la tension dans lesquelles je vis.)

20 octobre

Ce qui me navre ici, c'est que dans leur majorité, les femmes ne sont guère élégantes. Il est vrai que Tübingen est une ville universitaire, que les étudiantes sont nombreuses et qu'elles ne doivent pas disposer de bien grandes ressources. Mais ce qui est en cause, je suppose que c'est moins un manque de moyens qu'un manque de goût.

25 octobre

J'ai la chance qu'il fasse cette année un très bel automne. Le matin, le soleil brille, ou si le brouillard est là, il disparaît assez vite pour laisser place à cette lumière d'automne que j'aime tant.

Chaque jour, après avoir pris mon petit déjeuner dans un café et avant de me mettre au travail, je vais me promener dans le petit parc situé au bas de la Lange Gasse, à quelques dizaines de mètres de ma maison. Tout en flânant, je regarde les gens, les arbres, le ciel, longe le petit ruisseau où coule une eau rapide et abondante, savourant le fait de me trouver dans cette ville et de n'avoir d'autres contraintes que celles que je m'impose.

26 octobre

Souvent, je vais passer un moment au Pfuderer, le café qui donne sur la place. Je m'installe à une table du premier étage, près d'une fenêtre, je suis du regard une passante, contemple le Rathaus – la façade est si richement décorée qu'on n'en finit pas de découvrir de nouveaux détails à admirer –, je songe à Hölderlin, Novalis, Kleist, aux romantiques allemands, et parfois, le retour à la réalité et à ma solitude me paraît rude.

29 octobre

Hier, retour à Tübingen après quelques jours passés à Paris puis à Lyon. A Paris, exposition Soulages à la Galerie de France (un beau catalogue où figure l'entretien que nous avons réalisé à Sète, cet été). Rétrospective Estève au Grand Palais. Regret de n'avoir pas eu le temps de voir la grande exposition Bissière, non plus qu'une exposition Vieira da Silva. Enregistré cinq émissions avec Christian Bobin et deux avec Jean-Marie Delassus. Christian me plaît énormément. Je me sens très proche de lui. Sur tous les plans. Mais que seront ces émissions ? Pendant que nous enregistrions, il tombait sur Paris un véritable déluge, à quatre heures la nuit était déjà là, et j'étais gris, morne, sans ressort. Quelle malédiction d'être à ce point tributaire du temps qu'il fait ! Avec Jean-Marie, nous n'avons pas eu le temps de nous préparer, et il est certain que je n'ai pas été à la hauteur, que je n'ai pas su lui poser les questions qui seraient allées au-devant de ce qu'il avait à dire.

4 novembre

Soirée à la Hölderlinturm organisée en mon honneur par la Fondation. Comment n'aurais-je pas été ému ? Lieu prestigieux, riche pour moi d'une immense signification. Un télégramme de Jean-Marie m'attendait. (S'il ne me l'avait pas adressé, j'aurais été déçu. C'est lui qui m'a fait découvrir Hölderlin, et de tous mes amis, il était le seul à pouvoir imaginer ce que cette soirée en ce lieu pouvait représenter pour moi.) Auditoire de choix. Fleurs. Musicien en tenue de soirée interprétant du Bach au violoncelle. Et après les allocutions et mon intervention, un somptueux buffet.

La chaleur de cet accueil. La gentillesse. Les invitations. C'est une autre phase de mon séjour à Tübingen qui commence.

5 novembre

Réception à l'Institut franco-allemand qui fête ses quarante ans d'existence. Il y a là peut-être une centaine d'invités. La première personne à qui on me présente – une femme d'origine française, qui enseigne en cet Institut – m'apprend à mon grand étonnement que son frère habite dans mon village et qu'elle y vient chaque été. Nous découvrons alors que nous avons des connaissances communes.

Pendant le repas, je me trouve en bout de table auprès de V..., cette jeune femme rencontrée la veille. Environ quarante ans, un air de grande réserve, avec cependant une certaine étrangeté qui m'intrigue. Oubliant le brouhaha et tout ce qui nous entoure, mon visage tout près du sien, je lui pose quelques questions.

Ses parents, des paysans, vivaient en Tchécoslovaquie. Ils étaient les descendants de ces Allemands qui, il y a trois ou quatre siècles, s'étaient implantés dans cette région. Après la Seconde Guerre mondiale, tous ces Allemands – et aussi ceux qui vivaient en Silésie et en Hongrie – ont été chassés par les Russes, quand ils n'ont pas été tués ou battus à mort par les Tchèques. Ils ont dû alors s'enfuir à pied sans rien pouvoir emporter. Ses parents, qui n'avaient rien à se reprocher, qui n'avaient pas sympathisé avec les nazis, ont été contraints de se joindre au flot de cet exode. Ils avaient un petit enfant qui est mort faute de soins. Ils ont été recueillis par des paysans. Mais il leur a fallu à nouveau quitter cet endroit, un décret les obligeant à s'éloigner davantage de la frontière. Ils ont fini par arriver en Allemagne, soit dans un pays en ruine, exsangue, qui ne voulait pas d'eux, et où ils ont eu d'énormes difficultés à survivre.

Au cours de l'été 1968, cette jeune femme a voulu se rendre dans le village où ses parents avaient vécu. A l'insu du père et du grand-père, sa mère lui avait dessiné un plan afin qu'elle puisse retrouver leur maison. Sans argent, elle est partie en stop, et après un voyage pénible et plein de péripéties, elle a découvert un village pratiquement à l'abandon. Toutefois, leur maison était occupée par un sculpteur tchèque. Alors qu'elle s'y trouvait, un décret en rapport avec le « Printemps de Prague » a pris effet et elle a dû partir sur-le-champ. Alors qu'elle me raconte tout cela en essuyant discrètement ses larmes, elle remarque pour la première fois ceci : son père est né le 21 août 1921, ses parents ont été contraints de s'enfuir le 21 août 1945, et c'est aussi un 21 août qu'il lui a fallu quitter en hâte ce village. Quand son grand-père a appris son équipée, qu'elle avait enfreint leur résolution de tout oublier de ce passé et cette souffrance, il est resté un an sans lui parler.

L'attachement de son père pour la terre. Son besoin de la travailler, de l'ensemencer, de voir pousser du blé ou des légumes. Sa joie, dernièrement, parce qu'il a pu louer une cerisaie pour... quatre-vingt-dix ans !

Nous avons encore longuement parlé. De la stupidité humaine, de la violence, de la souffrance, de la bonté, et notamment, du fait que les démunis, les humbles sont en général plus généreux, plus enclins à aider quelqu'un dans le besoin que les nantis. Et bien sûr, aussi de Hölderlin, de Zimmer, ce pauvre menuisier, père de famille nombreuse, qui l'avait recueilli.

L'intensité de ce moment ! Pendant plus d'une heure, j'ai oublié le lieu où je me trouvais.

6 novembre

Au restaurant où j'écris cette note en attendant un plat qui semble ne pas devoir venir. J'étais assis là, lorsqu'un homme est arrivé et d'un signe de tête esquissé, m'a demandé s'il pouvait prendre place à ma table. Une trentaine d'années, le visage mou, pas rasé, les cheveux hirsutes, le pantalon affaissé, le pull-over défraîchi, et quelque chose dans son regard de vraiment antipathique. Il pousse le cendrier devant moi, étale son journal, s'absorbe dans sa lecture tout en buvant son café et en soufflant la fumée de sa cigarette dans ma direction. Il lit un ou deux articles, tourne les pages, et surprise, je vois apparaître sous ses yeux ma photo et un article qui m'est consacré. Il la regarde attentivement, puis il lit. Il ne m'accorde aucune attention, ne peut donc établir le moindre lien entre les lignes qu'il parcourt et la personne qui se trouve à ses côtés, mais je me sens soudain comme sali, agressé, et je refuse violemment en moi-même le curieux rapport – dont je suis seul à avoir conscience – qui vient de se créer entre nous. Enfin il part. Je songe alors à mon maître Tchouang-Tseu, et ma bonne humeur revenue, médite avec amusement sur l'imprévisible.

Ce qui m'a frappé en arrivant ici, ce fut le nombre de boulangeries-pâtisseries. Et à l'intérieur, les différentes sortes de pains – diversité de leurs formes, de leurs volumes, de leurs couleurs, de leurs aspects, de leur composition – et aussi la profusion de gâteaux aux proportions respectables, souvent recouverts de crème, et donnant une impression de fastueuse surabondance. Quand on voit dans les boulangeries de telles quantités de pain, on est d'autant plus surpris de constater qu'au restaurant on ne vous en sert jamais une tranche.

8 novembre

Au printemps dernier j'ai lu dans un journal cette information à laquelle j'ai si souvent repensé : dans le sud du Pérou, l'automne venu, il est tombé des pluies torrentielles. Le lac Titicaca a débordé, détruisant des habitations, noyant des cultures, dévastant une région où les paysans ont déjà bien du mal à survivre. Pour apaiser la colère des dieux, ces paysans ont décidé d'offrir un sacrifice. Et pour que celui-ci fût à la mesure de la calamité qui les frappait, il apparut qu'il fallait tuer un homme. Et c'est ainsi qu'un père de neuf enfants âgé de trente-sept ans, a été démembré à coups de hache. En apprenant pareille nouvelle, on reste évidemment atterré. Comment, à notre époque, des hommes peuvent-ils encore croire qu'il existe des dieux, et qu'en cas de nécessité, il importe de se les concilier en leur offrant un sacrifice ? Puis d'autres questions surgissent : en fonction de quoi a-t-on décrété qu'untel serait la victime ? Ou a-t-il été tiré au sort ? Ou s'est-il désigné lui-même ? Et quels sont ceux qui ont procédé au sacrifice ? Etaient-ils nombreux à y avoir assisté ? Et l'état probable de ferveur religieuse dans lequel ils se trouvaient les a-t-il rendus insensibles à cet acte de barbarie ? Et sa femme et ses enfants ont-ils ensuite été pris en charge par la communauté et révérés comme étant d'autres victimes du sacrifice ? Ou ont-ils été – selon toute vraisemblance – abandonnés à leur sort ? Comment savoir ? Comment imaginer ce qui a pu se passer dans des têtes aussi primitives, terrorisées par ce qui était pour eux un avant-goût de la fin du monde ? La brève note que j'ai lue ne donnait aucun détail sur cette tragédie.

9 novembre

Fracture, une pièce radiophonique qui m'avait été commandée par France Culture a été diffusée. (Malheureusement la voix du comédien qui tenait le rôle principal manquait de sensibilité et de conviction. Il n'a su que lire le texte, au lieu de le faire vivre, au lieu de ménager des silences qui étaient non moins importants que ce qui était dit. Par sa faute ma pièce a été mutilée de sa meilleure dimension. Et cela m'a été confirmé par les lettres et les coups de téléphone que j'ai reçus. En revanche, l'autre comédien et la comédienne étaient remarquables.) En écoutant cette pièce, un médecin s'est à ce point reconnu dans ce que vivaient et échangeaient mes personnages, qu'il a cru que je l'avais écrite en me servant de ce qu'il avait un jour raconté à sa femme, laquelle l'aurait confié à une connaissance commune – en l'occurrence Pola – qui me l'aurait rapporté. Il n'en était rien, mais c'est une chose que j'ai eu plaisir à apprendre. En pensant que je m'étais inspiré de lui, il me donnait la preuve que mon texte était crédible, et que par ma seule imagination, j'avais su créer un véritable instant de vie.

10 novembre

Alors que la Hölderlinturm est fermée au public, sa directrice me reçoit et pendant deux heures et demie me la fait visiter en me donnant toutes les explications que je peux souhaiter. Passionné par ce que j'ai vu et entendu. Il est curieux que les quatre bâtiments où se sont jouées les étapes importantes de la vie de Hölderlin se trouvent si proches les uns des autres. D'abord, le célèbre Stift protestant – énorme masse écrasante qui donne une idée du pouvoir temporel d'une puissante religion – où il poursuit ses études en vue de devenir pasteur. Puis à une centaine de mètres, la vaste demeure qui tenait lieu d'hôpital, et où il entre treize années après sa sortie du Stift. Et tout à côté, la maison du menuisier Zimmer, où il va demeurer trente-six ans, jusqu'à sa mort. Enfin, cette autre petite maison, jouxtant la précédente, où l'on procédera à l'autopsie, en l'occurrence, à l'ouverture du crâne. Mais je ne peux noter ici tout ce que j'ai appris au cours de cette visite.

Ensuite, dans le jardin, en bordure du Neckar. Sous le petit arbre, ce cercle luisant de feuilles mortes vert pâle se découpant sur le vert foncé de la pelouse. De temps à autre, une feuille se détachait, glissait lentement jusqu'à terre dans l'air tiède et immobile, disant le déclin, la mort, le temps qui court et qu'on ne peut retenir. De surcroît, la lumière d'automne était là, qui se réfléchissait sur le Neckar, et qui, venant du ciel et de l'eau, nous inondait de sa déchirante douceur.

Mais j'oubliais. Dans la chambre de Hölderlin, toute blanche et nue, ces deux chaises anciennes qui se font face, et en retrait, ces quelques fleurs dans un vase posé à même le plancher.

11 novembre

Promenade dans la forêt dont on m'apprend qu'elle s'étend jusqu'à Stuttgart sur plus de quarante kilomètres. Les fûts gris clair des hêtres, sans une branche, qui se dressent comme de hautes colonnes. Et partout, sur le sol, autour de moi, au-dessus de moi, la masse rousse des feuilles qu'incendie la lumière d'automne. N'eût été la température, j'aurais pu croire que je me trouvais à l'intérieur d'un feu géant.

12 novembre

Dans ce visage de femme, tout est beau : les yeux, la bouche, le teint, le nez légèrement busqué, les dents éclatantes, les lourds cheveux noirs... Mais dès qu'elle se met à parler, sa voix niaise et mal posée détruit immédiatement l'effet qu'elle produisait sur vous. Et bien qu'on soit malheureux pour elle, on a du mal à ne pas lui en vouloir. Parce qu'elle a brisé net ce qui remuait en vous. Et parce qu'elle n'est pas, dans la totalité d'elle-même, cette insigne réussite de la nature qu'elle vous avait donné à espérer.

13 novembre

Ce matin il faisait beau – j'ai même vu des arbres avec des bourgeons – et je me promenais en pleine campagne, dans un endroit désert. Sans raison, je songeais à Horacio Quiroga, cet écrivain uruguayen dont la vie a été marquée par de nombreux drames. (Si je me souviens bien, succession de suicides dans son entourage : d'abord son père, puis celui qui, marié à sa mère, est devenu pour lui un autre père, lequel se tire une balle dans la tête sous ses yeux, alors qu'il est un adolescent. Puis sa femme. Puis lui-même tue son meilleur ami, et enfin, lui qui se supprime...) Ses remarquables *Contes d'amour, de folie et de mort* que j'ai lus il y a pourtant plus d'un an, me revenaient en mémoire. Je pensais notamment à la fin de l'un d'eux, où un homme enfonce l'épingle d'un bijou dans le cœur d'une femme qui dort, étendue sur un lit. J'étais donc repris par l'atmosphère singulièrement tragique de ces récits qui ne relatent que des choses affreuses ou terribles, lorsque soudain, j'entends un curieux bruit derrière moi, que je ne parviens pas à identifier. Je me retourne vivement : ce n'est autre qu'un homme en train de courir et qui respire un peu bruyamment. J'ai eu une telle peur que j'ai fait un bond, et je suis resté quelques secondes, le cœur battant, à ne pouvoir avancer.

Lorsque j'écoute de la musique, très vite l'émotion me gagne. Des mots, des phrases se lèvent, m'entraînent, et les sons ne me parviennent plus.

16 novembre

Je me suis rendu ce matin à la chapelle Wurmlinger

qu'ont chantée plusieurs grands poètes. Certains de ces poèmes figurent dans des manuels scolaires et c'est pourquoi elle est célèbre dans toute l'Allemagne. Elle est située à six kilomètres d'ici, et pendant quatre kilomètres, on marche au faîte d'une colline dans les sous-bois. Je me suis même égaré à une ou deux reprises, mais ce n'était pas désagréable. J'étais seul. La lumière très belle, arrivant à l'horizontale, éclairait les troncs sur toute leur hauteur, les oiseaux pépiaient, et le silence n'était troublé que par mes pas froissant les feuilles mortes. Au terme de ces quatre kilomètres, la colline s'abaisse. On quitte alors les sous-bois, on descend une pente, et on est tout surpris de trouver une route, de voir des champs, et bien plus loin, des maisons. La chapelle est alors devant vous, au sommet d'une petite colline.

De là-haut, on a une très belle vue sur une plaine où les champs dessinent une géométrie rigoureuse, sur le Jura souabe, et au loin, à l'ouest, sur la Forêt-Noire. Je n'ai pu visiter la chapelle qui était fermée. Les abords sont très soignés. Le terre-plein, ceinturé par un mur sur lequel on peut s'accouder, est recouvert d'une sorte de sable d'un ocre pâle, presque blanc, et les tombes, très sobres, remarquablement entretenues, sont entourées de dalles de granit noir. Quand on se porte vers la partie qui regarde à l'ouest, on découvre en contrebas un cimetière, où les tombes, plus nombreuses qu'en haut, témoignent là encore qu'elles sont l'objet des plus grands soins.

Je suis resté un long moment au soleil à contempler ces paysages. Mais j'étais tout mélancolique, car je n'avais personne à qui confier mes impressions.

17 novembre

Une maison d'édition me propose d'écrire une biographie de Bram Van Velde. Une telle offre me tente, mais je vais devoir la refuser. Pour la simple raison que le matériau que je pourrrais exploiter serait des plus minces. Bram n'a rien laissé derrière lui. Ce qui reste de sa vie repose en quelques mémoires, et les informations que j'aurais la possibilité de recueillir seraient vagues, parcellaires, difficilement utilisables. Mais alors que Bram vivait, pourquoi n'ai-je pas eu cette idée ?

19 novembre

La plupart des animaux sauvages ont un territoire à eux. C'est à l'intérieur de celui-ci que se déroule leur vie, et ils n'aiment guère à en franchir les limites. Nous autres aussi, êtres humains avons – me semble-t-il – notre territoire, et dès que nous le quittons, nous perdons ce sentiment de sécurité que nous en recevions.

Hier soir, j'ai dîné chez une femme d'origine autrichienne, qui avait invité un couple de ses amis, également autrichiens. Tous trois ont une soixantaine d'années et résident à Tübingen depuis quinze ans. Ils vivent ici dans de bonnes conditions matérielles et psychologiques. (Cet homme dont j'ai fait la connaissance est professeur de biologie à la faculté et il poursuit des recherches dans le domaine de la génétique.) Ils ont eu tout le temps de se détacher de leur pays, mais il n'empêche que lorsqu'ils y retournent, qu'ils franchissent la frontière, intérieurement ils exultent, sont gagnés par une sensation de libération, ont l'impression de mieux pouvoir respirer. J'ai évoqué cette notion de territoire, de ce lieu où nous savons par nos entrailles que sont nos racines, et hors duquel nous nous sentons plus menacés, plus vulnérables. Ils étaient d'accord avec moi et nous avons parlé de cette forme d'angoisse qui est liée à la perte du territoire.

Vivre cette expérience est sans doute une chose importante, et tant qu'on ne l'a pas endurée, peut-être ne sait-on pas encore qui l'on est. Je songe à des êtres que je connais – forts, équilibrés, psychologiquement autonomes – et qui seraient vraisemblablement aux trois quarts démolis s'ils se trouvaient transplantés.

Tant qu'on ne s'est jamais éloigné de son territoire, il est le centre du monde. Mais dès qu'on le quitte, on perd ses appuis, ses références, tout se relativise – à commencer par soi-même, par sa propre existence – et c'est alors l'être dans sa totalité qui se trouve remis en cause.

21 novembre

A Heidelberg, rien vu de la ville mais deux belles rencontres. Celle de Jean-Louis Terrade, un écrivain qui réside près de Montpellier. Un être clair, intelligent qui m'a beaucoup plu, et dont je suis impatient de découvrir les livres. Et celle d'une jeune femme d'une grande sensibilité qui sait ce qu'est l'aventure intérieure, la quête de la vie... Elle enseigne dans un institut en usant d'une méthode dont j'ignorais jusqu'au nom : la suggestopédie. Elle m'en a expliqué le principe et m'a appris qu'elle obtenait des résultats surprenants. Nous avons parlé de la passivité, de la disponibilité, de l'écoute intérieure, et elle était quelque peu surprise, je crois, de voir que j'avais une compréhension immédiate et précise des problèmes dont elle m'entretenait. Mais comment aurait-il pu en être autrement ? Depuis trente ans, l'écriture a été pour moi, entre autres choses, le moyen d'observer assidûment le fonctionnement des rouages les plus subtils de notre psyché, et il est normal que j'aie fini par en acquérir une certaine connaissance. J'ai été heureux de ces deux heures d'échange avec cette jeune femme, car il est rare de rencontrer un être qui soit en chemin, qui brûle d'une authentique et claire passion pour la vie...

La profonde souffrance de tant d'êtres : ils n'ont qu'aversion pour l'existence qu'ils mènent, et pour autant, ne sont pas capables de se créer une autre vie.

24 novembre

Dans le train Wabern-Frankfurt. Je viens de passer le week-end chez M. et Mme C., à B., une ville à quelque trois cents kilomètres au nord de Tübingen. Lui, soixante ans, médecin d'origine roumaine. A sept ans il a perdu sa mère, ce qui a fait de lui un enfant révolté et insupportable. Il ne s'est d'ailleurs jamais remis de ce drame. Adolescent, il a bu pendant trois ans. Son père était un riche industriel et toute la famille a été internée dans un camp par les Russes. Les prisonniers étaient évidemment maltraités et soumis parfois à certaines tortures Par exemple, il arrivait qu'on place un homme entre deux planches serrées par une corde. Les Russes tapaient sur les planches, et sous l'effet des vibrations, il perdait connaissance. L'avantage de ce procédé, c'est qu'il ne laissait aucune trace. Chaque matin, ils restaient debout en ligne pendant trois heures devant un peloton d'exécution. Un seul était promis à la mort, mais jusqu'à ce que l'un d'entre eux s'écroule, ils ne savaient jamais lequel serait fusillé.

Libéré de ce camp, C. a pu faire des études de médecine. Mais devenu médecin, il a été contraint d'aller se battre en Corée. Après un an, il a été gravement blessé, et a passé huit mois de convalescence en Chine.

Il a pu s'enfuir et gagner les Etats-Unis. Là, tout en travaillant, il a dû refaire toutes ses études de médecine. Une fois, à New York, alors qu'il était interne de garde, il a assisté à un effroyable règlement de compte. Il faisait partie de l'équipe de médecins qui opéraient et soignaient des hommes blessés au cours d'une bagarre entre deux gangs rivaux. A un moment, des Noirs avaient surgi et déchargé leurs revolvers sur les Porto-Ricains étendus sur les civières. Les médecins avaient plongé sous les tables d'opération, tandis que le sol se couvrait de sang.

Ensuite, il a travaillé quelques années au Canada. Mais à quarante-deux ans, épuisé par le travail harassant auquel il s'était astreint, il a eu un infarctus, aggravé par deux arrêts cardiaques. Mais la mort semblait ne pas vouloir de lui, puisqu'il a réchappé à deux accidents d'avion. Une fois, alors qu'il pilotait un petit appareil, celui-ci s'est écrasé. Une autre fois, au Venezuela – il aime voyager et s'est rendu dans toutes les parties du monde – l'avion long-courrier s'est écrasé au décollage. Il y eut cent cinquante morts et lui en fut simplement quitte pour la peur.

Je dois dire que je lui dois une belle frayeur. Alors que nous étions dans sa voiture avec son épouse, il est arrivé à un stop, qu'il a marqué. Après quelques secondes, tourné vers moi et sans rien regarder, il a démarré à l'instant où une voiture arrivait sur nous.

Il vit en Allemagne depuis une quinzaine d'années. Mais dans la clinique où il travaille, il a de mauvais rapports avec ses collègues, et il voudrait partir. Dans n'importe quel pays.

Il est passionné de littérature. En outre, il parle et écrit sept langues, et dans sa bibliothèque voisinent les œuvres des grands poètes et écrivains roumains, italiens, espagnols, français, anglais, américains et latino-américains.

M., sa troisième femme, l'entoure avec beaucoup de gentillesse et de compréhension.

Une vie chaotique. Un homme étonnant, tellement douloureux et attachant.

Il m'a parlé de la Roumanie, où les gens souffrent de la faim, du froid, et où il se passe des choses abominables. Il m'a raconté l'histoire de ce couple roumain qui a pu s'enfuir et s'est retrouvé en Suisse. Le premier jour, ils ont vu dans la vitrine d'une boucherie toutes sortes de morceaux de viande. Certains qu'il n'y en aurait plus le lendemain, ils ont aussitôt acquis deux grands congélateurs et ont acheté autant de viande qu'il fallait pour les remplir.

Nous avons visité Fritzlar. Que ces petites villes allemandes sont belles. Cette place tranquille aux nombreuses fontaines, bordée d'anciennes maisons à colombage, remarquablement entretenues.

Le musée de Kassel est un immense palais sombre et

massif qui domine la ville. De hautes et puissantes colonnes. Détruit pendant la guerre, il a été reconstruit tel qu'il était. A l'intérieur, de belles salles, avec des Rembrandt, des Frans Hals – dont un tableau datant de la fin de sa vie, un des plus beaux qu'il ait réalisés, parce qu'enfin il s'était libéré.

En bordure du parc, en haut d'une éminence, une construction bizarre qu'on prend pour un château en ruine et qui n'est autre qu'une prison.

30 novembre

Ce peintre uruguayen, je l'avais rencontré une fois, dans des circonstances un peu particulières. Il était minuit passé, nous étions debout dans le hall d'une salle de cinéma, attendant de voir un film de Raymond Depardon. Ce hall est aussi un bar, et il y avait beaucoup de monde, beaucoup de bruit, beaucoup de fumée, d'incessantes allées et venues, et malgré le brouhaha et les bousculades, nous avions bavardé pendant un bon moment. Il m'avait à la fois surpris et amusé en me disant que mon visage révélait que je m'étais accompli et que je n'aurais nul besoin de me réincarner en une vie ultérieure. Hier, au cours de cette soirée, nous avons pu mieux parler. C'est un homme d'une soixantaine d'années, aux traits réguliers, aux cheveux poivre et sel, et dont rien dans le visage ni l'apparence ne laisse soupçonner qu'il est latino-américain. Il a quitté son pays depuis quarante-cinq ans, non pour des raisons politiques, mais par besoin, pour découvrir d'autres pays, d'autres cultures.

– *Pourquoi toutes ces frontières entre les pays et en nous-mêmes ? Moi, je suis un habitant de la terre entière, et celui que je rencontre, il n'est pas anglais ou russe, mais simplement un homme. Un homme fait à ma ressemblance, et avec qui, nécessairement, j'ai beaucoup en commun.*

Il a surtout vécu à Paris et en Californie, et il vient de se fixer à Tübingen.

Il y a quelques mois, il visitait l'Allemagne en voiture.

Un soir, il s'est retrouvé dans cette ville. Au restaurant, comme il ne savait pas parler allemand, sa voisine de table s'est offerte à le tirer d'embarras. Le lendemain, elle lui faisait visiter la ville, et tout s'est si bien passé entre eux qu'ils ne se sont plus quittés. (J'étais amusé par ce que j'entendais. Car l'histoire qu'il me racontait était identique – toutes proportions gardées – à celle qui me valait d'être invité chez ce couple dont nous étions présentement les hôtes. En effet, si j'étais présent à cette soirée, c'est parce qu'un dimanche, j'avais fait tout comme lui connaissance de ma voisine de table au restaurant.)

Il a toujours vécu de sa peinture ou d'activités annexes.

– *Ma préoccupation première,* conclut-il, *n'a pas été de créer une œuvre ni de me faire connaître, mais d'essayer de comprendre, d'apprendre, de répondre aux plus profondes exigences de la vie. Dans le seul but d'être pleinement un homme.*

Et la douceur de sa voix, la bonté de son regard, la paix qu'on sent en lui, la manière qu'il a de prononcer ces mots, le poids d'humanité dont ils se trouvent chargés, attestent qu'il dit vrai, qu'il désigne là une chose suressentielle, difficile à réaliser, et qui mérite qu'on lui consacre son existence.

20 décembre

Je lis trop. Il est vrai que dès que je cesse de travailler, je ne trouve rien d'autre à faire que d'ouvrir un livre et de m'y absorber.

Depuis que je suis ici, j'ai lu *Conversations,* d'Isaac Bashevis Singer. Le copieux volume de lettres de Hemingway (plus de mille pages. J'y ai pris un plaisir inégal). Les *Journaux* de Stefan Zweig (lesquels m'ont permis de découvrir cet écrivain et donné l'envie de lire ses autres ouvrages). Deux romans de John Fante. Et puis, je me suis enthousiasmé pour une plaquette publiée par les éditions Arfuyen : *Le Séjour à Kinosaki,* de Shiga Naoya, un écrivain japonais mort en 1971. Pourquoi ai-je eu un coup de foudre pour ce petit livre que j'ai relu à plusieurs reprises ? En premier lieu, parce que le visage de l'auteur, en photo sur la couverture, m'avait ému. En second lieu, parce que la notice biographique figurant à la fin du volume a fait naître en moi de l'amitié pour cet homme. En troisième lieu, et c'est la raison première, parce que ce texte m'a plu.

Pourquoi ai-je une telle sensibilité aux visages ? Pourquoi un visage qui m'a frappé me hante-t-il pendant des semaines, voire des mois ?

21 décembre

Outre les lectures mentionnées hier, il en est une dont j'ai oublié de parler, et qui pourtant compte pour moi beaucoup : celle de Hölderlin, auquel je reviens souvent. Je relis surtout ses admirables lettres. Est-il un autre exemple, dans toute la littérature, d'un être aussi humble et à ce point privé de toute défense ? Combien il est seul, et quelle douceur il garde dans sa détresse. Je le lis parfois jusque tard dans la nuit, cherchant à imaginer ce qu'il a vécu dans cette Tübingen qui s'étend autour de moi, silencieuse et dormant sous la neige. Pendant des années, le sentiment de ne rien valoir m'a fait vivre dans la honte et la haine de soi, et c'est parce que je me reconnais en lui que les larmes, souvent, me viennent aux yeux, m'obligeant à interrompre ma lecture.

24 décembre

M.L. et Pola sont arrivées. Ce soir, nous irons assister à la messe de minuit. Pour écouter les chants et nous joindre à la ferveur ambiante.

Ici, Noël se prépare longtemps à l'avance. Pendant trois ou quatre semaines, les ménagères confectionnent toutes sortes de gâteaux destinés à être consommés ce jour-là. A différents signes, on sent que cette fête revêt dans cette ville – ailleurs, je ne sais pas – une importance dont, me semble-t-il, on aurait peine à trouver en France l'équivalent.

26 décembre

Hier, nous avons passé tous trois la journée de Noël chez Kay Borowsky et sa femme.

Le premier samedi d'octobre (j'étais arrivé le jeudi précédent), il faisait beau, et des commerçants avaient installé des éventaires sur la place et dans les rues du centre. Un libraire parlant français était là et nous avons sympathisé. Puis je lui ai rendu visite de temps à autre, et il ne pouvait se douter du plaisir que j'avais à le voir. Quand je reste des jours sans parler, j'ai ensuite un grand bonheur à le rencontrer et à m'entretenir avec lui.

La librairie Heckenhauer dans laquelle il travaille est passablement vieillotte. On y pénètre par un couloir sombre encombré de vieux livres et on y accède par quelques marches d'escalier. C'est dans cette librairie que le jeune Hermann Hesse avait été employé pendant quelque deux ans. Mais avant, la librairie avait une vitrine donnant sur la rue, alors que maintenant, elle est à l'intérieur de l'immeuble. On y vend des livres neufs et des livres d'occasion. Et comme Kay sait ce qu'est la bonne littérature, on y trouve parfois des trésors. C'est pourquoi les amoureux des livres, à la recherche de quelque ouvrage depuis longtemps introuvable, viennent y fouiner.

Kay a publié quelques livres (je ne peux malheureusement pas les lire) et il a une passion pour les poètes et la poésie. Il a traduit et continue de traduire des poètes russes en allemand. Il a une connaissance intime de l'écriture, de l'acte poétique, et ses remarques et réflexions sont toujours d'une grande finesse et d'une grande pertinence. Il connaît aussi fort bien le français pour avoir été étudiant à Rennes et il a commencé à me traduire des textes.

Au cours de l'après-midi, un éditeur, M. Katzmann, accompagné de son épouse, est venu nous rejoindre, et nous avons achevé cette journée de Noël en continuant à parler de littérature et d'écrivains.

Hier soir, la messe de minuit étant achevée, les gens sont restés au pied de la cathédrale, et là-haut, au sommet de la tour, des trompettistes se sont mis à jouer. La musique, le ciel étoilé, les lumières de la ville, cette foule, il y avait longtemps qu'une nuit de Noël ne m'avait fait éprouver une si douce émotion.

27 décembre

J'ai eu la surprise d'apprendre à plusieurs reprises que les habitants de Tübingen, dans leur majorité, portent à la France et aux Français une réelle amitié.

En 1945, une unité de l'armée allemande, résolue à ne plus reculer, avait décidé de s'agripper à cette ville et de la défendre avec acharnement. De violents combats en seraient résultés, qui auraient entraîné sa destruction. Pour prévenir ce désastre, des notables de la cité avaient demandé audience au général commandant le régiment français qui allait passer à l'attaque. Ils avaient été reçus et ce général avait consenti à épargner la ville. Plutôt que de la bombarder, il procéderait par encerclement. Et c'est ainsi que la belle et ancienne Tübingen est restée debout. De là cette reconnaissance que nous en gardent ses habitants.

1987

2 janvier

Quelques belles heures, hier, avec Valérie et Angelika. Cette facilité à échanger dès qu'on se découvre une même passion pour la poésie, les livres, l'art.

4 janvier

M.L. et Pola sont parties. Me voici à nouveau seul, avec devant moi la perspective de longues journées (ou bien de nuits ferventes) à emplir de travail et de lectures.

5 janvier

Ces quelques notes sur Giacometti. Elles m'ont servi pour l'intervention que j'ai faite le mois dernier au musée de Saint-Etienne.

Je me suis attardé à contempler et interroger un *Portrait de femme,* une petite toile qui se trouve au Musée de Zurich. J'ai choisi de parler de cette toile car elle est significative de sa manière. Il l'a peinte en 1957, neuf ans avant de disparaître.

Giacometti est allé vers plus de concentration. Dans les sculptures et les peintures qu'il a réalisées après la guerre, il représente la tête et le corps humain. Puis la tête et le buste. Puis seulement la tête, et pour finir, presque uniquement le regard.

A l'intérieur de la toile, un cadre est peint en couleur sombre. Un tel cadre, on le retrouve pratiquement dans chacune de ses toiles. Parfois, Giacometti va même jusqu'à en inscrire deux ou trois autres à l'intérieur du premier. Leur fonction : accuser la profondeur, créer un sentiment d'éloignement et de solitude.

A l'intérieur de ce cadre, un fond peint d'une main négligente. Les traces des différents passages du pinceau. Une couleur indéfinissable, mais claire, qui empiète sur le cadre. Dans cette toile, aucune couleur franche. Toutes résultent de différents mélanges.

Sur ce fond clair a été apposé un autre fond, plus sombre, d'un gris sale. Comme le premier, ce fond a été peint sans soin, pour accroître le contraste avec le visage. Dans la partie supérieure, ce fond dessine comme le haut d'un triangle. C'est à l'intérieur de cette surface plus sombre que le visage vient s'inscrire. Celui-ci est la seule partie du tableau à avoir été traitée avec attention, minutie. Il est peint avec un gris-noir où s'enchevêtrent des stries blanches et noires. Ce qui frappe : sa dissymétrie. A droite, une large traînée emprunte le tracé du cerne et descend en travers de la joue. La dimension du nez a été réduite, pour mieux mettre en évidence la bouche aux lèvres tombantes.

L'œil droit est beaucoup plus grand que le gauche.

Le cou est indiqué par des coups de brosse en arc de cercle, vivement appliqués.

Le buste est à peine suggéré. L'épaule gauche est ébauchée et pas du tout l'épaule droite. Ce buste se différencie à peine du fond dans lequel on a le sentiment qu'il pourrait à tout instant s'enfoncer et disparaître.

Ce qui frappe : l'opposition tête-poitrine. La poitrine : à l'image d'un métal attaqué par un acide. Une matière corrodée par le temps, déjà en voie de décomposition, dont les contours ne sont plus visibles. Ainsi nous est-il rappelé que le temps attaque insidieusement le corps, la chair, qu'il finira par les détruire. D'où ce buste à peine indiqué, qui a pour but de fragiliser la tête, laquelle ne tient que par son seul vouloir-vivre.

Au-dessus du buste, du cou, la tête est d'une même texture qu'eux. Mais par opposition au buste, elle est une masse dense, dure, à la structure serrée. Elle est née de la condensation de cette surface gris sale, boueuse, qui l'entoure, et on sent qu'elle participe de cette grisaille, de cet indéfini. Dans le même temps, elle s'impose avec vigueur, détermination. Un visage d'une gravité extrême. Les yeux grands ouverts, dilatés, disent la stupeur, un secret effroi. Effarés, et en même temps, ils questionnent. Ils nous questionnent. Ils ne sont pas représentés avec précision, et pourtant, on sent qu'une force émane de leur pupille. Le visage est déformé, violenté par des tensions internes, et les questions qu'il nous pose pourraient bien être : Pourquoi la vie ? Pourquoi le temps ? A quoi sert-il de vivre ? Pourquoi cette lente dégradation ? Pourquoi la mort ? Mais ce visage nous dit encore : quels que soient la fatigue, l'angoisse, la peur, parfois le désespoir, j'entends ne pas me laisser vaincre. J'entends vivre debout. Debout face au mystère, ne cessant de l'interroger.

Ainsi, dans cette toile, Giacometti exprime d'une part la ténèbre qui entoure et emplit l'homme, sa précarité, sa fragilité, sa solitude, le temps qui ne cesse de le ronger, et d'autre part, une force, une volonté de vie, l'aspiration à une farouche dignité, laquelle prévaut sur tout ce qui nous entrave, nous pèse, parfois nous écrase.

Dans cette toile, nos contradictions sont en lutte. Parce que lui-même vivait cet affrontement, ce déchirement.

7 janvier

Annerose a été frappée par ma capacité de concentration. S'il est vrai que je possède une telle capacité, je dois préciser qu'elle ne m'a pas été donnée. Je l'ai acquise au long des années à force de discipline, en m'aiguillonnant, en bridant mes émotions, en luttant contre cette brume en moi que j'ai eu tellement de mal à éliminer.

8 janvier

Chaque jour, en début d'après-midi, avant de rentrer pour travailler, je vais marcher un moment sur l'île comprise entre deux bras du Neckar et que parcourt une large allée bordée de platanes. Au pied de l'un d'eux se tiennent souvent trois clochards. Ici, ils sont proprement et chaudement habillés (quant à ce dernier point, c'est une absolue nécessité), et ils possèdent un petit camping-gaz pour se faire chauffer boisson et repas. Relativité des choses. Aux yeux de certains clochards que j'ai pu voir à Lyon ou à Paris, ils pourraient presque passer pour des nantis !

10 janvier

Une des surprises que me ménage l'existence : à Aix, j'étais nul en allemand et voici que maintenant, aidé de Annerose, je m'applique à réapprendre le peu que je savais et que j'ai oublié.

Si j'ai été dans cette matière un élève médiocre, c'est pour deux raisons. Lorsqu'en arrivant aux enfants de troupe j'ai su qu'on allait m'enseigner l'allemand, j'ai décrété que je refuserais d'apprendre la langue de ceux qui avaient été nos ennemis pendant cinq ans. De surcroît, notre professeur – le seul que j'aie eu de classe en classe pendant sept ans – n'avait aucune psychologie. Il était extrêmement sérieux, acharné au travail, mais il ne se souciait pas de savoir qui étaient ses élèves, ni comment ils réagissaient. Quand il pointait son doigt sur moi et qu'il m'écrasait de son regard en m'enjoignant de réciter mes déclinaisons, j'étais tellement terrifié que je bafouillais n'importe quoi. Très vite les zéros se sont ajoutés aux zéros. De la sorte, l'opposition que je lui manifestais n'a pu que renforcer ma décision de me désintéresser de cette matière.

Pendant sept ans ces cours d'allemand ont été pour moi un vrai cauchemar et les mauvaises notes que je n'ai cessé de collectionner ont failli me faire rater mes études. (Ce qui ne m'a pas empêché de décrocher un seize ou un dix-sept à l'oral du premier bac. Notre professeur nous avait fait tant travailler qu'à la fin nous connaissions notre manuel pratiquement par cœur.)

12 janvier

J'ai entrepris une nouvelle dans laquelle je me propose de relater quelques épisodes de ma vie d'enfant de troupe. Je ne sais rien de ce qu'elle sera. Je me contente pour l'instant de rassembler des souvenirs.

16 janvier

Quand j'ai à formuler ce que je pense, ma structure psychique m'impose de le concentrer en quelques mots. D'où, pendant de longues années, ma propension à n'écrire que sous forme de fragment, lequel reproduit d'ailleurs le discontinu du murmure intérieur. Mais maintenant, alors que je commence ce récit (sous l'afflux des souvenirs, mon projet a gagné en ampleur, et l'idée d'une nouvelle a cédé la place à celle d'un récit), il me faut lutter contre mon penchant à la concision. Ainsi ma pensée doit intervenir sur elle-même pour se desserrer, devenir plus souple, se rendre apte à se déployer, en bref, pour modifier son mode naturel de fonctionnement. Je joue là une partie difficile, mais combien passionnante.

18 janvier

Pourquoi en nous cette intermittence de la vie intérieure, de la pensée ? Et quelle est cette entité qui me permet de demeurer présent à moi-même alors que je suis manifestement vide ?

21 janvier

Lorsqu'une page vient d'être écrite, je m'emploie à la parachever. Et je ne la lâche que lorsque j'ai le sentiment de ne plus pouvoir l'améliorer. Ce travail sur le texte, la langue, le rythme, la musique des mots, n'est d'ailleurs qu'une manière de pétrir le magma et de faire durer la jouissance.

22 janvier

Au début, le rapport à soi est timide, craintif, chargé d'angoisse. Mais plus on avance, et plus il devient libre, ample, audacieux.

Dérèglement de tous les sens, prônait Rimbaud. Un de ces instants de défi et de révolte qu'on connaît à l'adolescence. Révolte contre soi, contre la condition humaine, contre la vie. Mais il est assurément plus facile de se dérégler – par la fatigue, l'alcool, les drogues – que de travailler à s'unifier et s'intégrer.

24 janvier

Bien des humains sont en proie à une souffrance sourde, mais souvent, ils ignorent de quoi ils souffrent. Je crois que si l'on parvient à pénétrer sa souffrance, à en découvrir les causes – et même si on ne peut intervenir sur celles-ci – elle devient moins lourde à porter.

Une idée, une intention, la préfiguration de ce que ça va être, empêche d'advenir ce qui pourrait se manifester.

25 janvier

On s'étonne parfois que les mystiques aient mis un tel acharnement à se retirer, à se couper de tout ce qui emplit une vie humaine. Mais s'ils s'entourent d'un tel désert, c'est uniquement pour pouvoir mieux s'offrir à la flamme – et jouir. Celui a qui il est donné de vivre l'union avec soi-même comme une expérience d'une importance insigne, il connaît une jouissance d'une intensité comparable à nulle autre.

26 janvier

Ici, lorsqu'il a une lettre recommandée à votre nom, le facteur sonne chez vous à six heures trente du matin. Or cette dernière nuit, avant de me mettre au lit, alors qu'il était trois heures, je me suis avisé que je devais recevoir une telle lettre et que je risquais fort d'être réveillé à un moment où je serais plongé en un profond sommeil. Je suis donc descendu mettre sur ma boîte aux lettres un mot demandant à ce qu'on ne me réveille pas. Cette boîte est à l'extérieur, au bas des escaliers, au niveau de la rue. Des journaux étaient glissés dans la fente, et lorsque je les ai retirés, la petite clé plate que j'avais à la main et qui me sert à ouvrir la porte de l'appartement, m'a échappé. J'ai pensé à ne pas déplacer mes pieds, et je l'ai aussitôt cherchée dans la neige. Mais impossible de la retrouver. Je l'avais entendu frapper le mur. J'ai essayé d'imaginer l'endroit où elle avait pu tomber, mais malgré une minutieuse inspection, j'ai dû me rendre à l'évidence : elle avait bel et bien disparu. Ces jours, il fait très froid – j'ai entendu dire que la température serait descendue jusqu'à moins vingt-cinq –, j'étais peu habillé, et comme j'ai l'habitude de tirer à moi la porte chaque fois que je sors, selon toute probabilité, j'étais fermé dehors. Je ne prétendrais pas qu'en remontant les escaliers j'avais le cœur en fête. Car je ne voyais guère où pouvoir trouver refuge. Pas un passant, le profond silence de la nuit d'hiver, et j'étais déjà transi. Je suis arrivé devant la porte. D'une main craintive, je l'ai poussée. Mon soulagement à pénétrer dans la lumière et la chaleur.

27 janvier

Le pasteur, aumônier du régiment français basé à Tübingen, organise une fois tous les quinze jours une réunion où viennent ceux qui le désirent et au cours de laquelle il soumet tel ou tel problème à la réflexion de l'auditoire. J'assiste à ces réunions. Passionné de philosophie, cet homme a une grande liberté de pensée. Une liberté telle que je me demande chaque fois comment elle peut se concilier avec sa croyance. Jusqu'ici je n'avais jamais eu l'occasion d'approcher un protestant. Cet homme est donc le premier que je rencontre et ce qu'il pense en tant que pasteur me laisse étonné et admiratif.

28 janvier

Il suffit de bien peu pour que notre vie intérieure soit réduite au silence. Mais lorsqu'elle se fait entendre, pourquoi parle-t-elle d'une voix étouffée ? Et pourquoi poser des questions dont je sais qu'elles n'ont pas de réponse ?

30 janvier

La plupart des êtres savent qu'ils valent mieux que ce qu'ils paraissent, que ce que leur difficulté à s'exprimer ne donne à penser. D'où le plus souvent, l'amère conviction qu'autrui les voit inévitablement inférieurs à ce qu'ils sont.

Cela peut se traduire par un sentiment d'humiliation, lequel rejaillit en rancune, en agressivité sur celui à qui il est inconsciemment reproché de juger sur les apparences, de ne pas savoir pressentir qui se tient derrière ces mots indigents qui furent prononcés.

Cette souffrance, je l'ai éprouvée pendant de longues années. Surtout quand j'étais jeune. Si je restais le plus souvent silencieux, ce n'était pas parce que je n'avais rien à dire, mais parce que j'étais comme étouffé par ce qui bouillonnait en moi et qui n'arrivait pas à s'évacuer dans des mots. Combien me furent pénibles à vivre ces instants où j'aurais voulu me livrer et où la certitude que je ne saurais rien dire de ce que j'avais à dire me scellait les lèvres.

Si je suis devenu un écrivain, peut-être était-ce dans le but de ne plus être condamné à pareille souffrance.

C'est parce que je suis sensibilisé à cette fatalité qui pèse sur la nature humaine, que lorsque je me trouve en présence de quelqu'un ne sachant pas s'exprimer, j'écoute moins ce qui m'est dit que je ne m'efforce à percevoir ce qui n'a pu se dire.

11 février

Concert Henryk Szeryng, violon, et Michel Dalberto, piano. Une soirée qui a passé trop vite. L'aisance et l'autorité, parfois la fougue, avec lesquelles joue Henryk Szeryng. Impressionnant.

Hier dimanche, le doyen de la faculté et son épouse m'ont emmené en voiture dans le Jura souabe. Un peu de pluie et de neige. Avons marché deux heures dans la montagne. Un échange auquel j'ai pris le plus vif plaisir avec Mme L. qui est française et a publié quelques livres, dont un roman qui a eu du succès.

18 février

Chaque jour je dois repousser le monde extérieur – la ville, la neige, le froid – pour regagner la Provence et ces années déjà lointaines où je retrouve l'adolescent que je fus. Expérience étrange, coûteuse. Tout ce qu'il a vécu, il me faut l'éprouver à nouveau. Mais je sais bien que celui que je recrée doit être fort différent du garçon qui s'est trouvé vivre l'histoire que je relate. Mes souvenirs sont très précis, je n'ai oublié ni les noms, ni les visages, ni les lieux, mais il va de soi que la mémoire a travaillé et qu'il ne peut pas ne pas exister un écart entre ce qu'elle a enregistré il y a quelque quarante ans et ce que j'y puise.

19 février

Ces temps, je reste à ma table de travail sans écrire, sans lire, jusque tard dans la nuit. Dans ce grand silence, la pensée vague, je rôde en moi, et je suis dans un tel état de bien-être, de plénitude, que les heures passent sans que je m'en rende compte. Et si je m'oblige à aller au lit, c'est uniquement pour pouvoir me lever assez tôt afin d'accueillir Annerose.

26 février

Aujourd'hui s'est déroulé le Fasching à Rottenburg, une ville proche de Tübingen. Le Fasching, c'est le carnaval. Il n'a lieu que dans certaines villes à tradition catholique, les villes protestantes se refusant à ces divertissements, aux débordements, voire aux débauches que parfois ils entraînent.

Ville à majorité protestante, Tübingen n'a pas de Fasching. Mais bien des gens d'ici ne manquent pas d'aller voir celui de Rottenburg où ils se rendent d'ailleurs par train spécial.

A l'invitation de Mme Schwertek et poussé par la curiosité, j'ai donc pris ce train.

A une station, surprise de voir le chef de gare portant la tenue d'un soldat de l'ancien temps.

Rues pavoisées, guirlandes, bannières, oriflammes. Une foule nombreuse et bon enfant dans les rues qu'emprunte le défilé. Des orchestres. Des fanfares. Des groupes d'hommes et de femmes masqués et déguisés. Par leurs costumes et les brèves saynètes qu'ils jouent, ces groupes illustrent souvent de vieilles légendes ou tel épisode de l'histoire de la cité. De même les véhicules, voitures ou tracteurs, dûment transformés et apprêtés pour la circonstance.

Tout l'après-midi, une débauche d'invention, de costumes de toutes sortes aux couleurs vives. Bien des spectateurs sont eux-mêmes grimés et travestis. Des dames âgées, lourdement fardées et bizarrement affublées, participent à la fête.

27 février

Hier, au Centre culturel américain, ces deux bluesmen m'ont donné de vives émotions tout au long de la soirée.

Deux Noirs plutôt laids, pauvrement vêtus, l'air éberlué, semblant tout droit débarqués du fin fond du Mississippi, mais qui chantaient et jouaient merveilleusement. Je les aurais écoutés toute la nuit. Combien j'ai regretté de ne pouvoir échanger quelques mots avec eux à la fin du spectacle.

En les écoutant, je pensais à la fin de *La Ballade du café triste,* si souvent relue. Dans cette page, Carson McCullers parle d'un groupe enchaîné de douze bagnards condamnés à mort, travaillant du matin au soir sur une route de Géorgie sous un soleil implacable. Une voix sourde amorce une sorte de mélopée, une autre lui répond, et bientôt, c'est tout le groupe qui se met à chanter. Avec quelle intense poésie, Carson McCullers sait évoquer ces hommes, la chaleur étouffante, le bruit des pioches, ce chant grave, ample – qui, dit-elle, semble venir de la terre ou de l'immensité du ciel – puis la voix solitaire qui en module les dernières notes et qui n'est plus qu'un *long soupir enroué.*

Je pensais aussi à ces deux photographies prises au Texas, que j'ai souvent regardées et qui sont glissées dans l'un de mes exemplaires de *La Ballade.*

– Une immense plaine couverte d'un champ de coton parsemé d'une infinité de petites touffes blanches. Au premier plan, quatre bagnards, des Noirs habillés de blanc, courbés, qui tirent un long sac traînant sur le sol et dans lequel ils enfournent les petites boules de coton qu'ils cueillent tout en avançant. Au-delà, on peut compter une cinquantaine d'identiques silhouettes, de plus en plus petites. Dans la partie supérieure, un mince rideau d'arbres et une étroite bande de ciel. Un ciel blanc, qui laisse deviner un soleil accablant, une lumière grise voilée par la brume de chaleur.

– La terre trace une médiane horizontale. S'élevant sur cette ligne, un arbre aux branches dépouillées s'inscrit sur le ciel où stagnent quelques lambeaux de nuages. Sur le fond sombre de la terre se détachent au premier plan une douzaine de bagnards. A nouveau des Noirs vêtus de blanc, portant des chapeaux également blancs. Des gars costauds, en pleine jeunesse. Rangés sur une file, les épaules qui se toucheraient s'ils n'étaient pas légèrement de biais, il nous font face, et visages penchés vers la terre, ils piochent. On les sent appliqués, et à l'ardeur qu'ils manifestent, on devine qu'ils doivent être étroitement surveillés.

C'est tout cela que faisaient resurgir ces voix et ces blues qui m'ont remué à un point que je ne saurais dire.

28 février

Chaque nuit, je me délecte à lire quelques pages des *Conversations avec Goethe*, d'Eckermann. L'œuvre de Goethe m'est inconnue et je me promets de découvrir un ou deux de ses ouvrages. Quel homme fascinant ! La question qui lui est posée ne le prend jamais au dépourvu. Chaque fois, on a l'impression que la réponse était en lui, toute prête, et qu'elle n'attendait que cette occasion pour être formulée. Sa vie durant, il n'a cessé d'observer, de réfléchir, et il a acquis ainsi une vaste connaissance des êtres humains, de la vie, de la peinture, du théâtre, des problèmes de l'art et de la création. J'ose dire que je me sens en plein accord avec sa vision des choses.

3 mars

Demain, départ pour Stuttgart. Ce n'est pas de gaieté de cœur que je vais quitter Tübingen où je me suis fait des amis – Kay Borowsky, Valérie, Angelika, M. Bonnery, le directeur de l'Institut et son épouse, M. et Mme Katzmann, M. et Mme Schwertek, Annerose, Mme Perfhal, Mme Leiner, Mme Aldinger, M. et Mme Schneider...

Que va m'apporter ce séjour à Stuttgart ? Plusieurs personnes m'ont dit que la ville allait me décevoir. Mais je devine que de telles paroles sont inspirées par du chauvinisme.

Et encore ceci : comment ai-je fait, en cinq mois, pour amasser tant de livres ?

15 mars

Une maison silencieuse, où le plus souvent je suis seul. Des escaliers étroits et raides. En haut, deux petites pièces où je me plais. Certes, je souffre parfois de ma solitude. Mais c'est la juste sanction qui me punit de ne pas savoir parler allemand alors que cette langue m'a été enseignée pendant sept ans. Pour combattre le vague à l'âme et échapper à l'ennui, je continue d'écrire le récit commencé à Tübingen.

A mon arrivée ici, j'ai craint que ce changement de lieu, de rythme et d'atmosphère ne me perturbe. Mais fort heureusement, il n'en a rien été. Je me suis d'emblée soumis à une stricte discipline. Lever à huit heures. En fin de matinée, je vais me promener. Je déjeune dans un restaurant et à treize heures trente, je suis à ma table. J'écris jusqu'à ce que la fatigue m'oblige à m'interrompre. Je sors à nouveau, vais déambuler par les rues. Je rentre, me régale d'une part de gâteau au fromage, et je travaille ou lis jusqu'à minuit.

En fait, j'aime beaucoup Stuttgart. Une large avenue piétonne, la Königsstrasse, traverse la ville, et un très beau parc, long de deux ou trois kilomètres, s'étend du centre de la ville jusqu'au bord du Neckar. Je vais souvent m'y promener.

18 mars

Mon récit avance. Le titre que je lui ai donné : *La Femme du chef*, est provisoire. Je me suis aperçu que, pas plus que ses camarades, mon garçon n'a ni nom ni prénom. Cela me pose d'ailleurs de gros problèmes quant à la rédaction. Un nom est ce qui permet d'identifier un personnage. Or ici, je suis privé de cette facilité. Mon garçon dit *je*. Mais lorsqu'au cours d'un épisode interviennent l'un après l'autre deux ou trois enfants de troupe, j'ai de la difficulté à faire en sorte qu'on sache sans équivoque lequel d'entre eux se cache sous chacun de ces *il* qui se succèdent.

20 mars

Hier, en fin de journée, j'ai pris le train pour me rendre à Ludwigsburg, une petite ville proche. Une réception en l'honneur d'un homme politique français était donnée dans le château de cette ville, un château d'ailleurs ancien et célèbre, et je m'y suis rendu dans l'espoir d'y rencontrer éventuellement quelques compatriotes.

Dans le train, alors que j'étais en proie à un coup de cafard comme je n'en ai pas connu depuis longtemps, j'ai avisé un jeune Noir, debout non loin de moi, qui tenait à la main une paire de gants de boxe. A sa tenue, j'ai deviné qu'il devait faire partie d'une unité de l'armée américaine, maintenue ici à titre de troupe d'occupation. J'ai fait appel aux quelques pauvres mots d'anglais que je possède, et j'ai essayé d'engager la conversation. Il était extrêmement timide et tout confus que je lui adresse la parole. Il m'a appris qu'il est sélectionné pour les prochains jeux Olympiques et que chaque soir il va s'entraîner. Il ne saura jamais quel bien m'ont fait sa gentillesse et la poignée de main qu'il m'a donnée.

A Ludwigsburg, je me suis égaré, et faute de trouver l'entrée du château, j'ai dû traverser le parc en marchant au hasard, la neige ayant tout recouvert. Je n'étais nullement euphorique. Au milieu de tout ce monde, trop maussade pour parler avec quiconque, je me suis ennuyé. Par chance, alors que je ne savais comment retourner à la gare, une femme s'est offerte à me reconduire en voiture à Stuttgart, et l'échange que nous avons eu pendant le trajet, a racheté la soirée.

15 avril

Visite appréciée de Martin Raether. Bien qu'il ait reçu une formation littéraire, il est actuellement directeur de l'Académie des Sciences, à Heidelberg. Je l'ai rencontré il y a quelques années à Montpellier et j'ai eu plaisir à le retrouver. Il m'avait déjà fait la joie de venir à Tübingen lorsque j'avais été présenté à la Hölderlinturm. Il aura été, en Allemagne, la première personne à s'intéresser à mon travail.

22 avril

Hier, j'ai rendu visite à Ernst Jünger, qui réside à Wilflingen, un petit village de la Haute-Souabe. Auparavant, j'avais déjeuné à Sigmaringen, au pied de cet imposant château où, en 1945, avaient échoué de nombreux collaborateurs, dont Céline et les membres du gouvernement de Vichy. Plaisir de revoir le Danube qui n'est là qu'une modeste rivière à l'eau claire, courante et peu profonde. Dans cette région, une fois sur le plateau, la campagne est très belle, quoique sans grande diversité. D'amples ondulations que se partagent des bois et des champs de grande étendue. Pas un seul arbre ni une seule haie en bordure des champs. Alternance du vert des blés et du brun des terres fraîchement labourées.

Ernst Jünger habite cette maison où logeaient, en face du château, les grands Forestiers de la famille Stauffenberg, célèbre pour avoir participé à l'attentat contre Hitler.

Il a quatre-vingt-douze ans. Il est beau. Casque de cheveux blancs, le visage seulement un peu plus lourd que celui qu'il avait à quatre-vingts ans, et qui n'était en rien le visage d'un vieillard. Il n'a pas besoin de lunettes, n'a aucun problème d'audition, et sa mémoire est infaillible. Chaque matin, au sortir du lit, il prend un bain à la température de l'eau s'échappant du robinet. En hiver, elle se situe à peine au-dessus de zéro degré. Il continue d'écrire, de faire de longues promenades, de voyager. Après un séjour à Paris, il va se rendre en Grèce, et cet automne, au Sri Lanka.

Il a été cordial, et ce qui m'a surpris, s'est montré enjoué, il a répondu de bonne grâce à mes questions, mais j'ai très vite senti qu'il ne souhaitait pas que s'engage une vraie conversation. Après coup, j'ai compris pourquoi. Tant de gens viennent le voir – lecteurs, journalistes, écrivains, traducteurs... voire chefs d'État... – qui lui posent inévitablement toujours les mêmes questions, auxquelles il ne peut donner que les mêmes réponses, qu'à la fin, il ne doit plus pouvoir supporter de s'entendre répéter toujours les mêmes choses. (Du moins est-ce l'explication à laquelle j'ai songé. Il peut y en avoir d'autres.) Aussi se contente-t-il d'émettre des réponses brèves, qui font qu'à chaque fois, la conversation tourne court.

Nous avons pris le café avec Mme Jünger dans un salon qui est aussi sa bibliothèque. Une pièce pas très grande, ordonnée, intime, évidemment tapissée de livres, et où, photographies, souvenirs, objets divers, témoignent d'une vie riche en événements, en rencontres et en amitiés.

Puis nous avons passé un moment dans son cabinet de travail. Il m'a montré l'épais cahier sur les pages duquel il écrit son *Journal* et où figurait une phrase que mon arrivée avait interrompue.

Je l'ai quitté là, après être resté une heure et quart avec lui. Ensuite, Mme Jünger m'a montré l'étonnante collection d'insectes qu'il a constituée depuis des dizaines d'années, en allant les chasser en de nombreuses parties du monde. Puis elle m'a fait visiter d'autres pièces. Partout, des livres (il a dû louer un étage dans la maison voisine pour y entreposer ceux que la sienne ne peut plus contenir). Deux secrétaires étaient au travail : l'une tape ses textes, l'autre, aidée habituellement de Mme Jünger, s'occupe de son abondante correspondance.

Je suis allé le voir un peu comme on va voir un monument. En fait, j'aurais dû m'abstenir de cette visite. Je possède plusieurs livres de lui. J'ai entrepris de les lire à plusieurs reprises mais je n'ai jamais réussi à aller au-delà des cent premières pages. Ce que je lisais ne trouvait en moi aucun écho, et en refermant le volume, je tirais chaque fois la conclusion que cet homme était dépourvu de toute sensibilité. Dans son pays où il est fort contesté, ses compatriotes s'étonnent à juste titre de la faveur dont il jouit auprès des lecteurs français.

Il y a plusieurs années, j'étais parvenu à lire *Orages d'acier,* le livre dans lequel il relate les hauts faits d'armes qu'avec une audace insensée il avait accomplis au cours de la guerre de 14. Mais je me souviens encore de la perplexité qui avait été la mienne lorsque je m'étais rendu compte que pas une seule fois au cours de ces quelque trois cents pages, il n'avait dénoncé l'absurdité d'une boucherie qui avait causé tant de malheur, de destructions et de morts.

25 avril

Déjeuner chez Martin Raether, à Heidelberg. Visite de la ville et de l'immense château aux pierres ocres qui la domine.

26 avril

Visite de Maulbronn, ce séminaire où Hölderlin était resté de seize à dix-huit ans, et qu'il avait quitté pour devenir pendant cinq ans élève au célèbre Stift de Tübingen. C'est là que durant les deux dernières années, il s'était lié avec deux autres élèves : Hegel et Schelling.

Environ un siècle plus tard, ce même séminaire de Maulbronn avait accueilli Hermann Hesse. Celui-ci n'avait d'ailleurs pu supporter le régime particulièrement rude auquel il était soumis, et après quelques mois, il avait fugué.

Inoccupé depuis longtemps, cet ancien séminaire est à demi en ruine.

Il faisait un temps froid, gris, maussade, qui permettait d'imaginer les sinistres journées d'hiver qu'ont dû vivre dans ces bâtiments les élèves supportant mal l'internat.

28 avril

Pendant ce mois, j'ai passé des heures et des heures à lire l'importante correspondance qu'ont échangée, de 1910 à 1954, Boris Pasternak et Olga Freidenberg, sa cousine. Ouvrage passionnant, d'une inépuisable richesse, et auquel j'avais toutes les peines du monde à m'arracher lorsque je devais me mettre au travail.

Deux êtres forts différents, mais tous deux talentueux, et qui, en se confiant l'un à l'autre, nous racontent ce que fut la vie en U.R.S.S. pendant ces cruciales décennies.

30 avril

Lu ces jours avec un constant intérêt la *Critique de la raison poétique,* de Claude Esteban, ouvrage qu'il a eu la gentillesse de m'envoyer et dans lequel il parle longuement de bien des poètes que j'aime : Hölderlin, Machado, Jorge Guillen, Octavio Paz...

15 mai

Je relis *Un monde à part* de Gustaw Herling, que j'avais déjà lu en novembre dernier, à Tübingen.

Arrêté en 1939, l'auteur a été envoyé au Goulag pendant deux ans. Un témoignage terrible qui est aussi une œuvre littéraire de premier plan. Un tel livre devrait être étudié dans tous les lycées et toutes les universités.

Parmi beaucoup d'autres, une des choses effroyables qu'il relate : les prisonniers de droit commun jouaient aux cartes. L'enjeu d'une partie ? La vie d'un prisonnier politique.

Cette lecture achevée, je ne sais plus ce que je dois penser de l'homme. Car cet enfer où les pires abominations étaient quotidiennes, c'est lui qui l'a créé. Et après un pareil document, quoi écrire qui ne soit pas totalement dérisoire ? Ce soir, je me demande sérieusement si je dois ou non poursuivre mon récit.

19 mai

Au restaurant, avec Mme S., cette femme qui m'a ramené un soir de Ludwigsburg et que j'ai eu le plaisir de revoir à quelques reprises. Nous avons abordé le problème du suicide et elle m'a parlé de deux drames qui l'ont bouleversée.

Elle était amie avec un couple habitant d'ailleurs en France une petite ville proche de mon village. Lui travaillait dans une banque où tout le monde l'appréciait. Un soir, après avoir dîné avec sa femme et leurs deux jeunes enfants, Il s'est rendu à son garage. Ne le voyant pas revenir, sa femme est allée le chercher. Il s'était pendu. Rien n'avait laissé pressentir qu'il avait l'intention de se supprimer.

Le maire de sa ville, qu'elle connaissait bien, avait de grandes qualités. Mais la brillante réussite à laquelle il était parvenu avait suscité des jalousies. Blessé par les calomnies dont il était l'objet, il avait confié à sa femme qu'il voulait en finir. Toute la nuit, elle s'était employée à le convaincre de partir, de quitter cette ville, d'aller refaire leur vie ailleurs. Au petit matin, épuisée, elle s'était endormie sur le coin de la table. Quand elle s'était réveillée, son mari avait disparu, et quelques heures plus tard, elle devait apprendre qu'il s'était jeté du haut d'un pont.

20 mai

Ce matin, aux Archives Hölderlin, seul pendant deux heures dans une petite pièce, avec quelle indicible émotion j'ai palpé, caressé, tenu dans mes mains des lettres et des poèmes du grand poète allemand, des lettres également de Suzette Gontard – la Diotima de *Hypérion* –, cette femme d'un banquier de Francfort, mère de quatre enfants, qu'il aima et dont il fut aimé.

J'ai d'ailleurs là sous les yeux une reproduction d'un portrait d'elle taillé dans la pierre. Des traits extrêmement fins et réguliers, une bouche menue. Séparés par une raie médiane, les cheveux qui ondulent sont tirés vers l'arrière où je suppose qu'ils doivent être noués en chignon sur la nuque.

J'avais auprès de moi le volume de « La Pléiade » avec lequel j'ai passé bien des heures depuis que je suis arrivé à Tübingen – merci à vous cher Philippe Jaccottet pour l'édition que vous nous avez donnée de cette œuvre dans cette collection – et j'ai relu quelques-unes des lettres de Suzanne Gontard figurant à la fin de l'ouvrage. *Comme tout est vide et désert en moi et autour de moi depuis que tu es parti, c'est comme si ma vie avait perdu toute signification, je ne la ressens plus que par la souffrance.*

Comme j'aime maintenant cette souffrance, lui écrit-elle après qu'il fut contraint de la quitter. Et encore ceci : ... *une sainte et profonde gravité domine tout mon être.* Mais tout serait à citer de ces lettres aussi remarquables et émouvantes que celles qui lui furent adressées par Hölderlin.

Les manuscrits des poèmes : de grands feuillets au papier terni, à l'écriture gothique et penchée, pour moi totalement indéchiffrable. Des pages parfois tachées, déchirées, aux bords échancrés et comme rongés par le temps. Jamais ce que j'ai reçu de cette œuvre n'a été en moi aussi vivant que durant ces instants-là.

25 mai

Valérie m'a emmené visiter Nürtingen, une petite ville proche de Tübingen, où Hölderlin a passé son enfance, et où, devenu adulte, il a séjourné à plusieurs reprises. Après son remariage et alors que son fils avait quatre ans, sa mère était venue habiter dans cette ville où elle vécut jusqu'à sa mort, pendant cinquante-quatre ans.

Valérie m'a présenté à un éditeur de cette ville qui édite des sortes de grands cahiers contenant chacun et le facsimilé d'un manuscrit de Hölderlin et le texte en regard, imprimé. J'ai eu le plaisir de recevoir un cahier contenant *Empedokle, Heidelberg, Die Götter, Der Neckar.*

Je m'avise soudain que Hölderlin fait partie de ces écrivains que j'ai évoqués dans une note précédente : père mort et fort attachement à la mère. Mais le drame de Hölderlin vint de ce qu'il ne fut pas aimé.

26 mai

Depuis que je suis à Stuttgart, j'ai rencontré à plusieurs reprises Luzia Simons, une jeune femme d'origine brésilienne. Elle est sculpteur et réalise d'étranges sculptures à l'aide de grandes pièces de cuir. Elle a l'esprit ouvert, est extrêmement sympathique, et lors de nos rencontres, le plaisir de la voir, de la découvrir, de parler librement avec elle, me mettait en joie, si bien que chaque fois, je n'ai cessé de la faire rire. Or l'ami commun qui lui avait communiqué mon adresse, avait pris la précaution de l'avertir que j'étais un homme sombre, renfermé, peu causant. Ce soir, elle m'a confié l'étonnement qui l'avait saisie le jour où nous avons fait connaissance, à constater combien j'étais différent de celui qu'elle s'attendait à rencontrer.

Il est certain que j'ai beaucoup changé au cours de ces dernières années. Une force et une joie me sont venues qui ne me quittent guère. Et s'il arrive toutefois que j'aille à un rendez-vous en étant maussade, le plaisir intense que je prends à la rencontre a tôt fait de m'ensoleiller.

27 mai

Comme on le sait, la dernière guerre a causé en Allemagne des pertes irréparables. En réaction à ces destructions de toute nature, les Allemands ont créé, entre autres choses, un Institut dans lequel sont désormais conservés les manuscrits d'écrivains de langue allemande qui ont pu être récupérés, achetés ou obtenus par donation. Et il va de soi que ces collections ne cessent de s'enrichir par l'apport de manuscrits d'écrivains contemporains. Parfois, on a perdu la trace de certaines pièces de valeur que l'Institut veut acquérir, et de véritables enquêtes sont menées en vue de les retrouver.

Situé à Marbach, une petite ville proche de Stuttgart, cet Institut n'est pas ouvert au public, mais ce matin j'ai pu le visiter. Son directeur m'a proposé de m'apporter ceux des manuscrits que je désirais voir. Et c'est ainsi que pendant deux heures, j'ai pu tenir dans mes mains des dizaines et des dizaines de pages écrites par Rilke, Hermann Broch, Thomas Mann, Hermann Hesse...

Mais de tous les manuscrits que j'ai consultés, celui qui m'a causé la plus forte émotion fut *La Lettre au père,* de Kafka, une lettre rédigée en novembre 1919, et qui est d'une extrême importance pour la compréhension à la fois de la personnalité de Kafka et des rapports qu'il entretenait avec son géniteur. D'une écriture régulière, bien formée, ne comportant aucune rature, ce texte qui n'a pas de marge est constitué par une trentaine de feuillets ayant la dimension d'un petit bloc de correspondance. Kafka avait remis cette lettre à sa mère, mais celle-ci, après en avoir pris connaissance, s'était gardée de la transmettre.

Cette lettre qui, par des voies inconnues, était passée de Prague aux Etats-Unis, puis en Israël, n'a pu être retrouvée qu'à la suite d'une longue enquête. Achetée fort cher, elle est la dernière acquisition importante de l'Institut.

Autres joyaux conservés à l'intérieur de ses murs : les enregistrements des voix d'écrivains contemporains. J'ai donc eu le plaisir d'écouter celles de Thomas Mann, Hermann Hesse, Gottfried Benn, Ingeborg Bachmann, Volker Braun, Jürgen Becker...

J'ai profité d'être à Marbach pour visiter la maison où Schiller est né. Pendant ces instants, je n'ai cessé de penser aux lettres que Hölderlin lui avait écrites, à cette vénération mêlée de souffrance qu'il lui portait.

Tout comme Hölderlin, j'ai parfois voué à certains êtres une admiration excessive. Une admiration qui me conduisait à me nier, à vouloir disparaître.

31 mai

Ces derniers jours, M.L. est venue me rejoindre et nous avons visité quelques villes.

Je vais quitter Stuttgart à regret. J'aurais pu rester quatre mois de plus. Mais il aurait fallu que j'en prenne la décision l'été dernier, alors que je ne pouvais savoir si j'allais ou non me plaire dans cette ville. Maintenant, il est trop tard pour déclarer que je souhaiterais prolonger mon séjour.

J'ai aimé cette ville, les places, la grande avenue, le parc, le très beau musée où je me suis rendu à plusieurs reprises. J'y ai été beaucoup plus seul qu'à Tübingen, mais j'en ai profité pour bien travailler. Je regrette de n'être allé à l'Institut français qu'à la fin de mon séjour. M. Joly, son directeur, est passionné de peinture, de celle qui est la plus à l'avant-garde, et j'aurais pu avoir avec lui de bons échanges. Ces jours, au-dessus de l'Institut et des arbres qui l'entourent, ont été installés d'énormes tuyaux en matière plastique de différentes couleurs. Maintenus en suspension par un gaz plus léger que l'air, ils oscillent et bougent au gré du vent, et comme l'Institut est situé sur une hauteur, on peut les voir de nombreux points de la ville. Une immense fleur bizarre se détachant sur le bleu ou le gris du ciel.

Je connais encore bien peu ce pays. Mais je peux dire que je m'y suis plu, que je l'ai aimé et que j'y reviendrai avec plaisir.

8 juin

Hier, dimanche de Pentecôte, les cousins et cousines de M.L. nous ont invités à fêter avec eux les soixante-quinze ans de leur mère, celle qui est pour nous notre chère tante Odette. Je les ai retrouvés avec une joie profonde. Quelle chance ils ont de tous s'aimer et s'apprécier.

Je n'ai pas de semblables, constate Beckett dans l'un de ses livres. Lorsque je me suis heurté à ces mots, j'ai sursauté. Pourtant, quand on connaît son œuvre, on sait bien qu'en affirmant une telle chose, il dit vrai. D'ailleurs, tout individu, si commune soit sa singularité, pourrait prendre ces mots à son compte. Car il n'est sans doute pas une seule personne qui ne se sente fort différente de ces autres qu'elle rencontre ou côtoie. Mais il n'empêche. Cette affirmation m'avait fait découvrir, a contrario, que pour ma part et dès l'adolescence, j'ai toujours cherché à voir en autrui un semblable, à dialoguer avec lui à partir de ce que nous avions en commun. Et lorsqu'au hasard de mes lectures, j'ai rencontré cette expression : *il faut cultiver sa différence,* elle m'a toujours fait me cabrer. Ce par quoi un être est unique n'a pas à être cultivé. Une forte singularité naît autant de la physiologie que de ce qui anime la vie intérieure. Toute intervention dans ces processus ne pourrait engendrer que de l'artificiel.

10 juin

La voix, l'errance, l'œil, la lumière, la sphère..., ces mots qui reviennent assez souvent sous ma plume, dans mes poèmes ou mes notes de *Journal,* ils me sont imposés par ce qui vit en moi. Le lecteur qui les rencontre doit donc les recevoir et les comprendre à partir de sa réalité interne, et non en faisant intervenir son savoir et des références culturelles. Quand je dis la *voix,* ce mot n'a rien de mystérieux. Il désigne cette voix qui ne cesse de soliloquer en nous. Et plus un être souffre, plus il se trouve aux prises avec ce qui le harcèle, et plus cette voix se fait insistante, plus elle parle haut et clair.

De même quand j'écris le mot *lumière.* Ce mot évoque cette clarté intérieure qui survient lorsqu'un être s'est affranchi de la confusion, lorsqu'il s'est mis en ordre et unifié. Ce mot, pour moi, n'a rien de métaphysique. Il est la traduction littérale de ce qui rayonne à l'intime de soi une fois vaincue la ténèbre.

De même encore pour l'*œil.* Celui-ci est cet organe invisible à l'aide duquel on cherche à pénétrer, comprendre, éclairer, saisir, ce qui gît en nous ou se présente à la pensée. Cet œil peut être brouillé et dénaturer ce qu'il appréhende. Ou bien il peut être clair et avoir des interventions promptes et décisives. Mais dans tous les cas, il ne s'agit que de voir. De chercher à voir.

12 juin

Il y a une dizaine d'années, un jeune enfant a été inscrit dans une école primaire de Lyon. Il n'avait pas d'autre nom que ces initiales : S.N.P., lesquelles signifiaient : sans nom patronymique. De telles initiales étaient données par l'assistance publique aux enfants abandonnés.

Si je pouvais seulement saisir ce dont j'étouffe et m'en délivrer en le communiquant à autrui – pensent tant d'êtres qui ne parviennent pas à mettre en mots ce qu'ils sont.

14 juin

Ces êtres qui ne vivent que dans le monde des choses et en qui je perçois une profonde souffrance. Ils cherchent à s'en délivrer en voyageant, en multipliant les achats, en se donnant des conditions de vie toujours plus agréables, mais rien de ce à quoi ils recourent ne peut apaiser cette faim d'un tout autre ordre qui les habite et dont ils n'ont pas conscience. Parce que cette faim ne cesse de les ronger, ils consomment toujours plus, pour n'être en fin de compte que toujours plus malheureux et insatisfaits.

25 juin

Le procès de Klaus Barbie, inculpé de *crime contre l'humanité,* a commencé à Lyon le 11 mai. J'ai pu assister ces jours à deux séances de ce procès.

Lors de la première, des avocats sont intervenus au nom de certaines victimes. Lors de la seconde, l'avocat de l'accusé a prononcé sa plaidoirie.

On sait que pendant la dernière guerre, Klaus Barbie a sévi à Lyon où il a commis les pires abominations. Il a torturé et déporté de nombreux résistants, commandé la rafle des enfants d'Izieu, envoyé dans les camps de la mort plus de six cents personnes le 11 août 1944, peu de jours avant que la ville ne soit libérée. Mais il ne se contentait pas d'organiser et de donner des ordres. Ce grand chef n'hésitait pas, si j'ose dire, à mettre la main à la pâte. Il humiliait, vociférait, frappait, terrorisait, torturait, déchaînant sa fureur, ne sachant qu'inventer pour briser à jamais ses victimes. Femmes violées. Femmes contraintes sous ses ricanements de faire l'amour avec des chiens. L'une d'entre elles, arrêtée alors qu'elle portait un bébé. Il le lui avait arraché et l'avait jeté à toute volée contre un mur...

Des années ont passé. On serait en droit de supposer que, dépris de l'idéologie démente qui le poussait à libérer ses pires instincts, ce monstre avait fait retour sur lui-même et pris conscience de l'horreur de ses crimes. Mais non. Rien. Pas une seule parole de regret. Pas un mot pour demander pardon.

Après avoir commis pareilles atrocités, comment peut-on continuer de vivre ? Comment peut-on n'être pas écrasé par le poids conjugué de la honte, des remords, de la culpabilité ? Un tel individu est pour moi une énigme.

27 juin

J'ai passé trois ans à l'Ecole du Service de santé militaire de Lyon. Dans cette école, près du poste de garde, un escalier en pierre permettait de descendre au sous-sol. Là se trouvaient un petit bar, et ouvrant sur un couloir, de petites salles au plafond bas et, sauf erreur, voûté, où nous pouvions nous prélasser, parler entre copains. Elles étaient aménagées dans un style vaguement arabe : tapis, poufs, banquettes, lumière voilée... Pour moi qui avais passé huit ans dans une caserne où le décor était plus sévère, ces salles avaient un côté à la fois luxueux et exotique auquel j'étais fort sensible. Chaque fois que j'en avais le loisir, j'allais donc y passer un moment. Le silence, l'ambiance, l'impression de sécurité que me donnaient ces solides murs de pierre, avaient le pouvoir de m'apaiser, et il est vrai que j'en avais grand besoin.

Bien des années plus tard, j'ai appris que ces salles avaient servi de salles de torture à Klaus Barbie et à la Gestapo. Cette nouvelle m'avait remué.

Je mentionne cela pour réaffirmer après d'autres que nous avons un devoir de mémoire. Car des atrocités qui concernent l'humanité entière – soit parce qu'on n'en a pas eu connaissance, soit parce que les souvenirs qu'on en garde tendent à s'effacer – il importe au plus haut point qu'elles ne tombent pas dans l'oubli. Ce n'est qu'ainsi que nous pourrons veiller à ce que des faits semblables ne se reproduisent plus.

10 juillet. Jujurieux

Le plaisir que j'ai eu, chez des amis, à rencontrer cette femme et à l'écouter. Blonde, les yeux clairs, la peau pâle. De la fraîcheur, du charme, de la douceur. Mariée et mère de deux enfants. Elle est chef de service dans un bureau où on délivre des pensions, des prestations de chômage... Elle sait fort bien parler de son travail, de ce qu'elle fait pour aider des gens, pour déjouer des injustices, des magouilles, des propositions de trafics d'influence... Un être de valeur, sans moi, débordant d'une générosité qu'on sent inépuisable.

Après son départ, on m'a appris que cette femme avait eu une tumeur à une surrénale. Sachant qu'elle allait mourir, elle avait préparé son mari et tout prévu en ce qui concernait leurs enfants. Avec un calme et un sang-froid admirables. Sa maladie a pu être enrayée, et dans la mesure où elle sait qu'elle ne devrait plus être de ce monde, elle est à même de savourer chaque instant.

12 juillet

Il a une telle peur de ses émotions, de ses sentiments, de tout ce qu'ils peuvent entraîner, qu'il s'est acharné à tuer en lui toute affectivité.

27 août

L'été n'est vraiment pas ma saison. Cette année encore, je n'ai pu travailler. J'en ai profité pour relire *La Vie de l'esprit,* tome I : *La Pensée,* de Hannah Arendt. Dans cet essai, elle tente d'explorer les mécanismes de nos activités mentales et de répondre à des questions telles que celles-ci : *Qu'est-ce qui nous fait penser ? Où est-on quand on pense ?* Ces questions me passionnent. Si mon regard est si souvent tourné vers le dedans, c'est avant tout pour observer les rouages et le fonctionnement du processus intérieur.

4 septembre

Je viens d'achever un texte sur l'œuvre de Soulages. J'en donnerai lecture dans deux jours à Reutlingen, pour présenter son exposition.

8 septembre

Quel plaisir j'ai eu à retrouver Tübingen et les amis que j'y avais laissés.

13 septembre

Christian et Ghislaine ont passé la journée à la maison.

Christian Bobin ou l'esprit d'enfance. Il a ce privilège de n'être pas scindé par le regard qu'il porte sur lui-même. Sa spontanéité. Son naturel. Il parle comme il écrit. Une attention aux choses les plus humbles. Un profond amour de la vie, des êtres, de la nature. Sa langue est la langue de l'intime. Celle dont nous usons quand nous dialoguons avec nous-mêmes. Jamais de langage discursif. Il a un accès direct et quasi permanent à son intériorité. Aucun hiatus chez lui entre la perception et les mots qui la traduisent. Il nous rappelle que l'enfant s'affronte plus souvent que l'adulte aux grandes énigmes de la vie. En opposition à beaucoup de faussaires, on peut dire de lui qu'il est un vrai poète. Il s'est affranchi du souci de la logique et il habite la solitude et la lenteur. Le bien-être que m'apportent ses mots. Car il écrit avec une sorte de candeur heureuse, indemne de toute peur et de toute arrière-pensée. Les grandes évidences et les réalités fondamentales, nous les oublions ou les méconnaissons. Christian nous les fait redécouvrir. Avec une simplicité et une fraîcheur qui ne sont qu'à lui. *Ne rien posséder,* note-t-il, *pas même soi.*

J'espère qu'il aura bientôt les nombreux lecteurs qu'il mérite.

26 septembre

Hier dans le train, de Lyon au Muy, j'ai dévoré *La Vie matérielle* de Marguerite Duras. Sans doute son livre le plus directement autobiographique. Inégal, mais des pages fortes, denses, et certaines, étonnantes. Comme celles où elle raconte ce voyage en voiture. Elle part de Saint-Tropez, et passant par l'Auvergne, se rend dans un village des bords de Loire où elle va assister à l'enterrement de sa mère. L'homme qui l'accompagne la bat, et ils boivent, s'aiment avec fureur, vivent des moments fous. Et puis aussi l'alcool, les beuveries, cette femme entrevue en Cochinchine et qui ensuite a pris pied dans son univers, les hommes, l'amour, la maison, sa mère, cette nuit où dans un train – elle avait seize ans – un inconnu l'a caressée...

Avec *Les Yeux verts* et *Outside,* je sais d'ores et déjà que cet ouvrage sera un de ceux que je préfère. Car elle se livre là sans détour, en dehors de toute fiction. Et la lisant, on croit l'entendre.

28 septembre

Hier, à Nîmes, avant que je ne parte, Serge m'a offert *Un été indien* de Truman Capote. Je l'ai lu dans le train. Avec délices. Cette nouvelle a été un des premiers textes qu'il ait écrits, et elle n'a été publiée qu'après sa mort. Un petit chef-d'œuvre. Le récit d'une blessure d'enfance. D'une grande sobriété et profondément émouvant.

11 octobre

Je viens de passer quatre jours à Limoges. Des gens vous invitent, mais il font si peu cas de vous que vous vous demandez pourquoi ils vous ont invité. Outre cette lecture que j'ai faite dans un petit théâtre, il avait été convenu que j'irais à l'école des Beaux-Arts pour m'entretenir avec des étudiants. A deux heures, j'arrive à cette école. Aucun étudiant. On avait oublié de les prévenir.

Deux jours d'errances solitaires. J'étais logé dans un bel hôtel, mais dès que la nuit tombait, la lumière diffusée par les lampes censées éclairer la chambre était trop faible pour que je puisse lire. Dans la salle de bains, il faisait un peu moins sombre. J'ai ainsi passé deux soirées assis sur le bord de la baignoire, tenant à bout de bras le livre que j'offrais à la lumière. Pensant que je n'aurais pas de temps libre, j'étais d'ailleurs parti sans livres. Je n'ai rien trouvé à mon goût dans la plus grande librairie – ce qui ne signifie nullement qu'il n'y avait pas de bons ouvrages – et j'ai fini par acheter deux livres qui ne m'intéressaient que médiocrement. Tout semblait s'être conjugué pour que ces deux premiers jours ne soient que déception.

Fort heureusement, les deux journées qui ont suivi furent tout autres et ont comporté de très bons moments :

– Le spectacle donné par un comédien belge à partir d'une pièce de qualité dont il était l'auteur et qu'il était seul à interpréter. Il nous faisait part avec intelligence et humour de sa difficulté de vivre, de ses petites misères, du dialogue qui l'occupait lorsque lui venait dans la rue le désir d'accoster une femme et qu'il ne parvenait pas à s'y décider. S'il avait eu le sens de la durée des silences qu'un comédien doit savoir ménager, son spectacle eût été bien meilleur. A la fin, lorsqu'il est revenu parmi nous, je voulais lui en toucher un mot, mais je n'ai pas osé.

– La rencontre d'Abdelwahab Meddeb, un écrivain d'origine tunisienne vivant à Paris depuis quelques années. Il m'a beaucoup plu. Concentré. Forte présence. Solide culture. Dans un jardin public que dorait la lumière d'automne, nous avons fait les cent pas en parlant d'Ibn'Arabi, de Rûmi, du soufisme...

– La création de la pièce d'un écrivain africain. Mais on croyait entendre du Racine : « *Dérobez vos jours à sa démence...* » (J'aime Racine, mais il va de soi qu'un écrivain du XXe siècle ne saurait écrire comme lui.) Je n'ai donc pas tellement apprécié. Mais il y avait des moments forts. Lorsqu'une douzaine de comédiens – le plus souvent accroupis dans un angle de la scène, car ils ne participaient pas directement à l'action – se mettaient à chanter et danser en s'accompagnant d'instruments à percussion.

– La réception à la préfecture, qui clôturait ces rencontres théâtrales franco-africaines. Les comédiens africains sont arrivés avec leurs tam-tams, des instruments de musique, et ils ont créé en quelques secondes une irrésistible ambiance de fête. Les gens chantaient, dansaient, frappaient des mains, et la joie qu'on éprouvait était aiguisée par la conscience qu'on prenait de se trouver en des lieux qui n'avaient sans doute jamais été le théâtre de pareil vacarme ni pareil déchaînement.

– Une rencontre que j'espérais depuis trente ans.

Emmené par Georges-Emmanuel Clancier qui est son ami de longue date, je me suis rendu chez Robert Margerit, un romancier qui a produit toute une œuvre, dont les admirables *Mont-Dragon, Le Dieu nu, La Terre aux loups.*

Sa langue recèle un fort pouvoir d'évocation. En quelques mots, une atmosphère est créée, et elle vous envoûte. Toutefois, les personnages qu'il met en scène sont par trop romanesques. Ils manquent d'épaisseur, n'offrent qu'un pâle reflet des êtres que nous sommes.

Quand j'étais à Aix, le premier livre que j'ai lu, en dehors de mes manuels scolaires, a été *Le Dieu nu.* Ce livre fut pour moi un enchantement, un éblouissement, et pendant des mois je n'ai cessé de le lire et de le relire. J'avais d'ailleurs écrit à son auteur, et il m'avait répondu une lettre qui m'avait touché à un point que je ne saurais dire. C'est indiquer que cet homme et ses livres ont joué un rôle important en cette période de ma vie. Après, j'ai eu faim de nourritures plus substantielles, mais je ne peux oublier que je dois à cet ouvrage d'avoir connu des heures émerveillées. (Quelle souffrance, ensuite, lorsqu'il me fallait retrouver la caserne, replonger dans la vie, me réengager dans une existence de jeune militaire qui n'aurait jamais accès à ce monde ô combien fascinant de la littérature et des écrivains, ce dont j'étais inconsolable.)

Robert Margerit habite à quelque distance de la ville une sorte de gentilhommière entourée d'un petit parc.

Nous sommes arrivés à la nuit tombante, sous une pluie battante. Cette pluie, cette brume, ces arbres ruisselants d'eau, cette ténèbre envahissante, ce déferlement de souvenirs et d'émotions qui faisaient resurgir mon adolescence, les premiers mots du *Dieu nu* qui bruissaient dans ma tête : « *Jamais on ne vit plus bel automne, plus somptueux. Quel concert de séductions dans ces journées poudrées de bleu, qui sentent le miel et le fruit trop mûr...* », tout cela m'avait empli d'une lourde mélancolie. Qui allais-je trouver ? J'avais gardé des articles qui lui étaient consacrés, et me rappelant telle photographie, j'avais une vision fort précise des traits de son visage.

Sur le flanc de la demeure, une porte s'est ouverte en grinçant, et bien évidemment, l'homme qui m'accueillait différait grandement de celui que je m'attendais à rencontrer. Plus vieux de quelque trente-cinq ans, il ne semblait pas pouvoir être ce romancier auquel j'avais si souvent songé. Il traînait les pieds, paraissait privé de toute vitalité, donnait l'impression d'un homme usé. Il est vrai qu'il a déjà soixante-quatorze ans. (A sa manière empreinte de discrétion, Georges-Emmanuel Clancier m'avait prévenu, mais sans doute ne pouvais-je entendre ce qu'il m'avait dit.)

Avec sa femme qui m'a paru plus âgée que lui et qui le vouvoyait, nous avons pris le thé dans un salon où tout n'était que désolation. De vieux journaux étaient entassés, couverts de poussière, et à de nombreux signes, on pouvait constater que les habitants des lieux ne se préoccupaient plus guère de ce qui les entourait.

Il y a quelques années, Robert Margerit a écrit une série de quatre forts volumes sur la Révolution française, et pour venir à bout de ces ouvrages bourrés d'érudition, il a énormément travaillé. Cet excès de travail a provoqué une thrombose au niveau d'une artère oculaire, puis entraîné une dépression dont il ne s'est jamais relevé.

J'ai pu feuilleter le manuscrit de *Par un été torride,* un roman que je n'ai jamais voulu relire, mais qui m'avait singulièrement remué lorsque je l'avais lu. C'est un cahier d'écolier, aux pages quadrillées de petits carreaux, et le texte à l'écriture fine, régulière, aux lettres très bien formées, ne comporte pratiquement aucune rature. J'ai pu également tenir entre mes mains le texte dactylographié, comportant certaines retouches, de *Mont-Dragon.*

Il a deux livres inédits dans un tiroir, mais ne se soucie pas de les faire publier.

Dans un salon voisin, où comme dans le premier, tout semblait un peu à l'abandon, il m'a montré un bateau (il a employé un terme technique plus approprié, mais dont je ne me souviens plus), le bateau d'un mètre de long, absolument remarquable, qu'il s'était amusé à monter lorsqu'il avait mis en chantier *L'Ile aux perroquets,* son premier livre.

On sent qu'il a renoncé. Il ne s'intéresse plus à son œuvre et en parle comme si elle avait été écrite par quelqu'un d'autre, ce qui m'a rendu profondément triste.

Je viens de ressortir les trois lettres soigneusement calligraphiées qu'il m'a naguère écrites. Je les ai pieusement conservées et souvent lues.

Afin de retrouver ce qu'il représentait pour moi à

l'époque où je les avais reçues, il me vient le désir de recopier ici la première d'entre elles :

Le 10 avril 1954
à M. Charles Juliet
E.M.P. d'Aix-en-Provence

Votre lettre m'a vivement touché. Elle me met dans un singulier embarras. Dans ce que vous m'écrivez, je reconnais, en effet, quelque chose de Philippe Mora, mais aussi de moi-même quand j'avais votre âge, et je mesure avec amertume la différence entre les illusions que je nourrissais alors et la réalité telle que je la connais aujourd'hui. Je ne voudrais pas vous ôter ces illusions ; il faut les avoir, et après tout, on ne vit pas pour l'avenir mais pour le présent, pour ce que l'on est dans le jour même, dans l'instant. Cependant je dois vous mettre en garde contre ce qui vous plaît dans mes livres : le romanesque. Tenez bien compte de ceci : la réalité n'est jamais telle qu'un romancier la peint. Nous écrivons pour nous la représenter comme nous voudrions qu'elle soit. Un roman est une création, une œuvre d'art, c'est-à-dire un mensonge. Entre un roman et la vie, il y a autant de différence qu'entre La Source, *d'Ingres, et une femme de chair. Frénétiquement égotiste dans son rêve, le romancier ne songe pas que l'on puisse croire à la réalité vivante de ses personnages sublimés. Ce sont des « héros », non plus des êtres. J'entends bien que vous n'allez pas jusqu'à vous prendre pour Philippe Mora. Vous sympathisez avec lui et cela me touche, car une partie de sa vie : ses privations, son désir de perfection excessive et inhumaine, ont été les miens ; mais ne croyez qu'à vous, ne soyez que vous-même.*

Ce que vous me dites de mon admiration pour Gracq me fait comprendre ce que vous éprouvez à mon sujet. Il fallait cette intelligente comparaison pour m'expliquer un sentiment qui a quelque chose de déconcertant. Mes livres me déçoivent et me laissent profondément écœuré du roman et de l'écriture. Je ne conçois pas que l'on puisse rien admirer en eux. C'est là, aussi, une chose contre laquelle je dois vous mettre en garde, si comme il me semble, vous êtes tenté par l'écriture. L'art, et singulièrement celui de l'écrivain, la condition de l'écrivain – je parle d'écrivains véritables et non de gens de lettres, bien entendu – sont voués à cette insatisfaction. La pire insatisfaction de Philippe Mora, et la mienne, hélas ! a été de croire, à vingt ans, qu'un livre puisse vous satisfaire. On continue parce que, malgré tout, on espère faire mieux, on s'acharne à faire mieux. Et l'on s'enfonce dans l'amertume toujours croissante de faire toujours plus mal, car si l'on progresse, on s'affine, et en s'affinant on devient sans cesse plus difficile envers soi-même.

Voilà ce qu'est réellement l'existence d'un écrivain. Je devais vous montrer ce cercle infernal où l'influence de mes livres risque, peut-être, de vous entraîner.

J'espère qu'il n'en sera rien et que vous vivrez au lieu d'écrire.

Veuillez croire, je vous prie, à toute ma sympathie.

Robert Margerit

Et ce passage de la seconde lettre :

Je vous répète ce que je vous disais dans ma première lettre : vous vous faites une idée inexacte et embellie de ce qu'est la vie d'un écrivain. Elle ne diffère en rien de l'existence ordinaire. Elle ne comporte pas plus de richesses ; des peines supplémentaires, peut-être, oui – et des responsabilités qui m'inquiètent quand je vois l'importance que prennent pour vous mes livres, qui en ont si peu pour moi. Ce sont les produits d'un métier *auquel je me livre sans joie, et que j'espère pouvoir abandonner bientôt.*

15 octobre

Nicole de Pontcharra connaît bien le Maroc où elle a vécu plusieurs années. Elle projette d'organiser une rencontre à Marrakech entre des écrivains et universitaires français et marocains. Elle pense m'inviter et elle m'a demandé un texte qui sera sans doute publié à cette occasion. Voici celui que je vais lui envoyer :

TROUVER LA SOURCE

La source... Pour moi, il n'en est qu'une. Celle que je revois en esprit chaque fois que je lis ou entends ce mot. Je l'ai découverte un jour de mon enfance, et elle est devenue à jamais La Source, celle qui les symbolise toutes, celle dont il me suffit d'entendre en moi le murmure pour que resurgissent les émotions qui m'ont envahi l'unique fois où je me suis tenu auprès d'elle.

J'étais un berger et ma fonction n'avait rien de bien glorieux : il me fallait mener paître quelques vaches, les garder jusqu'à ce qu'elles eussent la panse pleine, puis les ramener à la ferme. Je me retrouvais parfois loin du village, en des lieux déserts, n'avais rien à lire, ne savais à quoi m'occuper. Les heures, les journées se traînaient, et je n'étais qu'un bloc de peur et d'ennui.

Un des endroits où je redoutais particulièrement d'aller était situé au flanc d'une haute et vaste colline. Le pré très en pente sur lequel je devais maintenir mon maigre troupeau, occupait le fond d'une sorte de dépression que bordaient des bois sombres. Et au bas de ce pré commençait la forêt. Une forêt dense, compacte, emplie de ténèbres, qui dévalait jusqu'à je ne savais quels abysses, puis s'étendait sur toute une succession de basses collines où rôdaient d'innombrables menaces. Cette forêt m'effrayait. A tout instant pouvait surgir de ce mur végétal quelque fauve qui se jetterait sur moi, ou l'un de ces bûcherons italiens au visage noir de suie, aux allures louches de vagabonds faméliques. Ils hantaient ces solitudes pour préparer du charbon de bois et vivaient dans des huttes, tels des sauvages. Lorsqu'il m'arrivait de les croiser sur le chemin de terre étroit que j'empruntais pour me rendre en ce lieu, j'étais pris de tremblements et avais le plus grand mal à continuer de marcher.

Ma terreur était à son comble quand je me trouvais plongé dans le brouillard. Je devais alors renoncer à tourner sans fin sur moi-même et ne pouvais plus balayer du regard l'espace qui m'entourait. Si on m'attaquait, je serais dans l'impossibilité de voir venir le danger et d'y faire face. Privé de cette arme qu'était mon regard, je ne savais plus comment contenir mon angoisse, devenais la proie des plus folles imaginations.

Mais un jour... J'avais entendu parler de trois hêtres tricentenaires dont on affirmait qu'ils étaient des merveilles de la nature. Troncs trapus, massifs – trois hommes avec leurs bras réussissaient tout juste à en faire le tour – et leur vaste, nombreuse, puissante ramure à travers laquelle il était vain de chercher à apercevoir le ciel. Un charpentier avait déclaré que, de sa vie, il n'avait rien vu d'aussi remarquable, qu'ils étaient encore plus beaux qu'une cathédrale. Impressionné par ces paroles, j'avais eu le désir d'aller une fois contempler ces arbres. Mais je dus attendre encore longtemps avant d'avoir le courage de mettre mon projet à exécution.

Enfin, un après-midi, résolu à vaincre ma peur et mon ennui, je décide que je suis prêt pour la grande aventure. Je rassemble mes vaches au milieu du pré, et non sans remords, me résous à les abandonner.

Gorge nouée, cœur battant, je m'approche à pas lents, écarte précautionneusement quelques branches, traverse un fourré, puis débouche en un endroit assez dégagé. Je m'arrête. Je viens de quitter la lumière d'un radieux jour d'été, et je dois attendre que mes yeux s'habituent à la pénombre. Il règne ici un profond silence, qui m'oppresse. Sur une hauteur d'une quinzaine de mètres, les fûts n'ont aucune branche et sont lisses comme des colonnes. Je songe à ce que doit être une cathédrale, et la pensée des hêtres me remet en mouvement.

J'avance courbé, attentif à ne pas faire de bruit, à ne pas marcher sur du bois mort, à ne pas signaler ma présence à d'éventuels voleurs d'enfants. Je progresse d'une vingtaine de mètres, me plaque contre un tronc, promène lentement un regard circulaire autour de moi, puis repars. Il faut que je puisse m'enfuir avant qu'on m'aperçoive. La pente s'est accentuée, et pour franchir certains passages, je dois m'accrocher aux branches. Une odeur de terre humide se mêle à l'âcre odeur des bois.

Je continue de descendre, tous mes sens à l'affût. J'ignore où se trouvent ces hêtres. Je sais seulement qu'ils s'élèvent à proximité du ravin. A tout instant, je me retourne. Pour voir si quelqu'un survient dans mon dos. Mais aussi pour prendre les repères qui me guideront quand je remonterai. Je ne cesse de me répéter que les derniers loups ont été tués il y a bien longtemps, mais je ne puis chasser de mon esprit ces histoires entendues lorsque j'étais tout enfant, et qui ressuscitent les frayeurs dans lesquelles elles m'avaient alors plongé.

Des ronces, des branches griffent mes jambes nues, je glisse, tombe sur un rocher, m'entaille profondément le genou, mais je me suis promis de ne pas renoncer.

Je m'arrête pour reprendre haleine, essuie le sang qui coule sur ma jambe. Un bruit ténu me parvient que je n'arrive pas à identifier. Je marche dans sa direction, et je saisis très vite qu'il est celui d'une eau qui coule.

Le sol est devenu spongieux. Avec une crainte qui bloque ma respiration, je traverse un épais fourré de framboisiers, suis l'arête d'un rocher qui affleure à peine, débouche dans une petite clairière. Avant de me risquer dans cet espace à découvert, j'examine attentivement les lieux, et aperçois cette eau qui brille dans la lumière du soleil. Une source !

Je bois, lave la plaie de mon genou, m'assois. Ma tension se relâche. L'eau glisse sur une dalle aux bords couverts de mousse, tombe dans une petite vasque, puis s'échappe en écumant. Cette lumière retrouvée et le bruit de l'eau m'apaisent. Mon regard s'attarde longuement sur la source, erre sur les arbres, la clairière, sur ce sillon où l'eau court. Ma peur est tombée. Etrangement, il me vient la sensation qu'en ce lieu, je n'ai rien à craindre, et que même, la forêt me protège.

Inverser mon regard et le plonger en moi-même...
Sans fin me parcourir, m'explorer,
chercher à découvrir ce que recèle ma nuit...
Ecouter la voix...
Obéir à cette instance qui exige
que je me dégage de mes particularités,
gagne en moi un espace plus vaste
où règne une claire lumière,
où j'échappe à la peur et à l'angoisse
suis accordé à moi-même,
ai la sensation de me confondre
avec cette vie à l'intérieur de la vie
qui n'a rien à redouter
ni du temps ni de la mort...

Ces processus, indissociables, n'en forment en réalité qu'un seul, et c'est ce processus qui est à l'œuvre dans l'écriture.

L'être intérieur est cette forêt pleine de secrets, de mystères, de dangers, dans laquelle on ne s'aventure au début qu'avec une angoisse extrême.

Peur d'abandonner ses repères
et de s'aventurer en terre inconnue.
Peur de se fourvoyer ou de se perdre
Peur d'entreprendre une quête
dont on ne peut prévoir l'issue.
Peur de ce qu'on va découvrir.
Peur d'avoir à se dessaisir
de ce que l'on est, de ce que l'on a,
de ce que l'on ambitionne d'être.
Peur de s'enliser ou d'être condamné
à une perpétuelle errance.
Peur d'avoir à porter sur soi-même

un regard qui ne ment plus.
Peur de cet autre qui va naître...

Nombreuses et toujours renaissantes sont les peurs qu'il faut surmonter pour se risquer à pénétrer dans la ténébreuse et redoutable forêt intérieure. Et rude est le combat. Cent fois on doute, se décourage, rebrousse chemin. Mais à chaque fois, le besoin de repartir est le plus fort.

Ainsi a-t-on effectué un certain parcours, connu la joie de faire des découvertes imprévues, n'ayant que peu de rapport avec ce qui avait été désiré ou entrevu. Progressivement, on comprend qu'il n'est rien dans cette forêt qui doive nous effrayer. Qu'au contraire, elle a à nous offrir maintes beautés insoupçonnées qui changeront le regard que nous posons sur nous-mêmes et sur la vie.

Un jour, alors qu'on n'avait plus espoir de la trouver, la source est là, au bout du sentier. La voix parle clair. La semi-obscurité a fait place au jour. L'être sait de toute certitude qu'il a vaincu la peur. Qu'il n'a plus à chercher. Qu'à l'avenir, il lui faudra simplement se montrer vigilant, demeurer lucide, ne plus s'écarter de ce point d'eau dont il reçoit la vie. Pourtant, contre toute attente, trahissant le meilleur, oubliant sa soif, il ne pourra éviter de s'éloigner, s'égarer, perdre de vue ce qu'à l'intime de lui-même il nomme la merveille.

Mais il ne saurait oublier qu'il a pu une fois étancher sa soif. Faire halte en un lieu de lumière, de consentement et de paix. Pour la retrouver, il se met à nouveau en chemin.

17 octobre

Ces bruits du monde extérieur qui vous griffent, vous lacèrent, vous expulsent de vous-même, vous rappellent sans ménagement combien la réalité peut parfois se montrer agressive. Tout est anéanti de ce qui vagissait en vous, et vous êtes là, confus, hébété, à attendre que prenne fin l'ébranlement que vous venez de subir. Quelque chose comme un meurtre a été perpétré, et il vous faut en hâte, mais de mauvais gré, vous réinsérer dans un univers où tout vous paraît hostile.

Et au-dedans, bien souvent, ce bavardage qui n'en finit pas. Mêle en un seul flux des bribes de soliloques aux sources fort différentes. Mais parfois – trop rarement, trop rarement – les bruits se taisent, le bavardage cesse, et un étrange silence s'établit. Ce silence, rien ne pourrait le faire naître, et vous ne saurez qu'il avait éclos que lorsqu'il aura pris fin. L'être n'est plus scindé par ce regard qu'il porte sur lui-même. La paix est là, un accord, un ineffable bien-être, et l'espace intérieur s'est considérablement dilaté. Transparence, liberté, sensation de coïncider avec soi-même... Secrète, une voix parle. En réalité, elle n'est qu'un simple murmure. Un murmure des plus ténus, mais aux paroles distinctes et qui forcent l'écoute. Qu'elle dicte ou non un poème, une note de *Journal,* cette voix guide, éclaire, nourrit, énonce ce qui un temps va calmer la soif.

19 octobre

Une astrologue a établi mon horoscope. Sans m'avoir rencontré et sans rien savoir de moi. Je lui avais simplement fait remettre les éléments dont elle avait besoin : ma date, mon lieu et mon heure de naissance. Puis nous avons fait connaissance et voici ce qu'elle a déduit de l'étude de mon thème :

– Né sous le signe de la Balance. Ascendant Scorpion. Jeunesse douloureuse, difficile.

– Vous êtes un être de sensibilité. Chez vous, tout est commandé par les émotions et l'affectivité.

– Imagination très présente dans le signe.

– Intelligence qui va en profondeur. Capable d'objectivité. Essentiellement tournée vers l'humain. Soucieuse de comprendre, d'excuser, de pardonner.

– Culpabilité. L'agressivité est dirigée contre vous. D'où angoisse. Laquelle entraîne fatigue, épuisement, manque d'élan à vivre. Or être sans envie, c'est être sans vie.

– Ce qui a dominé votre vie dans vos rapports avec les autres : un souci constant de vous effacer, de ne jamais bousculer autrui. Votre besoin d'être aimé était (?), est (?) si exigeant qu'il vous impose (ait) cette constante attitude de sujétion. Cela vous a partiellement détruit et causé beaucoup de souffrance. Vous ne vous laissez pas exister. Or si on ne fait pas droit à son désir, à son besoin, si on se tient toujours en bride, on demeure en état d'inhibition. En ce cas, comment s'ouvrir ? Comment donner ?

– (En réponse à ce que je lui apprends de mes rapports avec X...) Quelle utilité y a-t-il à entrer dans la névrose d'autrui ?

– En 1973, il s'est passé pour vous quelque chose d'important. (Oui. La parution de mes deux premiers livres m'a sans doute évité de sombrer.)

– Vous avez peu d'énergie. Vite fatigué. Vite épuisé. Pour cette raison, vous avez du mal à entreprendre, à réaliser. Vous devriez veiller à ne jamais outrepasser vos limites.

– Vous avez un vif et permanent besoin d'harmonie, de beauté. D'un profond accord avec autrui.

– Vous êtes un être de devoir. Vous ne savez pas ce qu'est ne rien faire. Vous ne vous relâchez jamais. Vous ne vous abandonnez pas au plaisir. (C'est si vrai que je ne me laisse jamais aller à écouter de la musique, quand bien même je suis loin d'y être insensible.)

– 1993 devrait être pour vous une année importante, marquée par des événements très positifs. La seconde moitié de votre vie, beaucoup plus riche que la première, devrait de même s'accompagner de réussites, permettre un indéniable accomplissement.

– Si je considère les moyens dont vous disposez, ce grave manque de confiance en vous-même est assez peu compréhensible. Il vous faut davantage vous abandonner et davantage entreprendre.

– En résumé, vous devez :

- vous accepter, vous aimer, oser être ce que vous êtes
- satisfaire dans la mesure du possible vos désirs et vos besoins
- ne pas vous laisser entraver par ce qui vous détourne d'entreprendre
- ne jamais oublier que plus on se laisse vivre, plus on a à donner.

– La planète dominante de votre signe : Vénus, la planète de l'amour.

Si j'écarte de ses déductions celles qui me reconnaissent telle aptitude ou telle qualité, je dois admettre que tout ce qu'elle m'a dit me semble rigoureusement exact, s'applique point par point à ce que je suis. J'ai même été stupéfait de voir qu'elle avait su déceler en moi des choses que je tiens secrètes et auxquelles il m'est douloureux d'être confronté.

20 octobre

Les *Cahiers secrets* de Anaïs Nin. Le journal qu'elle a tenu pendant un an – elle en avait vingt-huit – alors qu'elle était proie de la passion dévorante qu'elle portait à Henry Miller. J'admire que tout en étant saisie par cet orage, elle ait gardé assez de distance pour rendre compte avec calme, lucidité, et des instants uniques qu'elle vivait, et des bouleversements qui allaient la faire profondément évoluer.

Henry, implorait-elle, *sauve-moi de la béatification, des horreurs de la perfection immobile. Précipite-moi en enfer.*

23 octobre

Déjeuner avec Noël au Café des Etoiles, à la Part-Dieu.

Il y avait trente-trois ans que nous nous étions perdus de vue. Ces retrouvailles m'ont causé une joie intense.

Il est entré à l'école d'enfants de troupe d'Aix-en-Provence un an après moi. Il était intelligent, doué, mais il a fait de mauvaises études. A cause de problèmes d'ordre affectif, il a redoublé sa troisième, puis sa première, et pour finir, il a échoué à son second bac. Il est navrant de penser qu'il ne s'est pas trouvé un seul professeur pour s'apercevoir qu'il n'était pas un cancre, mais un malheureux gamin entravé par des difficultés intérieures qui l'empêchaient de travailler.

Comme tous ceux qui échouaient, il a été contraint de s'engager dans l'armée à dix-huit ans. Alors qu'il suivait un peloton d'élèves-officiers, un capitaine l'a remarqué et s'est débrouillé pour lui faire suivre des cours dans un lycée civil. Il a passé son second bac et réussi son concours d'entrée à Saint-Cyr. Et là, un jour, sur le stade, tout s'effondre : hémoptysie. Deux ans de sanatorium. Il en a profité pour faire une licence en droit et passer un doctorat.

Il a été réformé, et maintenant, il assume des fonctions importantes dans le cadre de l'université.

Il n'a jamais oublié ses origines ni les difficultés qu'il lui a fallu surmonter. Maire adjoint de sa ville, il s'occupe en outre de formation continue et de promotion sociale.

Il aimerait écrire un texte sur son frère aîné qui fut un héros de la résistance, et qui est tombé sous le feu de la mitraille allemande. Il faisait sauter des trains sur la ligne Paris-Strasbourg, et grâce aux actions qu'il a menées, des Juifs ont pu échapper à la déportation. (Après la guerre, ses parents ont reçu des lettres de personnes ayant appris que c'était à lui qu'elles devaient d'avoir eu la vie sauve.)

Cet ami retrouvé, combien il m'a plu. Il est bon, clair, généreux, en accord avec lui-même. Il parle avec aisance, d'une belle voix grave, teintée par un soupçon d'accent du Midi, et où qu'il soit – parce qu'il n'a ni crainte ni barrière – il engage la conversation avec ceux et celles qui se trouvent à ses côtés. Comme s'il les avait toujours connus.

A notre époque, ils sont rares ceux qui ne se laissent pas enchaîner par l'unique préoccupation de la réussite sociale, et qui, en toute lucidité et générosité, savent se mettre au service d'autrui.

11 novembre

Après plus de six mois d'interruption, je vais reprendre *L'Année de l'éveil,* ce récit que j'ai commencé à Tübingen, mais que les circonstances – déplacements, ennuis dentaires, occupations et empêchements divers – m'ont contraint d'abandonner à plusieurs reprises. Il faut que je parvienne à rendre sensible la souffrance de ce jeune garçon écartelé entre l'admiration qu'il porte à son chef et les sentiments qu'il va progressivement éprouver pour sa femme.

12 novembre

Cet homme est remarquablement intelligent, il connaît beaucoup de choses d'une manière non superficielle, il a une forte personnalité, et aussi, beaucoup de charme, il parle en outre avec facilité et les rapports qu'on peut avoir avec lui sont extrêmement agréables. Mais en dépit de ses grandes qualités, je le trouve pauvre, limité. Il semble qu'il vive à l'abri du doute et ne s'intéresse qu'à lui-même.

13 novembre

Depuis le début septembre, M.L. et moi sommes passablement déprimés. Mais je crois que la lourde tristesse qui m'étreint, provient en partie de la sienne, que je sens profonde.

En premier lieu, Pola nous manque. Déprimée elle

aussi, elle est restée en Corse, et nous ressentons douloureusement son absence.

En second lieu, il semble que pour la première fois, nous prenions véritablement conscience que notre jeunesse s'éloigne, que les années qui nous restent à vivre ne sont plus en si grand nombre.

En troisième lieu, notre situation matérielle n'est pas brillante. Et elle ne s'améliorera guère lorsque M.L. devra s'arrêter de travailler. Car il est tristement vrai que mes revenus sont inexistants. Et je ne vois pas que les choses puissent changer un jour. Alors...

J'ai sans doute eu tort de toujours me désintéresser de l'argent. Mais pourquoi devrais-je m'adresser des reproches ? Si j'ai eu cette attitude, c'est parce qu'elle m'était dictée par ma conception de l'art et de l'artiste. Pour moi, l'art relève du sacré, et j'ai du mal à admettre qu'on puisse tirer de l'argent d'un poème, d'un livre, d'un tableau, soit de ce qu'on a extrait du plus intime de soi-même pour l'offrir à autrui. Une telle manière de voir les choses, au plus haut point irréaliste, ne peut évidemment que prêter à sourire, provoquer un haussement d'épaules, et on me demandera alors comment l'artiste devra s'y prendre pour survivre...

15 novembre

Je me demande parfois si je ne suis pas un parfait inadapté. Je n'ai vécu que pour l'aventure qui m'était imposée, sans me soucier de savoir à quoi elle allait m'exposer. Mais viendra peut-être le jour où le monde extérieur me forcera à abandonner, et alors, qu'adviendra-t-il de moi ?

Par aventure, j'entends : aventure intérieure, laquelle inclut la passion de l'intériorité, le constant désir de m'améliorer, un rapport vital aux livres, à l'art, à ces œuvres qui m'enrichissent, creusent ma faim, exaltent en moi ce qu'il y a de meilleur, aiguisent mon rapport aux êtres et à la vie.

16 novembre

Cette femme sait qu'elle a un cancer au sein, et hospitalisée dans un service spécialisé, elle est dans son lit à attendre que les infirmiers viennent la chercher pour l'emmener en salle d'opération. Mais soudain, le chirurgien est près d'elle et il lui annonce sans le moindre ménagement qu'elle a un cancer généralisé, qu'il renonce à l'opérer...

Il y a cinq ans, ma sœur a vécu quelque chose d'analogue. A la seule différence qu'il ne s'agissait pas d'elle, mais de son mari.

Celui-ci, qui jouissait d'une robuste santé et n'avait jamais eu ne fût-ce qu'une grippe, s'était mis à souffrir de maux de tête. Il s'était rendu à l'hôpital, avait subi des examens, et le jour où les résultats devaient lui être communiqués, ma sœur l'avait accompagné.

Un médecin l'avait prise à part, dans son bureau, et lui avait appris de but en blanc que son mari avait une tumeur au cerveau, qu'il ne lui restait que quelques mois à vivre. Ma sœur, bien évidemment, n'avait pu retenir ses larmes. Alors le médecin :

– Voyons, Madame, un peu de tenue !

17 novembre

Lu dans un journal :

Après avoir expliqué à ses jeunes élèves la récitation qu'ils auront à apprendre, le professeur leur parle de poésie, et pour finir, il leur demande s'ils savent ce qu'est un poète. Un enfant lève le doigt.

– Oui, M'sieur, moi je sais. Un poète, c'est quelqu'un qui vit à la campagne et qui est souvent mort.

J'en conclus que je ne peux être un poète. J'habite au cœur d'une grande ville et j'appartiens encore au monde des vivants.

18 novembre

Place Bellecour. Un beau chien se baigne dans un bassin, sous les marronniers. Puis il s'élance en direction de son maître, debout à une trentaine de mètres. Celui-ci, d'un large mouvement du bras, lui indique qu'il peut y retourner. Le chien fait aussitôt demi-tour et se jette à l'eau avec un visible plaisir. Quand j'arrive à la hauteur de cet homme, un Noir d'environ vingt-cinq ans, je lui adresse quelques mots, le complimente sur son chien. Il ne me répond rien, sourit. Et après un moment, le visage grave :

– *Il m'aide à vivre.*

19 novembre

Hier soir, au Bec de Jazz, concert de Archie Shepp et Horace Parlan invités par Tchangodeï. La grande gentillesse de Horace Parlan avec qui j'ai échangé quelques mots.

Cet enfant de quatorze ans est affecté d'un handicap physique qui lui crée des problèmes dans sa vie de tous les jours, dans ses rapports avec ses camarades, dans son travail à l'école. Il est courageux, accrocheur, mais les résultats ne sont pas toujours à la hauteur de ce qu'il voudrait. Aussi il souffre, se révolte, se désespère. C'est l'âge où les grandes questions se font plus aiguës, plus douloureuses, où elles ne cessent de travailler l'être. Ce matin, sa maman m'a téléphoné. Elle était bouleversée, car hier soir, il lui a longuement parlé.

– *J'ai tant pleuré,* lui a-t-il dit, *que je n'arrive plus à pleurer.*

– *Je m'applique, je fais tout mon possible, je suis gentil avec les autres, mais je n'ai pas de copain et je ne réussis pas.*

– *Je sens qu'il y a en moi de la violence. Un jour, j'ai peur de ne pouvoir la retenir.*

20 novembre

Ce poète est un métis. Quand il était jeune, il a subi des humiliations, douloureusement souffert du racisme, et devenu adulte, il a eu à résoudre des problèmes de langue et d'identité. Je comprends qu'il ait pu être profondément meurtri, mais pourquoi continuer de nourrir une telle haine des Blancs ? Il donne le sentiment qu'il n'existe qu'à travers le ressentiment qui l'habite. Mais en manifestant une telle agressivité, en continuant de porter en lui une telle violence, il ne se rend pas compte qu'il se range aux côtés de ceux dont il a eu à souffrir, ceux qu'il haïssait – ces êtres qui prennent plaisir à dominer, blesser, humilier autrui.

Puis ce professeur d'origine juive, dont la famille, prise dans la tourmente de la dernière guerre, a été décimée. Je ne conteste nullement que perdre sa famille soit une tragédie, mais il n'empêche qu'il a eu une enfance heureuse, dans une famille unie, a connu ses grands-parents, et il peut parler de ses aïeux en remontant jusqu'à trois générations avant lui.

Ce qui m'a irrité, dans les deux cas, ce fut cette propension au déballage, ce penchant à se valoriser à travers la souffrance endurée, cette manière de parler comme si eux seuls avaient souffert.

Pour ma part, j'ai eu une existence banale, je n'ai pas été victime du racisme, j'ai passé mon enfance dans un village épargné par les colères de l'Histoire, mais est-ce à dire que ma vie a été exempte de souffrances ? Tandis que ce professeur parlait de ses aïeux, expliquait que l'un d'eux avait habité telle ville de Pologne, exercé tel métier, je pensais avec mélancolie que je ne savais strictement rien de mes grands-parents, quasiment rien de ma mère, et guère plus de mon père que je connais un peu, mais avec qui je n'ai jamais rien échangé. Et s'il fallait aborder le chapitre des humiliations, là encore je ne serais pas en reste, car au long de mon séjour à Aix, j'ai eu tout loisir d'apprendre en quoi elles consistaient, et quel poison elles déposaient au plus intime de l'être.

Au cours de cette réunion, un jeune Sénégalais m'a beaucoup plu. Il a parlé avec douceur, gravité, avec une sorte de noblesse qui provenait de son détachement.

Son père a fait la guerre à nos côtés contre l'Allemagne et il lui a longuement parlé de la France lorsqu'il était enfant. Il a donc souvent rêvé de ce pays qu'il n'a pu s'empêcher d'idéaliser. Mais lorsqu'il est venu vivre ici, il a dû déchanter. Il n'était plus qu'un immigré et rencontrait les problèmes que l'on sait. Son témoignage m'a profondément ému.

La veille, Louis, un ami américain, m'avait parlé de son enfance. Une enfance chaotique, à Brooklyn.

Quand il sortait faire des courses, il cachait son argent dans ses chaussettes et gardait quelques cents à la main pour le voyou qui allait immanquablement le racketter. Bien souvent, il a vu pointer sur lui une lame de couteau. Et l'autre jour, alors qu'il a entendu ce claquement caractéristique qu'émet une lame lorsque, actionnée par un bouton, elle gicle hors de son manche, il a éprouvé à nouveau les peurs qu'il connaissait à cette époque.

A quatorze ans, il devait louer dix dollars (il en gagnait seize) à sa mère la petite chambre qu'il occupait dans l'appartement familial. Devant subvenir à ses besoins, il travaillait la nuit dans un wagon désaffecté qui tenait lieu de restaurant, et ses compagnons étaient d'anciens bagnards. Le jour, au collège, il dormait sur ses livres et c'est miracle qu'il ait pu poursuivre vaille que vaille ses études jusqu'à dix-huit ans. A cet âge, un heureux concours de circonstances a voulu qu'il soit engagé comme reporter dans un grand journal. Mais on l'envoyait là où un drame était survenu, là où souvent avait coulé le sang : bagarre, crime, accident de chemin de fer... Il était encore bien jeune, et chaque fois, ce qu'il voyait et dont il avait à rendre compte le bouleversait.

Le peu qu'avec sa réserve coutumière il m'a confié me permet d'imaginer ce que furent son enfance et son adolescence. Mais lui, il n'est nullement aigri. Les épreuves qu'il a traversées l'ont mûri, enrichi. Il possède de solides qualités humaines, une profonde intelligence de la vie, et ses rapports avec autrui sont empreints de respect, de compréhension, d'une très réelle bonté.

(Alors qu'il avait une trentaine d'années, venu visiter la France, il est tombé amoureux de ce pays et de sa langue. Il a alors entrepris des études supérieures en vue de pouvoir enseigner le français dans une université. A l'instar de beaucoup d'Américains, il a d'ailleurs souvent bougé et résidé dans plusieurs États. Un jour, il avait piqué ma curiosité en me racontant qu'il avait fait ses classes en Géorgie, à Fort Benning, là où Carson McCullers a situé l'action du passionnant *Reflets dans un œil d'or.*)

21 novembre

Découvrir un écrivain dont je ne sais rien et qui a une œuvre importante derrière lui m'apporte chaque fois une joie des plus vives. En février 1972, deux grandes pages du *Monde* m'avaient révélé l'existence de l'œuvre de Nikos Kazantzaki. Hier, dans le même journal, j'ai découvert Eudora Welty, une vieille dame vivant à Jackson, dans le Mississippi, et qui a surtout écrit des nouvelles. Ce portrait sensible et fouillé donne envie d'en savoir plus et je vais me précipiter sur les ouvrages qui ont déjà été traduits. *Les émotions et les sentiments ne vieillissent pas,* constatait sa mère. Rien n'est plus exact. Seule change la manière de les vivre, et par là même, de les exprimer.

22 novembre

Cette détestation que je me porte si souvent quand j'écris. Je suis si lourd, si confus, si peu habile à tirer de ma nuit ces mots qui se refusent.

24 novembre

Il y a un instant :

– Allo, C.J. ?

– Oui...

– Vous ne me connaissez pas. Je m'appelle X. Je viens de Marseille pour vous rencontrer. Je crois que vous pourriez m'aider...

– Vous aider ?... Mais à quoi ?

– Vous pourriez peut-être commencer par m'aider à voir...

Au hasard d'un rangement, je retrouve une lettre de cette jeune femme qui s'est suicidée il y a eu deux ans le 21 novembre.

L'errance, écrivait-elle.
Le dialogue impossible.
La solitude grandissante.
La seule nourriture que je reçoive
me vient de la musique et de la poésie.
Parfois je suis morte à la vie.

25 novembre

Dans cette école d'un village de Lozère, cet enfant de six ans est le seul à être un petit Noir. A plusieurs reprises, on l'a trouvé au lavabo, devant une glace, en train de se frotter furieusement le visage. Il cherchait à faire disparaître cette inacceptable couleur noire qui le condamne à être différent.

Reçu il y a quelques jours une lettre de Louis-René des Forêts, amicale et chaleureuse. Une fois de plus, je lui avais proposé que nous réalisions un entretien pour France Culture, mais il ne peut accepter. En raison m'écrit-il de son *inaptitude foncière à parler des sujets qui me préoccupent, sinon de façon toute superficielle et le plus souvent par le truchement de l'anecdote. La vérité est que je n'ai rien à dire, ou du moins, que je ne parviens à m'exprimer un tant soit peu que sur le papier.*

Cet été, j'ai lu dans une revue des pages extraites de l'ouvrage auquel il travaille depuis quelques années : *Ostinato.* De toutes celles qu'il a écrites, ce sont les plus belles.

Son écriture particulière, minuscule, qu'on déchiffre avec peine. A l'intérieur d'un même mot, les lettres ne sont pas reliées, et l'espace qui suit chacune d'elles est parfois deux à trois fois plus large que le trait auquel elle se réduit. Le *o,* le *e,* le *i,* ou bien encore le *s* ou le *r,* ne sont qu'une courte barre verticale. Le *que* est constitué par trois minces verticales, la première plus haute que les deux suivantes.

26 novembre

Si les livres que j'ai publiés ne m'avaient apporté rien d'autre que les rencontres qu'ils m'ont values, j'aurais déjà été payé au centuple de la peine qu'ils m'ont coûtée.

Le sous-officier qui m'a inspiré un des principaux personnages du récit auquel je suis attelé, n'était autre que mon chef de section. En tant que militaire d'active, il avait dû aller se battre en Indochine et avait été fait prisonnier. Après sa capture, avec d'autres prisonniers, il lui avait fallu marcher pendant des mois à travers la jungle. Après quoi on les avait abandonnés en un lieu où des arbres avaient été abattus. Nul gardien pour les surveiller. Mais ils ne risquaient pas de s'enfuir. Autour, c'était l'immense, l'impénétrable forêt où vivaient des panthères et des tigres. Affamés, affaiblis, ils passaient le plus clair de leur temps étendus sur des bat-flanc de fortune qu'ils s'étaient confectionnés avec des branchages, et ils ne se séparaient jamais d'une trique pour tuer les serpents dont l'endroit était infesté. Plusieurs fois, la nuit, il avait été réveillé par l'un d'eux qui lui glissait sur le corps. La plupart de ces hommes étaient atteints de dysenterie, et ils se soignaient en mâchant du charbon de bois. Quand ils avaient été libérés, plusieurs d'entre eux avaient succombé. Ils s'étaient jetés sur la nourriture, et leur organisme ne l'avait pas supporté.

27 novembre

Cette histoire dont je n'avais pas eu connaissance ou que j'avais oubliée, et qu'un ami ancien enfant de troupe vient de me raconter :

Un soir, à Aix, un élève d'une classe terminale « fait le mur ». Il se trouve qu'il a un bras dans le plâtre. Mais c'est un garçon costaud, un grand sportif, et à l'aide d'un seul bras il est capable de se hisser successivement sur les deux ou trois murs qu'il lui faudra franchir. (L'opération n'était pas des plus faciles. Elle exigeait à la fois force et agilité.)

Quand il est de retour, qu'il commence à grimper contre le mur d'enceinte de la caserne, un homme dissimulé dans l'ombre se précipite sur lui, immobilise une de ses jambes, et lui crie qu'il est pris, qu'il lui faut redescendre. Cet homme est son commandant de compagnie, le capitaine D., un officier qui vient de la Légion étrangère, un redoutable excité, une sorte de dingue dont nous avions tous peur. (Je peux en parler car c'est à lui que je dois d'avoir été bouclé quelques jours dans un cachot.) Pendu à la jambe qu'il a saisie, le capitaine savoure sa victoire, mais soudain s'écrase sur sa figure un magistral coup de pied qui l'oblige à lâcher prise et l'envoie rouler à terre.

Le lendemain, furieux, un hématome sur la joue, le capitaine exige que l'odieux voyou se dénonce. Il gueule, menace de porter des punitions individuelles et collectives, mais en vain. Personne ne bronche. Bien sûr, ils sont tous au courant de ce qui s'est passé, et ils en font des gorges chaudes. Mais la solidarité entre eux est telle qu'il est exclu que le coupable soit dénoncé.

En désespoir de cause, le capitaine décide, en fin d'après-midi, après la « cérémonie aux couleurs », de garder le drapeau et de leur faire solennellement jurer sur l'honneur qu'ils sont innocents. Un seul n'osera prêter serment, et celui-là, il sera le coupable. L'un après l'autre, section après section, main tendue sur le drapeau, chacun s'exécute, et horreur, pas un seul qui se soit abstenu. Le capitaine est fou de rage. Il se répand en injures, ne sait quel mot trouver pour qualifier celui qui, par peur et lâcheté, au mépris de son honneur, a été capable d'une telle fourberie. Il décide alors qu'ils marcheront au pas cadencé autour de la cour jusqu'à ce que le coupable ait le courage de sortir des rangs. Mais avant qu'ils ne s'ébranlent, il leur déclare :

– De toute manière, il y en a un ici qui ne peut être suspecté, et c'est lui.

Il désigne alors l'élève dont le bras est en écharpe, tandis que tous, pour ne pas le trahir, veillent à réprimer le fou rire qui les gagne.

– Toi, fous le camp. Monte en étude. Je sais que tu n'as rien à te reprocher.

28 novembre

Ce n'est que maintenant, après trente ans de travail, que j'ose admettre que je suis un écrivain, que j'adhère sans réserve à ce besoin d'écrire qui donne sens à ma vie.

4 décembre

Mon récit avance. Hier, penché sur ma feuille, je suis resté six heures d'affilée à ma table, sans bouger, et je n'ai pas vu passer le temps. Je suis pleinement heureux.

5 décembre

Vu hier soir à la télévision *Reflets dans un œil d'or,* tiré du très beau livre de la grande Carson McCullers, dont l'œuvre m'est familière. Metteur en scène de renom, et deux stars de premier plan dans les rôles principaux. J'avais lu dans un magazine auquel je fais confiance que c'était un film « admirable » et je tenais à ne pas le manquer. J'ai donc vu. Mais quelle déception. Personnages sans épaisseur, sans âme. Pas une once d'émotion. Film nul, profondément ennuyeux, que je n'ai d'ailleurs pu supporter jusqu'au bout. Pauvre Carson !

11 décembre

Cette main et cette plume qui glissent sur moi, qui tracent inlassablement ces signes, ces mots avec lesquels tu te bats et dont tu voudrais qu'ils gardent brûlante cette lave que tu déposes en eux et que tu nommes ta vie, cette main et cette plume, elles me sont familières. Je les connais depuis trente ans.

Dans les premiers temps de ton parcours, alors qu'elles pouvaient durant des heures demeurer sur moi inertes, tu me détestais. Tu détestais cette blancheur qui te repoussait. Mais maintenant, ce qui de toi cherche à venir au jour s'écoule par des voies moins rocailleuses, et je sens que tu m'as résolument pris en amitié.

En outre, si tu considères ta cellule, ces murs tapissés de livres, ces dossiers, ces cahiers, ces carnets, ces blocs où dorment des centaines de pages couvertes de ton écriture, ces pages de journaux que tu te refuses à jeter, il te faut convenir que c'est encore moi. Moi qui t'entoure de toutes parts. Alors reconnais que tu vis dans ma dépendance. Que j'occupe dans ton existence une place de premier plan, unique, irremplaçable. Admets que sans moi, tu serais comme un infirme.

18 décembre

Ma petite maman est à l'hôpital. Elle a quatre-vingt-treize ans, et c'est la première fois qu'elle est malade. Assurément, le destin l'a formidablement favorisée en lui octroyant une aussi robuste santé et en lui permettant d'atteindre un tel âge. Mais pourquoi ne se montre-t-il pas plus généreux ? Et pourquoi ne vivrait-elle pas encore quelques années en gardant son exceptionnelle vitalité, son rayonnement, son bon sourire ?

28 décembre

Mme Nambotin m'a fait un grand plaisir en m'offrant pour Noël *Présence du bouddhisme,* un volumineux ouvrage publié sous la direction de M. René de Berval et qui regroupe plusieurs séries d'études. Voici des années que je m'intéresse au bouddhisme et au zen, et je vais tirer grand profit de cette lecture.

L'essence du bouddhisme, c'est la volonté de mettre fin à la douleur, et la voie à suivre pour y parvenir est nommée *l'Octuple Noble Chemin : Compréhension juste, Pensée juste, Parole juste, Action juste, Moyens d'existence justes, Effort juste, Attention juste et Concentration juste.*

Il me semble que tout être, pour peu qu'il vive avec une certaine exigence, ne peut que désirer aller toujours plus avant sur ce chemin-là.

1988

14-15 janvier

Retour à Stuttgart et Tübingen pour la sortie de mon *Tagebuch* (un choix de notes de *Journal* traduites par Kay Borowsky). Ma joie à revoir ces amis. A être accueilli si chaleureusement.

A Stuttgart, une grande exposition consacrée à Emil Nolde m'a permis de découvrir son œuvre.

Au cours de mon séjour ici, en 1986-87, j'ai trouvé les Allemands beaucoup plus disponibles, attentifs, chaleureux, beaucoup plus soucieux de bien vivre le rapport humain que ne le sont habituellement les Français. Sans doute pensera-t-on que j'étais bien disposé à leur égard et que j'ai voulu les voir tels. Il n'en est rien. J'ai enquêté auprès de compatriotes vivant outre-Rhin et tous partagent ce sentiment.

17 janvier

A la télévision, ce bluesman de Chicago qu'on sent riche d'une profonde et douloureuse expérience de la vie. Sa première guitare ? Le balai de sa mère, les cordes étant les filins de chanvre. Il a travaillé sur une grue électrique. Le bruit du moteur variait en fonction du poids de la charge. Il chantonnait en s'accordant sur ces différentes tonalités. Un homme terriblement attachant, possédé par sa passion pour la musique. Sa belle voix grave, apte à restituer les sombres couleurs de la vie.

20 janvier

La volonté dont je dois faire preuve, chaque jour, pour ne pas me laisser décourager par ma difficulté à écrire.

23 janvier

Une lucidité affûtée
par cette souffrance
qui naît du manque

26 janvier

Hier, je me suis rendu dans un lycée pour m'entretenir avec des élèves de première et de terminale. Ce lycée a ceci de particulier qu'il reçoit et des handicapés moteurs, et des jeunes ayant toute chance de devenir plus tard des sportifs de haut niveau. (On ne m'avait rien dit, et pendant la première heure, je me demandais qui pouvaient être ces beaux gaillards, rayonnants de santé, et ce qu'ils faisaient là.)

Ces garçons et ces filles qui, pour le plus grand nombre, doivent leur handicap à des accouchements longs et difficiles – responsabilité par exemple de telle sage-femme qui a refusé d'admettre qu'elle ne pouvait pas se tirer seule d'une situation délicate, et qui s'est opposée à ce qu'on appelle un médecin – sont pour la plupart très diminués. Certains, qui se déplacent avec des béquilles, ont une locomotion difficile et portent un casque de cuir, ce qui laisse supposer qu'ils doivent tomber assez souvent. D'autres, membres paralysés et atrophiés, sont assis sur des chariots et totalement dépendants de l'entourage. Aux prises avec les problèmes de l'adolescence et au seuil de leur vie d'adulte, ils ont évidemment beaucoup de mal à accepter et leur infirmité et l'existence qu'elle entraîne. Travaillés par une souffrance continue, ils ont une intelligence et une maturité remarquables.

Ils étaient fort silencieux et attentifs, et moi qui savais que chacun vivait un drame, traversait des crises de désespoir, connaissait parfois la tentation du suicide, je n'étais pas moins intimidé qu'eux.

Une toute jeune fille, d'une voix à peine audible, m'a posé deux questions étonnantes sur les rapports de la passivité et de l'écriture. Une autre m'a demandé si mes écrits avaient le pouvoir d'aider quelqu'un à vaincre son désespoir. Un garçon – le plus touché, au corps et aux membres plus où moins disloqués – en me questionnant à trois reprises, m'a mis dans un embarras insoutenable. Il parlait si mal que je ne comprenais rien à ce qu'avec tant de difficultés et d'efforts il voulait me faire entendre. Heureusement, le professeur était là, qui d'une voix discrète, répétait ce qui venait d'être dit.

Durant une pause de quelques minutes, une jeune fille non handicapée est venue à moi. J'apprendrai plus tard qu'elle est anorexique et a fait une sérieuse tentative de suicide. Elle m'a tendu un cahier et m'a demandé de lire la note qu'elle venait d'écrire. Elle l'avait rédigée devant moi en se faisant aider par une voisine, une naine d'origine maghrébine, qui m'a posé quelques questions, et dont la voix, l'expression, le regard témoignaient d'une maturité qui m'a surpris. Dans cette note, cette élève disait que la peinture est un art, qu'elle aime la peinture, et qu'elle espère rencontrer un peintre qui lui ferait *connaître le désir, le plaisir et l'amour*...

En partant, dans le couloir, je m'arrête auprès de deux jeunes filles sur leur chariot. Le professeur demande à l'une d'elles pourquoi elle est restée silencieuse alors qu'elle avait plusieurs questions à poser.

– *Je ne pouvais pas parler,* répond-elle d'une voix étouffée. *Ces temps, je ne peux pas parler.*

Son regard noyé de tristesse me bouleverse et je dois faire un violent effort sur moi-même pour refouler mes larmes. Dans mon émotion, je veux l'embrasser, mais à la dernière seconde, pris d'un accès de timidité, je me ravise. Alors mes mains se tendent vers les siennes. Mais nous sommes dans un couloir, il fait un peu sombre, et je n'ai pas pris garde à l'état de ses bras, de ses mains. Or ses membres sont paralysés, et mes mains, dont elle ne peut se saisir, restent piteusement en attente devant elle. Avec peine, elle soulève de quelques centimètres son avant-bras droit, à l'extrémité duquel pend une main rabougrie. Il est si menu et si grêle qu'il me vient l'impression qu'à simplement se poser sur lui, ma main pourrait le briser. Mon pouce et mon index entourent délicatement son mince poignet, et le seul signe d'amitié que je peux lui donner est cette pression qu'ils exercent, inquiète, furtive.

Leur professeur est une femme d'une quarantaine d'années, vêtue avec beaucoup de goût. Elle a un beau visage, nu, sensible, fait montre avec ses élèves d'une grande douceur et d'une totale disponibilité. Elle m'a appris entre autres choses que ce lycée était le seul de ce type dans la région, et que matin et soir, un car assure le transport de ces élèves, dont certains habitent à une certaine distance de Lyon (parfois quatre-vingts ou cent kilomètres).

L'après-midi, revenu chez moi, je n'ai rien pu faire. J'ai dû me remettre de mes émotions et n'ai cessé de penser à ces jeunes gens, à ce qu'ils endurent, à la vie tronquée qu'ils auront. Et aussi aux enseignants et au personnel qui les ont en charge. De même qu'à leurs parents et aux problèmes de tous ordres qui doivent être les leurs.

Nous les valides, qui à la moindre contrariété, à la moindre indisposition, au moindre accroc de santé, sommes si souvent prompts à nous plaindre, à nous apitoyer sur notre petite personne, il serait bon que de temps à autre nous rencontrions de tels infirmes. Nous découvririons alors que nous sommes des privilégiés et que nous devrions mieux savoir apprécier de n'être pas prisonniers d'un corps inerte.

Curieusement, en rentrant de ce lycée, j'ai trouvé dans ma boîte aux lettres *La Part du feu,* le second livre de Françoise Ascal, cette amie qui travaille dans un hôpital où se trouvent des jeunes gens atteints de leucémie, ou qui, à la suite d'un accident de la route – en général de moto – sont hémi- ou tétraplégiques. Elle m'a parlé à plusieurs reprises de ces grands malades, de ce qu'elle vit auprès d'eux, des drames et des agonies dont elle est témoin. Plusieurs notes de cet ouvrage qui est un *Journal* sont consacrées à cet hôpital, à certains des jeunes gens avec lesquels elle a eu un contact plus étroit.

Ils sont passés sans transition, parfois en quelques secondes, de la pleine santé à l'état de grands malades. Ils n'ont aucun espoir de retrouver un jour une existence normale, sont dans une grande détresse, et leur besoin d'affection est sans limites. Le drame au fond duquel ils se débattent les amène à penser et à dire des choses étonnantes, et les instants qu'elle passe auprès d'eux sont incomparablement forts et riches. Mais précisément, elle est parfois mise à rude épreuve et ne sait si elle pourra supporter encore longtemps la tension dans laquelle ils la font vivre.

Dimanche 31 janvier

Ce matin, je marchais seul dans une rue déserte. Quelque peu perdu en moi, je n'étais pas très présent à ce qui m'entourait. Pendant quelques secondes, sans vraiment en prendre conscience, j'ai senti une présence à mon côté. Puis on m'a parlé. J'ai tourné la tête. Un Maghrébin m'a montré quelques croûtons de pain au fond d'un vieux sac en plastique. Il était chômeur, père de trois enfants, et il n'avait plus d'argent. Sa femme avait passé une partie de la nuit à prier sur la Bible en pleurant. Il parlait mal le français, mais j'ai compris qu'il était un harki. Il avait choisi le camp de la France, mais la France avait abandonné ceux qu'elle avait poussés à trahir leur pays. La guerre finie, il avait pu s'enfuir, mais ses parents et sa sœur avaient été égorgés. Etait-il kabyle ? Oui il était kabyle. J'ai pensé à Mouloud Feraoun, assassiné par l'O.A.S., et dont j'ai lu le *Journal* et *Lettres à ses amis.* Il me reste à lire *Le Fils du pauvre,* qui est je crois son meilleur livre. J'ai pensé surtout à ce titre d'un de ses ouvrages : *Jours de Kabylie.* Je ne saurais dire pourquoi, ces mots à une certaine époque, je ne cessais de me les répéter et ils m'enchantaient. J'ai pensé également à Si - Mohand, un de mes poètes préférés. Un homme dont la famille avait été ruinée et décimée par l'arrivée des colons français. Lui ne s'était jamais remis de ce drame, et toute sa vie il fut un errant. Il n'a rien écrit, et c'est longtemps après sa mort qu'on a pu recueillir ses poèmes des lèvres de ceux qui en avaient gardé mémoire. Des poèmes d'une grande simplicité, empreints d'une profonde souffrance, et que j'aime tout particulièrement.

Nous étions arrêtés à l'angle de la rue. L'homme se tenait devant moi. Il disait son amour de la France et il ne désespérait pas. On lui avait promis, à la municipalité, une place de cantonnier. Son regard m'implorait. J'ai fait ce que n'importe qui aurait fait. J'ai ouvert mon portefeuille et lui ai donné l'argent que j'avais. Il était bouleversé :

– *Vous êtes un vrai Français,* marmonnait-il en m'embrassant. *Je vais acheter une bouteille de gaz. Ils vont pouvoir manger... Ils vont pouvoir manger...*

3 février

Mon récit avance avec lenteur. Au fur et à mesure que je progresse, je me rends mieux compte des écueils à éviter.

– Ne pas avoir une vision manichéenne de cette collectivité faite de quelque huit cents enfants de troupe et d'une cinquantaine de militaires. Parmi ces derniers, on trouvait des hommes bons, qui ne cherchaient nullement à nous brimer et nous humilier. Je me souviens très bien de deux d'entre eux : un sergent que j'ai eu pendant un an comme chef de section. Il était terriblement timide, rougissait à tout propos et avait le plus grand mal à nous donner des ordres. Et un adjudant-chef qui ne se serait jamais laissé aller à porter une punition. Dans la vie rien n'est jamais simple. Nécessité donc de respecter cette complexité.

– Ne pas perdre de vue que les petites avanies que nous avons pu subir n'étaient que bien peu de chose comparées à ce qu'ont enduré des enfants dans les camps de concentration, à ce que vivent de jeunes Africains dans des pays dévastés par la famine. Je ne serai donc jamais assez sobre.

– Ne pas régler des comptes, ne pas céder au ressentiment. D'ailleurs, je n'ai pas gardé de cette époque que des mauvais souvenirs, loin s'en faut. Et je ne veux surtout pas oublier que si j'ai pu faire des études, c'est grâce aux enfants de troupe.

Ce que je me propose, c'est moins de parler de cette institution, de la vie de cette collectivité, que de tracer le portrait d'un adolescent.

4 février

Invité hier soir à dîner par une amie de fraîche date qui souhaitait me faire rencontrer des personnes de sa connaissance : un homme d'une quarantaine d'années, ancien enfant de troupe, au beau visage intense et douloureux – une jeune femme mère de famille – un prêtre d'une soixantaine d'années qui a eu à surmonter plusieurs épreuves, et qui se tient dans les marges de l'Église – une institutrice, licenciée en philosophie, et qui, elle aussi, a su s'affranchir des conformismes et stéréotypes habituels – une femme qui a vécu plusieurs années en Inde, dans des ashrams. Le plaisir qu'on éprouve à échanger avec des êtres de qualité. Mais ces vies si riches, je suis triste de me dire que je n'aurai pu que les frôler. Chacune de ces personnes, j'aurais voulu l'écouter pendant des heures.

8 février

En écrivant ce récit, je me rends compte de ce dont je n'avais jamais pris conscience : durant ces premières années à l'école, alors que notre vie était réglée par un emploi du temps strict, j'ai toujours réussi à être un peu à part. Le dimanche, je passais la journée chez mon chef de section. Le jeudi, pris par un entraînement ou un match de rugby, j'échappais à ce qui était prévu pour les élèves restés à la compagnie. Et tout au long de la semaine, dès que se présentait la moindre possibilité de me sauver, je filais chez les anciens. Je ne me sentais bien qu'avec eux.

9 février

Je n'ai aucun plan et j'avance en aveugle. Le récit se construit en fonction des nécessités qui s'y font jour.

Bernard Noël a passé la nuit ici. Comme chaque fois, un très bon moment avec lui. Je lui ai parlé de ma difficulté à écrire, des blocages qui m'ont longtemps empêché d'entreprendre les textes qui s'ébauchaient en moi. Lui, il a prononcé le mot de censure et conclu qu'il faut écrire *comme on vit.*

Ce soir, je m'interroge, cherche à débusquer les censures qui verrouillent certains de mes recès. On n'a jamais fini de crever les écrans qui interdisent à l'œil de voir ce qu'il lui faudrait découvrir.

10 février

En l'être humain, le désir de ce qu'on ne saurait nommer, peut être :

– inexistant

– faible et inconstant

– accordé à nos différentes exigences, de sorte qu'il est vécu à hauteur d'homme

– excessif, et en ce cas, il nous pousse à trahir notre nature terrestre.

11 février

Il me faut retrouver ou recréer en moi des désirs, des émotions, des sentiments, des états intérieurs..., que j'ai éprouvés il y a une quarantaine d'années. Que tout cela est étrange.

12 février

Cet automne, quand j'ai repris *L'Année de l'éveil*, après plusieurs mois d'interruption, je me demandais si j'allais pouvoir repartir, si j'allais être capable de me situer dans le prolongement du texte existant. Il me semble que j'y suis parvenu et je ne pense pas qu'on perçoive une rupture entre ces deux séries de pages écrites à des mois d'intervalle. Je m'en réjouis fort. C'est la preuve que ma vie intérieure se poursuit désormais sans à-coup. Avant, que de hauts et de bas, de tumulte, de bouleversements. Je commençais une nouvelle, et le lendemain, quand je voulais la continuer, il m'était impossible de me mettre au diapason de ce que j'avais déjà écrit. En un seul jour, je m'étais considérablement déplacé, et je m'éprouvais différent de celui que j'avais été la veille. Dire cela peut sembler excessif, d'autant que le tracé de mon itinéraire évoque plus, à mon sens, une ligne droite qu'une ligne brisée. Pourtant, ce que je rapporte là est conforme à la réalité. Bizarrerie de l'être humain : comment peut-il au long des années se développer en parcourant un chemin plutôt rectiligne, alors que sa vie intérieure connaît de tels soubresauts, de telles perturbations ?

En reprenant *L'Année de l'éveil*, je ne pouvais pas ne pas me souvenir des récits que j'ai dû abandonner naguère après avoir rédigé quelques pages, et j'appréhendais ce qui allait se passer. Mais aujourd'hui, je n'ai plus à avoir de crainte. L'épreuve a été surmontée. Pour cette seule raison, et bien que je sois loin d'avoir mené à terme ce récit, j'ai envie ce soir de hisser le pavillon de la victoire.

13 février

A Aix, pendant les trois premières années : l'ennui, l'ennui, l'ennui. Des journées presque toutes semblables, routinières, stagnantes. L'impression que le temps n'avançait plus, que j'étais à jamais prisonnier de cette caserne, que rien ne parviendrait à me tirer hors de ces murs.

Je viens de comprendre que le premier texte que j'ai écrit avait peut-être son origine dans cette impression-là. Cette étude (elle était médiocre, mais j'étais dans une telle ignorance et aux prises avec une telle confusion) traitait du thème de la mort chez Kafka et Leiris, et plus précisément, de la mort envisagée comme impossibilité de mourir. En lisant ces œuvres, j'avais en effet été frappé par les passages où il était question de cette hantise selon laquelle la mort pouvait ne pas survenir. Et si j'ai été sensible à de telles considérations, c'était sans doute parce qu'à certaines périodes de ma vie d'enfant de troupe, j'avais eu le sentiment que rien et pas même la mort n'aurait pu me délivrer.

15 février

Parfois, cet immense étonnement face à ce que je suis, ce qui se vit en moi, ce que j'écris. Rien dans mes origines familiales et sociales ne pouvait laisser prévoir que ma vie prendrait une telle direction.

Ces jours, je passe le plus clair de mon temps en compagnie de l'enfant de troupe que j'ai été. Son désir secret était de devenir écrivain, mais ce désir il le combattait autant qu'il le pouvait. Il savait combien il est difficile et douloureux d'écrire, et il avait très tôt découvert qu'il n'avait aucune facilité à s'exprimer, que mettre en mots ce qu'il éprouvait serait une tâche au-dessus de ses moyens. De surcroît, à aucun moment il ne pouvait oublier qu'il lui faudrait rester dans l'armée. Aussi, lorsqu'il se laissait aller à rêver, à envisager ce qui lui paraissait pourtant rigoureusement inconcevable, il s'efforçait d'interrompre son rêve au plus vite, conscient que la réalité dont il était prisonnier ne l'autorisait pas à se bercer d'illusions.

Cet étonnement avec lequel je considère l'écrivain que je suis, il me vient sans doute de cet adolescent qui étouffait à se dire que sa vie ne lui appartenait pas, qu'il lui serait à jamais impossible de se consacrer à ce dont il rêvait.

16 février

A l'adolescence. Quand je voulais parler et que je ne le pouvais pas. Quand le trop-plein qui demandait à se déverser ne réussissait qu'à me pétrifier les lèvres. Quand me submergeait l'impression d'une radicale et irrémédiable déficience. La haine de soi. La hantise de voir se renouveler cet échec. La conviction qu'il faudrait punir de mort celui qui se révélait indigne de vivre.

18 février

Le rythme. Essentiel. La structure des phrases. Leur cadence. Les enchaînements. Faire de la musique avec les mots. Parfois, après quatre heures de travail, quand je suis tout à ce que je viens de faire et que la page à peine achevée vit encore en moi, je sens que le changement d'un seul terme – pour parfois simplement modifier une nuance – a le pouvoir d'introduire une vibration nouvelle qui retentit sur l'ensemble, affecte chacun de ses éléments.

Ecrire, c'est devoir à chaque instant satisfaire à plusieurs exigences. Mais parfois, celles-ci se concilient mal. Un gain sur un plan peut entraîner une perte sur un autre plan. Il faut alors savoir discerner si cette perte est suffisamment compensée par ce gain.

19 février

A force de scruter le dedans, mes perceptions se sont affinées, et bien souvent, je sens que les mots qu'il me faudrait employer ne sont pas à même de restituer la complexité et la subtilité de ce que je capte. Ils me paraissent imprécis, limités, rudimentaires, et je dois de plus en plus fréquemment recourir à des périphrases.

20 février

A Aix, un matricule nous avait été attribué, nous portions tous le même uniforme, et je ne saurais soutenir que le régime auquel nous étions soumis, visait à faire émerger nos personnalités. Le but recherché était plutôt de les gommer, de les niveler, et j'en étais bien conscient. Un bon militaire n'a pas à penser. On ne lui demande que de savoir obéir. D'un certain point de vue, on aurait pu considérer que la troupe que nous formions était constituée d'éléments anonymes et indifférenciés. C'est sans doute la conscience de tout cela qui m'a confusément poussé à ne donner ni nom ni prénom aux personnages que je mets en scène dans mon récit. Il en résulte d'ailleurs pour moi des problèmes d'écriture qu'il ne m'est pas toujours facile de résoudre.

23 février

Chaque jour, quand je prends la plume pour tenter d'écrire ma page quotidienne, je suis écrasé par cette impression que *je n'y arriverai pas,* que je m'attelle à une tâche démesurée, que je ne parviendrai pas à mettre en ordre, puis en mots, ce qui s'agite dans ma tête.

25 février

Etrange chose que d'avoir à modeler avec des mots une substance qui n'est autre que moi-même. Une substance qui se présente sous la forme d'un magma. Un magma que je n'ai pas choisi. Difficile à appréhender, friable en certaines de ses parties, rigide en d'autres, rebelle en sa totalité à cette trituration à laquelle je le soumets en vue de le faire passer dans des mots.

29 février

Je viens d'achever la lecture de *Lettres d'exil.* Ecrites entre 1948 et 1957 par Ariane Efron, elles avaient pour destinataire Boris Pasternak.

Ariane Efron était la fille de Marina Tsvétaïeva (je pense avoir lu de celle-ci tout ce qui a été traduit à ce jour, notamment *Tentation de jalousie,* précédé d'une longue et pertinente étude d'Eve Malleret, sa traductrice, laquelle est malheureusement décédée avant d'avoir achevé ces traductions).

J'ai lu beaucoup de livres sur le Goulag. Ceux de Evguenia Guinzbourg – *Le Vertige* et *Le Ciel de la Kolyma* –, les trois tomes de *Contre tout espoir* de Nadejda Mandelstam, les ouvrages de Chalamov, de Kouznetsov, de Soljénitsyne, d'Abram Tertz – Bram m'avait offert *Une voix dans le chœur* –, d'autres encore... Tous m'ont profondément remué, certains m'ont bouleversé et hanté pendant plusieurs jours après que j'en eus achevé la lecture.

Ces *Lettres d'exil* sont d'un autre registre. Mais je sais d'ores et déjà que je vais les garder près de moi et que je ne manquerai pas de les reprendre de temps à autre. Bien qu'elles rapportent des événements tragiques, on peut trouver en elles cette lumière et cette énergie qui nous rendent la vie plus précieuse.

Ariane Efron a d'abord écopé de huit ans de détention. Pour la seule raison qu'elle était la fille d'un couple réprouvé par le régime. Pendant cette détention, sa mère – un des plus grands poètes du XXe siècle – s'est pendue (elle avait quarante-neuf ans) et son père a été fusillé. Après avoir purgé cette peine, elle a été exilée à vie en Sibérie. Réhabilitée après six ans passés dans cette région inhumaine, elle est morte vingt ans plus tard, dans sa soixante-troisième année.

Cette femme, quelle riche et belle personnalité elle avait. Formée par sa mère qui était une femme ô combien ardente, elle avait appris à voir, à sentir, à comprendre, et comme elle était dotée d'un vrai talent d'écrivain, ses lettres sont admirables. Justesse et densité. Chaque mot nécessaire et plein. Les conditions extrêmes dans lesquelles elle eut à survivre l'avaient élaguée, épurée. Ne subsistait en elle que le noyau d'une vie réduite à sa part la plus essentielle.

L'hiver, il faisait jusqu'à moins cinquante-deux degrés. Par des températures aussi rigoureuses, le cœur s'affole et l'organisme est près de flancher. L'été, le soleil qui brillait vingt-quatre heures sur vingt-quatre et des nuages de moustiques l'empêchaient de dormir. Après la fonte des glaces, quand la nature s'éveillait, les feuilles des arbres n'avaient pas eu le temps de verdir qu'elles rouillaient déjà.

Comme elle sait bien parler de la forêt, du printemps, des étoiles, du fleuve qui roulait des blocs de glace plus gros que les isbas... Et quel amour elle a porté à Pasternak ! Un amour tout platonique, car elle a très peu eu l'occasion de le rencontrer. Mais un amour d'une rare et douloureuse intensité. Un amour que seule peut nourrir une femme à qui tout a été enlevé et qui n'existe que par lui.

2 mars

Dans *Un monde à part,* Gustaw Herling parle de ces prisonniers de droit commun qui jouaient aux cartes la vie de déportés politiques. Et dans une de ses lettres, Ariane Efron raconte une histoire semblable : *... l'un d'eux avait perdu au jeu sa propre personne, et on l'avait lancé par-dessus bord dans l'Ienisseï.*

4 mars

J'ai eu tort de lire ces lettres d'Ariane Efron. Car elles continuent de me travailler, me conduisent à me poser tout un tas de questions sur la nature humaine et sur moi.

Ainsi je me demande, au cas où j'aurais eu à endurer pareille épreuve, comment j'aurais réagi. Si j'aurais eu le courage de lutter. Si j'aurais été capable d'atteindre ce point où il n'est plus possible de céder à l'amertume et à la haine.

Après avoir subi ces condamnations iniques et connu des années terribles, Ariane Efron n'était ni amère ni détruite. Son amour de la vie n'avait pas vacillé. Elle avait encore en elle assez de fraîcheur et de générosité pour s'émerveiller et louer *cette grande force, intarissable et victo-*

rieuse, de la vérité et de la bonté humaines. Et dans sa dernière lettre, consciente de ce que ses souffrances lui avaient malgré tout apporté, elle reconnaît qu'il lui a *été donné de vivre beaucoup de choses,* et elle en *remercie le destin.*

5 mars

Ces temps, j'ai eu l'occasion de passer deux après-midi en compagnie de Mme Aron. Elle m'a beaucoup parlé, notamment de Simone Weil, qui fut une de ses amies d'enfance. Celle-ci était très possessive et les rapports avec elle n'étaient jamais faciles. Ce qu'elle vivait, ses découvertes, ses engouements, ses passions, autrui n'en recevait jamais la confidence. Ses amitiés étaient cloisonnées, soumises à une sorte de clandestinité psychologique. Il est indéniable qu'elle avait du génie, mais elle était pleine de problèmes, de conflits, de contradictions, et dans la vie de tous les jours, elle était plutôt insupportable. En fait, il semble qu'elle n'ait jamais atteint l'âge adulte. Sur beaucoup de choses, elle avait des idées fausses, et bien qu'elle eût des dons intellectuels exceptionnels, elle possédait une étonnante puissance d'aveuglement sur elle-même. Si on l'invitait à porter un regard sur ce qu'elle était, à prendre conscience de ses contradictions les plus criantes, elle ne le supportait pas.

Tout comme elle, son frère a été un enfant prodige. Très doué pour les langues – il sait le grec, le latin, l'italien, l'allemand, le russe, l'ourdou, le suédois, le brésilien (différent du portugais)... – il a été un chercheur de génie dans le domaine des mathématiques.

Leur mère était une Juive russe, mais sa fille n'en a jamais parlé. Il semblerait qu'elle ait voulu le cacher, qu'elle ait voulu renier ses origines. C'est si vrai qu'elle a écrit des phrases nettement antisémites. Raymond Aron n'a pas compris son refus de se solidariser avec les Juifs quand les persécutions ont commencé.

Elle a eu une passion folle, quoique toute platonique, pour Boris Souvarine et c'est sans doute lui qui l'a empêchée de basculer dans le communisme.

Les parents Weil adoraient leurs enfants. Quand Simone était en Espagne, pendant la guerre civile, elle s'était gravement brûlée. Dès qu'ils l'avaient appris, ils avaient volé à son secours. Là encore, lorsqu'on lui faisait remarquer qu'elle se jetait parfois dans des aventures inconsidérées, et qu'ensuite, continuant d'agir en enfant gâtée, elle appelait ses parents à l'aide, elle réagissait mal.

Elle s'est éteinte à Ashford en août 1943. Elle avait trente-quatre ans. Sa mort a été provoquée par son refus de se nourrir. A la fin, Maurice Schumann qui allait la voir a rapporté qu'elle se prenait pour le Christ.

Mme Aron m'a encore longuement parlé de Copeau, de Martin du Gard, de la fille de ce dernier.

Malraux avait un charme fou et se montrait étincelant. Selon elle, il a tout donné alors qu'il était jeune et ses ouvrages sur l'art sont à prendre avec circonspection.

Elle a de l'amitié pour Gide. Alors qu'elle et son mari avaient perdu une petite fille emportée par la maladie, Gide qui était à quelques mois de sa mort, leur avait écrit une lettre prouvant qu'il avait été sensible au malheur qui les frappait.

Quelles belles heures j'ai passées à écouter cette dame dont l'intelligence, la bonne humeur et la sagesse m'ont subjugué.

7 mars

Le besoin et la capacité de se connaître me paraissent relever d'une instance spécifique, laquelle semble indépendante de l'intelligence, des dons intellectuels qu'un être peut avoir.

Ce que m'a dit Mme Aron de Simone Weil à ce sujet m'a frappé. Simone Weil était remarquablement intelligente, mais elle vivait par rapport à elle-même en un état d'ignorance.

Songeant à ce problème, j'ai soudain pensé à Marguerite Duras. Et plus précisément, au remarquable essai que Madeleine Alleins lui a consacré et que j'ai lu il y a un peu moins de quatre ans.

Dans cet ouvrage, l'auteur montre preuves à l'appui que les femmes qui peuplent les livres de Marguerite Duras, au fur et à mesure que l'œuvre se développe et s'approfondit, ont une tendance au dépassement de soi. Elles se dépouillent de leur vouloir, sont enclines à s'effacer, savent aimer d'un amour éperdu, qui n'attend aucune contrepartie. Elles finissent par atteindre *un amour sans objet,* infiniment plus fort et plus vaste et plus généreux que tout amour particulier. *C'est à force de ne pas exister moi, que cela existe tant.*

Pour avoir si bien décrit ces conduites et ces attitudes, il faut que Marguerite Duras ait vécu la démarche qui les suscitait. Or son personnage public se situe à l'opposé des comportements qu'elle attribue à ses héroïnes. Comment se peut-il ? Pourquoi ce qu'elle nous donne à voir d'elle-même semble si loin de ces femmes renoncées qu'elle a pourtant tirées de son propre fond ?

Ma vie est morne, pleine d'ennui, me confie cette femme qui, selon la formule, a tout pour être heureuse, *et j'en souffre terriblement. Mais je n'ai pas la force de tout casser pour tenter de vivre autre chose.*

8 mars

Après avoir vécu quelques heures en Sibérie en compagnie d'Ariane Efron, j'ai le plus grand mal à reprendre mon récit. Comparées à ces années effroyables où elle a dû chaque jour se battre pour survivre, mes petites histoires d'enfant de troupe me paraissent dénuées d'intérêt.

Cette nuit, alors que je pensais à tout cela, j'ai fait retour sur moi-même, jeté un regard sur ma vie. J'ai alors découvert que j'ai toujours été servi par la chance, que je n'ai cessé d'être un privilégié.

Quelques semaines après ma naissance, alors que mon père avait demandé à Mme Ruffieux si elle acceptait de me prendre en nourrice, dans un premier temps, elle avait refusé. Elle était mère d'une nombreuse famille et s'occupait déjà de deux petites filles en bas âge. Quelques jours plus tard, elle avait appris que j'allais être placé chez une ivrognesse vivant dans un taudis. Alors elle avait accepté de me garder pendant trois mois, le temps que mon père puisse trouver une nourrice convenable. Mais au cours de ces trois mois, Mme Ruffieux et ses cinq filles – elle avait aussi un grand fils et en aurait un autre cinq ans plus tard – s'étaient attachées au bébé que j'étais, et elles n'avaient plus voulu le laisser partir. Par la suite, le sentiment ne m'a jamais quitté que cette famille était ma vraie famille, et il est certain que le destin m'a fait une faveur sans prix en permettant que je sois élevé par cette maman Ruffieux qui m'a donné en surabondance toute l'affection dont un enfant a besoin.

Quand j'ai eu douze ans, les circonstances ont voulu que j'entre aux enfants de troupe. Cette école m'a permis de faire des études et d'échapper à la vie médiocre qui m'attendait.

Devenu adulte, j'ai rencontré M.L. et je n'ai cessé de m'appuyer sur elle. Lorsque je lui avais fait part de mon désir d'abandonner mes études pour m'engager en toute inconscience dans une aventure dont l'issue était des plus aléatoires, elle n'avait pas sourcillé. Et pendant la quinzaine d'années qui a suivi, alors que, noué par mes problèmes et sapé par le doute, j'ai longtemps piétiné, elle, elle n'a jamais douté.

Il y eut encore des rencontres déterminantes. Avec des personnes et avec des œuvres. Toutes m'ont donné de la force, et à certains moments, aidé à ne pas perdre pied.

Il y eut enfin, grâce à P.O.L – c'est Bernard Noël qui

m'avait aiguillé vers lui – la publication de mon *Journal*. Celle-ci arrivait à point nommé, car j'étais vraiment à bout de courage et d'énergie. Mis à part trois petits livres précédemment publiés et passés inaperçus, la sortie du premier tome de ce *Journal* a marqué pour moi la fin d'une période difficile. Il y avait vingt ans que j'écrivais dans l'ombre et rien de décisif jusque-là n'était venu me prouver que j'avais eu raison de m'obstiner.

Ainsi un heureux destin a-t-il voulu que la chance soit toujours avec moi, que je bénéficie depuis bientôt quarante ans de ce rare et formidable privilège : pouvoir consacrer le plus clair de mon temps à l'écriture, la passion qui m'habite. Cela, je le savais plus ou moins, mais je ne m'y étais jamais arrêté, et c'est le contrecoup de ma rencontre avec ces *Lettres d'exil* qui m'a permis d'en prendre effectivement conscience.

9 mars

Ces temps, une inconnue qui m'a dit être *une dévastée et une émerveillée*, me téléphone chaque début d'après-midi pendant un long moment. Elle a des connaissances en astrologie et s'est amusée à établir mon thème.

Au hasard de ce dont je me souviens : une blessure initiale, mais qui a été dépassée – besoin d'aller vers le bas comme vers le haut, dans le lointain intérieur comme dans l'immensité du cosmos – sensibilité – nature passionnée, animée par une foi – personnalité reconstruite, mais la spontanéité et la fraîcheur demeurent – une personnalité que se partagent des couples de contraires – taupe et oiseau – castor et aigle – charnel, affectif et intellectuel, idéaliste – logique et irrationnel – présence à l'immédiat, au proche, un côté perfectionniste et une sensibilité au mystère, à l'au-delà – souci du détail allant de pair avec une recherche de la quintessence – un besoin de s'enfoncer dans la ténèbre intérieure, de sonder les profondeurs de l'être pour tenter de percer son énigme et remonter ensuite à la lumière – imagination très présente – la témérité et la passion ont toujours été contenues – des freins puissants depuis l'enfance – vie intérieure douloureuse – besoin de faire peau neuve, d'être toujours en marche, de toujours se dépasser – grande fatigabilité mais résistance de fond – désespoir dans le thème mais volonté de le surmonter – capacité à renaître de ses cendres – une faim de vie qui est un puissant moteur de création – un certain esprit combatif – très vénusien – sentiment océanique de l'amour – mû par l'amour et par un intense besoin de beauté, de la beauté la plus formelle comme la plus élevée – le quotidien pèse, mais il est abordé avec sérieux et méthode – un sens très affirmé de l'équilibre, de l'harmonie, de la justice – soutiens et amitiés – chance, réussite, mais l'argent ne suivra pas – terminera peut-être ses jours à l'étranger – un moi qui veut faire éclater ses limites et se fondre dans le tout – sentiment de solitude même dans l'amour.

10 mars

Ce qui depuis plusieurs années est pour moi source d'un profond étonnement (mais sans doute l'ai-je déjà noté) :

– que des artistes de grand talent puissent ne pas vivre une aventure intérieure, ni même pressentir ce en quoi elle consiste

– qu'un être humain qui a été détruit par la haine de soi, a connu un profond marasme, voulu parfois se supprimer, trouve en lui en dépit de tout et contre toute attente les ressources qui lui permettent de se relever, se régénérer, reprendre goût à la vie.

15 mars

Ces instants pénibles, à Aix, quand j'avais découvert que l'existence humaine se déroulait sous le signe du précaire et de l'éphémère. A quoi bon s'escrimer, pensais-je, si rien ne demeure de ce que nous sommes et réalisons. Je restais parfois des jours et des jours sans pouvoir ouvrir ni livres ni cahiers, impuissant à prendre en charge un garçon promis à disparaître.

25 mars

La fleur du temps, le second tome des *Livres de bord* de Claude Roy vient de paraître. En le lisant, j'ai eu la surprise de tomber sur quelques lignes où il est question de moi. Dans cette note, il reproduit le conseil que Beckett m'avait donné dans une lettre : *Eloignez-vous et de vous et de moi.* Il le cite pour blâmer à juste raison *ce don excessif de soi à l'autre* qu'il repère dans l'attitude des *« admirateurs », disciples et fans, qui s'identifient trop fortement au « maître et modèle », deviennent des dévôts et des imitateurs.*

Pour ma part et bien que j'aie mérité de recevoir ce conseil, je ne pense pas avoir été un dévôt ni un imitateur de Beckett. Mais il est malheureusement vrai que cette admiration que je portais à certains peintres et écrivains me poussait à *ce don excessif de soi à l'autre* que désapprouve Claude Roy.

Pourquoi ai-je été pendant longtemps enclin à me nier face à ces artistes ? Peut-être parce qu'ils me renvoyaient à mes limites et mes insuffisances. Peut-être parce que j'avais une conscience aiguë de la somme de souffrances qui avait été à l'origine de leur œuvre. Peut-être parce que l'importance et la richesse de celle-ci m'écrasaient. Peut-être parce que l'admiration qui est une forme de l'amour impliquait pour moi une totale oblation.

Mais les explications que j'avance ne sont pas forcément les bonnes. Une telle attitude a pu être déterminée par des fractures survenues pendant l'enfance, par les déficiences qu'elles ont entraînées.

En me persuadant que ce que je pouvais produire était

totalement dérisoire, ces admirations *excessives* m'ont pendant des années détourné de m'engager sérieusement dans ce que j'avais à faire. Mais après avoir lutté avec une farouche résolution contre ce qui m'entravait, je suis parvenu à me dégager de ces admirations et à gagner mon autonomie.

Tout ce qu'il faut rejeter, traverser et conquérir pour s'affranchir de son enfance et avoir une chance de devenir un jour un adulte !

28 mars

Ce don excessif de soi à l'autre à quoi mes admirations m'inclinaient, je ne pense pas qu'il supposait un manque de personnalité. Ce besoin de me donner en totalité, sans rien sauvegarder, est conforme à ma nature. En fait, il se cache en moi un fanatique, et bien souvent ce que je vis se trouve porté à l'extrême.

Quelles qu'aient pu être les périodes où j'ai flotté, il me semble que rien ne m'a jamais fait dévier de la voie sur laquelle j'avançais. Je me demande même si j'ai subi des influences. Fou de lecture comme j'étais, je passais d'un livre à l'autre, d'une œuvre à l'autre, si bien que l'une d'elles n'a jamais eu le temps de s'implanter dans ma terre.

Je me suis successivement pris de passion pour Camus, Hemingway, Tchekhov, Van Gogh (sa *Correspondance*), Leiris, Beckett, Kazantzákis, Virginia Woolf, James Agee, Thérèse d'Avila, Jean de la Croix, la Bible, Platon, Plotin, Rûmî... Ma fréquentation des œuvres peintes n'a pas moins compté que mes lectures : Van Gogh, Gauguin, Cézanne, Rembrandt, Mondrian..., et je me garderai d'oublier Bram Van Velde. A quoi il faudrait ajouter Krishnamurti, Mâ Ananda Moyî, ainsi que des poètes et des peintres extrême-orientaux. Mais dans tout ce que j'ai goulûment absorbé et dont je me suis nourri, je ne saurais discerner ce qui m'a marqué en profondeur. Chacun d'eux m'a un jour ou l'autre accompagné, mais au bout du compte, je crois que j'ai cheminé seul.

Il y a plusieurs années, alors que je ne le connaissais pas, j'avais demandé un rendez-vous à Henry. J'étais dans un profond marasme et je voulais qu'il me prescrive quelque médicament qui me donnerait un peu d'énergie. Au cours de cette consultation, je n'avais guère été bavard et il n'avait pas disposé de beaucoup d'éléments pour se faire une idée de qui j'étais. Par la suite, alors que nous étions devenus amis, je lui avais demandé ce qu'il avait pensé de moi ce jour-là. Sa réponse m'avait surpris : *J'avais perçu que tu étais un rebelle.*

Un rebelle. Je crois qu'il avait vu juste. Certes, je n'ai pas l'âme d'un trublion, mais je pense avoir une sorte de sixième sens pour flairer ce qui menacerait ma liberté intérieure, ce qui chercherait à m'embrigader, à diriger ma pensée, à me pousser là où je ne voudrais pas aller. Ce sixième sens me maintient constamment sur mes gardes.

Le *non* qui s'oppose à la menace, je n'ai nul besoin de le manifester. Simplement, je me retranche et je refuse mon adhésion. A Aix, ce sixième sens fonctionnait déjà. Comme furent nombreuses les circonstances au cours de ces huit années où il a dû m'alerter, je pense qu'il s'en est trouvé affermi.

Aujourd'hui, si je cherche à analyser en quoi il consiste, je dirais qu'il résulte peut-être d'un certain sens du vrai, du besoin que j'ai de préserver mon intégrité, de l'obligation où je suis de rester fidèle à certaines valeurs auxquelles je tiens.

Cet état de rébellion intérieure va de pair avec une nécessaire révolte. Or cette révolte commence par une révolte contre soi. Pour que celle-ci garde toute sa vigueur, il me paraît qu'elle doit demeurer cachée.

29 mars

Au début, quand l'aventure a commencé, j'aurais voulu n'écrire qu'un seul texte. Un texte qui aurait été un poème. Un poème d'une grande densité, dans lequel j'aurais comprimé la totalité du peu que j'avais à dire. Après quoi je me serais détourné de l'écriture. Cette idée un peu folle, je ne pouvais m'en déprendre, et pendant un certain temps, elle m'a empêché d'écrire.

31 mars

Peur de découvrir en soi des choses peu reluisantes. Crainte de connaître cette solitude à laquelle sont condamnés ceux qui choisissent de descendre en eux-mêmes et se trouvent poussés à vivre selon des valeurs fort différentes de celles qui ont cours dans notre société. Ce sont là, me semble-t-il, les obstacles premiers qui détournent de consentir à l'aventure intérieure bien des êtres pourtant désireux de s'y engager.

3 avril

Avant, je ne pouvais m'asseoir à ma table qu'en m'y contraignant. Maintenant, il me faut reconnaître que j'ai de plus en plus de plaisir à écrire, alors que la difficulté que je rencontre pour traduire ce que je pense et éprouve n'est pas moindre que par le passé. Mais lorsque je me mets devant une feuille blanche, en début d'après-midi, je n'ai ni crainte ni appréhension, et même, je suis secrètement heureux à la pensée que je vais pouvoir écrire pendant trois ou quatre heures.

Dans les premiers temps de mon parcours, si je n'ai pas écrit davantage, c'est que je ne pouvais pas. Trop de problèmes. Trop d'inhibitions. Mais j'ai toujours eu de la considération pour ceux qui étaient capables de beaucoup travailler, et souvent, dans une œuvre, ce que j'admirais, c'était aussi la capacité de travail de son auteur.

6 avril

Il fut un enfant mal aimé, toujours bousculé, houspillé, dénigré. Quand il ne voulait pas céder ou qu'il se rebellait, on lui plongeait la tête dans un baquet d'eau jusqu'à ce qu'il étouffe. Et c'est maintenant qu'il donne libre cours à la révolte qu'il n'a pu exprimer quand il était adolescent. Mais que de dégâts. Bien qu'il ne le sache pas, j'ai beaucoup d'amitié pour lui. Je peux tellement me représenter ce qui le brûle en cette région de lui-même qui lui échappe : les blessures qui continuent de suppurer, les entraves impossibles à briser, le constant mal-être, une soif dévorante, inextinguible – la soif d'être reconnu, valorisé, aimé...

Elle, elle est lucide, courageuse, elle ne manifeste aucune acrimonie, mais elle a perdu treize kilos. Les enfants, bien que jeunes, font montre d'une étonnante maturité et ont une claire vision de la situation. Avant, ils absorbaient les tensions et étaient insupportables. Maintenant que leur père a claqué la porte, ils paraissent soulagés et sont plus calmes.

10 avril

Il a passé sept ans aux enfants de troupe, mais il ne se souvient de rien. Je lui cite des noms d'élèves, de sous-officiers, de professeurs. Non. Rien. Il ne se souvient de rien. Sa volonté d'oubli a tout effacé.

30 avril. Paris

N. a une forte personnalité. Autour d'elle se passent toujours des choses étonnantes. Des amies qui vivent une rupture, un drame, partent pour un lointain voyage... Dimanche dernier, l'amie qui se trouvait chez elle a fait un coma hypoglycémique. N. s'est alors mise en devoir de lui glisser de petites quantités de miel entre les lèvres et il lui a fallu plus d'une heure pour lui faire reprendre conscience.

Cette femme a une quarantaine d'années. Née de parents inconnus, elle a été placée dans une pouponnière. La directrice de celle-ci s'est éprise de cette enfant, et faisant fi des règlements, a gardé cette enfant six ans auprès d'elle. Par la suite, cette petite fille a été adoptée par un couple de Français résidant à l'étranger. Quand elle a eu douze ans, sa mère adoptive est morte. Le père, pour qui cette enfant était un boulet, l'a placée dans un orphelinat où elle est restée jusqu'à sa majorité.

Elle a visité la Turquie, l'Iran, des pays où il est dangereux pour une femme seule de voyager en stop. Mais ce n'est qu'en France qu'elle s'est sentie en une seule circonstance véritablement en danger.

Elle vit à Paris, mais parfois, elle va loger deux ou trois jours dans un hôtel. Marchant au hasard, elle part à la découverte de la ville. Comme si celle-ci lui était inconnue.

Par jeu, N. a fait passer une annonce dans un journal pour rencontrer quelqu'un. Elle a reçu plusieurs réponses et elle s'apprête à faire la connaissance des hommes qui ont écrit.

3 mai

Sévan Arabian, Rajak Ohanian, Sylva Ter Karapétian... Ces amis arméniens, j'ai souvent pensé à eux, à leurs familles, à l'histoire de leur peuple en lisant *Le Monastère* de Dikran Tcheugurian.

Cet écrivain a disparu à trente et un ans, lors du génocide de 1915. Devenu très jeune orphelin, il avait été placé dans un monastère en Anatolie centrale. C'est de cette pénible expérience qu'il s'est inspiré plus tard pour écrire ce *Journal d'un religieux.*

Le monastère, les moines, le troupeau des orphelins dont certains ont vu massacrer leurs parents, l'extrême pauvreté, l'ennui, l'amour impossible, cette vie qui ne se laisse jamais rejoindre... J'ai beaucoup aimé ce livre grave, cette voix meurtrie, cette parole nue, l'homme sensible et déchiré que cet ouvrage donne à imaginer.

Désormais, quand je rencontrerai la mère de Sylva, je saurai mieux me représenter les épreuves qu'elle a eu à surmonter.

Une dernière remarque. Quand j'ai lu ce petit paragraphe : *Il y a des filles qui vous apportent non pas la mort mais la vie. Elles sont hardies et courageuses. Elle doit être de celles-là. Tourinian le disait : des dehors doux et craintifs cachent souvent des caractères décidés et audacieux,* cette dernière phrase m'a paru d'une grande justesse et j'ai pensé qu'elle pouvait m'être appliquée.

20 mai

Tchangodeï a maintenant réalisé une dizaine de disques. En solo ou en dialoguant avec un ou deux musiciens. Parfois, il vient prendre un café à la maison et j'aime tout particulièrement les moments que je passe avec lui. Il a un flair étonnant pour capter les êtres, les percer à jour, discerner s'ils ont ou non accompli le voyage intérieur. Cela peut surprendre, mais il est vrai qu'il suffit parfois de peu de chose – un mot, un regard, une certaine manière de poser la bonne question – pour situer quelqu'un, savoir s'il a rejoint son centre, s'il parle en son nom et en fonction de ce qu'il faut avoir compris.

Cette attitude à percevoir l'autre, sans doute Tchango la possède-t-il de naissance. Mais je suppose que le fait qu'il soit noir l'a considérablement développée. En fait, en raison du racisme, il doit toujours se maintenir sur ses gardes, être à même de très vite évaluer l'autre, de très vite pressentir à qui il a affaire. En certains cas, une seule erreur d'appréciation pourrait avoir de lourdes conséquences.

Il me parle bien sûr de musique. De musiciens qu'il connaît. De ceux qui n'ont pas l'expérience de *la chose,* et qui font illusion à ceux qui tournent autour d'elle mais ne l'ont pas rencontrée.

Aujourd'hui, Tchango m'a fait la surprise de venir avec Mal Waldron qu'il connaît assez bien et dont il m'a parlé à plusieurs reprises. C'est un homme qui a une réelle densité. Il a quitté les Etats-Unis depuis plusieurs années et il vit maintenant à Munich. Il se rend souvent au Japon où il est très apprécié. Nous avons parlé de choses et d'autres, un peu de Coltrane, mais ils ne sont pas restés longtemps, et je les ai vus partir à regret.

23 mai

J'ai appris avec beaucoup de peine la disparition de Chet Baker, mort dans des conditions mal élucidées en Hollande, il y a une dizaine de jours.

Il est des artistes qu'on aime de loin pour des raisons qu'on ne saurait préciser. Peut-être parce qu'on se sent avec eux certaines affinités. On connaît insuffisamment leur travail ou leur œuvre, et cependant, on leur porte une réelle amitié, ils font partie intégrante de notre vie, et quand ils quittent notre monde, on se sent amoindri.

J'ai là une photo de lui. Prise récemment. Griffure des rides, ombres et lumières, paupières closes, lèvres écrasées contre l'embouchure de la trompette. Un visage érodé par la vie et qui nous raconte les vicissitudes d'un parcours où les orages et la souffrance n'ont pas manqué.

Chet, je l'avais écouté un soir à la Chapelle des Lombards. Un être totalement immergé en lui-même. Et ce ton assourdi, feutré, qui n'était autre que le murmure d'une confidence. Un son qui sourdait du plus intime, là où s'épousent le bonheur et la souffrance de vivre.

15 juin

Je viens d'achever la lecture de *Mes fantômes,* un livre d'entretiens d'Ernesto Sabato. Cet écrivain argentin est un être de passion, de contradictions et de doutes. Ce qui ne l'empêche pas d'avoir un esprit rigoureux ni de posséder une vaste culture.

Au départ, il était un scientifique. Doctorat en physique. Travaux sur la relativité. Mais un jour, il prend conscience que son attrait pour les sciences est une fuite. Qu'il lui faut plutôt s'immerger dans la vie, rejoindre l'homme concret, l'être de chair et d'os perdu dans l'existence et qui cherche son chemin en aveugle. (La cécité, les aveugles : vieilles obsessions de cet homme qui a presque totalement perdu la vue il y a déjà plusieurs années.) Il a donc abandonné ses recherches et la physique pour se tourner vers l'art, entreprendre d'écrire, élaborer une œuvre de romancier et d'essayiste.

J'ai aimé trouver en lui à la fois une sensibilité, la préoccupation des choses essentielles et une réelle capacité de réflexion.

Ce que Sabato pense des grands problèmes dont il nous entretient : les tyrannies, la crise que nous traversons, l'injustice, l'enseignement, l'art, le roman..., oserais-je avouer, à voix basse, que je le pense aussi !

Ecrire est un déchirement, une obscure damnation, constate-t-il. Pendant des années, cette parole, j'aurais pu la reprendre à mon compte. Mais plus maintenant.

10 juillet. Jujurieux

Un texte que j'écris, il n'a toujours qu'une version. Mais cette version, je la reprends, la retouche, et bientôt le manuscrit ou la page imprimée n'est plus lisible. Alors il faut recopier. A une, deux, parfois trois ou quatre reprises. C'est ainsi que M.L. est en train de taper *L'Année de l'éveil* pour la troisième fois. Il fait des températures caniculaires, et dans la pièce aux volets clos mais où on étouffe, elle passe des heures rivée à sa machine.

5 août

J'apprends par le journal la mort de Raymond Carver. J'en éprouve de la peine. J'ai pris un très vif plaisir à lire trois recueils de ses nouvelles.

8 août

J'ai parfois oublié de consigner certaines choses dans ce journal. Je veux les noter au cours de ces jours-ci.

– Lu Wenfu

Il est un des écrivains chinois venus en France à la fin mai. J'ai vu deux portraits de lui dans la presse. Son visage m'a plu et j'ai voulu lire ce qu'on pouvait connaître de lui, soit un récit, un recueil de nouvelles, un entretien et une nouvelle publiée dans un recueil collectif.

Jeune, il a fait partie d'un groupe d'écrivains résolus à traiter d'autres sujets que la lutte des classes et la célébration du travailleur, unité de base de la société chinoise. Ils avaient cette prétention de vouloir parler de l'homme, de la condition humaine, de la vie... Inadmissible ! Ils furent traînés dans la boue, battus, forcés à faire leur autocritique, et pour finir, *envoyés aux champs.*

Il s'est retrouvé pendant deux ans dans une usine de machines-outils.

Puis la roue a tourné, et il est redevenu un écrivain professionnel. Il lui a fallu derechef *mener en grand la lutte des classes.* Mais en 1965 un nouveau vent de folie a soufflé. On l'a expulsé une fois encore des cercles artistiques, et pendant quatre ans, il a été mécanicien dans une usine de soieries. Mais cela n'était pas encore suffisant, et fin 1969, il a été relégué à la campagne avec toute sa famille. Il est resté neuf ans dans cette région si riante qu'on l'appelait *la Sibérie du Jiangsu. Je construisis une hutte de chaume et cultivai mon lopin individuel.*

Cet homme a soixante ans, et de son propre aveu, ce n'est qu'à partir de la cinquantaine qu'il a pu commencer à écrire. Il est détaché. N'a aucune amertume, aucun ressentiment.

– *Les Trois Rois,* de A. Cheng

J'ai également lu les trois remarquables nouvelles de ce jeune écrivain chinois. A l'instar de centaines de milliers de *jeunes instruits,* alors qu'il n'était que lycéen et qu'il était loin d'avoir achevé ses études, lui aussi fut *envoyé aux champs.* Dix ans d'exil dans des régions perdues, dont la Mongolie-Intérieure. Ecrits dans une langue ferme, ces récits nous relatent ce qu'avec bien d'autres il eut à vivre durant ces années.

Tourmentes de l'histoire. Stupidité des uns. Souffrances de ceux qui sont jetés à terre, piétinés, et qui jamais ne s'en remettront.

– La mort de Robert Margerit

Depuis de longues années, il n'avait rien publié. Nombre de ses lecteurs avaient dû l'oublier et bien des passionnés de littérature ignoraient son existence. Je ne m'aviserai pas de relire son œuvre, mais je lui garde de la reconnaissance. Son *Dieu nu* a été le tout premier livre que j'ai lu et il m'avait donné de bien fortes émotions.

– La Nuit du blues au Festival de Vienne

Des musiciens interprètent deux morceaux. Puis après

un bref solo de batterie, Papa John Creach, le leader, son violon à la main, fait son entrée sur scène. Un homme âgé, bancal, d'une extrême maigreur, donnant à redouter qu'on assiste à un mauvais gag. Gêne, perplexité. Mais il se campe devant le micro et pendant plus d'une heure, joue avec un entrain, un plaisir, une énergie qui déchaînent l'enthousiasme du public.

– La belle émission que Claude Mettra a consacrée à William Goyen, sur France Culture.

Cet écrivain américain, originaire du Texas, est mort à soixante-huit ans, en 1983. Je me suis pris de passion pour cet homme et son œuvre le jour où j'ai lu un entretien de lui publié dans *The Paris Review*. Œuvre essentiellement lyrique, musicale... Patrice Repusseau, le traducteur de ses derniers livres, en a très bien parlé.

– Il me reste à envoyer un mot à Miguel Torga, un écrivain portugais, auteur de *La Création du monde,* et d'un important journal, insuffisamment connu : *En franchise intérieure.* Il a quatre-vingt-un ans. Depuis quelques années, j'ai plaisir à lui souhaiter son anniversaire. A Coimbra, il habite rue Fernando Pessoa !

4 septembre

Une fois envoyé à P.O.L. le texte de *L'Année de l'éveil,* nous nous sommes offerts une petite escapade dans le Midi. Avons passé trois jours à Vaugines chez nos amis Jacques et Geneviève. Des promenades dans la campagne environnante. Sénanque. Et comme chaque fois que je reviens en ces lieux, je suis retourné me recueillir un moment dans le petit cimetière de Lourmarin sur la tombe de Camus. Ardente nostalgie. Mes années d'enfant de troupe, la Provence, Camus, Jean Grenier, ma neuve et secrète passion pour la littérature..., toute ma jeunesse qui soudain resurgissait et qui me déchirait.

30 septembre. Dans un hôtel de Perpignan

Hier, nous étions à Sète chez Pierre Soulages pour tourner un petit film qui sera peut-être diffusé à la télévision. Aujourd'hui, nous avons passé l'après-midi chez Claude Simon, où nous avons réalisé le second court métrage. Les deux fois, c'est moi qui ai dû conduire l'entretien.

Sur les portraits qu'on peut voir de lui, Claude Simon a le plus souvent un visage assez sévère, alors qu'il est cordial, détendu, qu'il ne s'interdit pas de rire et qu'il répond très volontiers aux questions qu'on lui pose. Il aura bientôt soixante-quinze ans, mais il n'y paraît absolument pas. Je m'intéresse à son œuvre depuis une trentaine d'années et j'ai gardé tous les entretiens de lui que j'ai pu trouver dans la presse. Ce qu'il nous a dit ne pouvait que reprendre ce qu'il a développé par ailleurs, mais il n'empêche que j'ai eu plaisir à l'écouter.

Ces quelques paroles dont je me souviens :

– *Au lycée, quand je me trouvais dans les petites classes, j'écrivais de bonnes rédactions. Mais plus tard, quand on m'a demandé de faire des dissertations, j'ai eu de moins bonnes notes.*

– *Je ne sais pas penser. Je suis un matérialiste. J'aime les choses et j'ai du plaisir à les décrire.*

– *Je ne peux parler que de moi. Je suis incapable d'inventer quoi que ce soit.*

Je lui demandé s'il avait traversé des crises :

– *Pas du tout,* m'a-t-il répondu en riant.

Je lui ai cité Juan Rulfo, l'auteur de *Pedro Paramo,* qui affirmait : *L'écriture est un châtiment,* et aussi Ernesto Sabato pour qui écrire a été *une obscure damnation.*

Son refus d'entendre de telles paroles a été catégorique.

Il est certain que j'admire son talent, que j'apprécie grandement certains de ses ouvrages, mais il est indéniable qu'au cours de ces trois heures, je me suis senti à plusieurs reprises fort loin des idées et des manières de voir qu'il exposait. Et bien évidemment la réciproque serait vraie. Ce qui gouverne ma démarche et alimente mon écriture appartient à un domaine qui ne recoupe pas le sien.

2 octobre

Je reviens à cette parole de Soulages qu'il avait prononcée en je ne sais quelle cironstance et que je cite souvent :

– *Ce que je fais m'apprend ce que je cherche.*

Impossible de dire plus brièvement ni avec des mots plus simples que peindre – ou écrire – c'est aller au-devant de ce qui cherche à venir au jour, et à travers cela, au-devant de la découverte de soi. C'est aussi dire dans le même temps que l'œuvre ne peut en aucun cas procéder d'une idée qui lui préexisterait. Elle doit s'élaborer au fur et à mesure qu'elle prend forme.

3 octobre

Ces années où la joie était pour moi un phénomène si rare que lorsqu'il m'en advenait une, j'étais tout désorienté. Au lieu de m'alléger, de me donner du bonheur, elle me meurtrissait, et comme j'avais le sentiment de ne pas la mériter, je m'arrangeais pour la torpiller.

4 octobre

Oui, nous sommes parfois accablés lorsque nous débusquons au fond de notre nuit tant de choses laides, affligeantes, peut-être monstrueuses. Mais nous n'avons pas pour autant à nous en faire le reproche, ni à nous culpabiliser. Nous n'avons rien choisi. Le grand responsable, c'est la nature humaine. Mais cela ne nous dispense pas de travailler en nous à l'améliorer.

5 octobre

L'adolescent apeuré que j'ai été survit en moi et continue de m'imposer ses réactions et ses comportements. Témoin cette histoire qui m'est arrivée hier. Je passe un moment en compagnie d'un homme qui me paraît avoir un peu moins de soixante ans. Crâne chauve, l'air assuré, il m'en impose. Comme chaque fois que je me trouve en présence d'un homme d'un certain âge, je me sens petit garçon, éprouve à son égard de la considération, lui témoigne une discrète déférence. Mon étonnement lorsque j'ai appris au détour de la conversation que cet homme était nettement plus jeune que moi.

26 octobre

Depuis une dizaine de jours, je ne cesse de penser à Anna Maria Ortese, un écrivain dont j'ignorais l'existence et que m'a fait découvrir un remarquable portrait paru dans *Le Monde* sous la signature de Josyane Savigneau. L'impression d'avoir fait une vraie rencontre.

Cette femme de soixante-quatorze ans, auteur de onze livres, a beaucoup souffert. Elle a eu faim, vécu dans une grande solitude, et on la sent écorchée, sinon désespérée. Quand elle avait dix-huit ans, un de ses frères est mort en mer, et pour elle, tout a basculé. Je ne peux me défaire de certaines phrases qu'elle a prononcées :

– *J'aime les choses intactes et qui portent le sens de la douleur.*

– *Qui peut dédommager les gens qui sont nés inutilement ?*

– *Le « secret humain » est dans le respect de la faiblesse et de la douleur.*

Bien sûr, je vais aller à la découverte de ce qu'elle a écrit, et ce soir, je suis ému à la pensée de tout ce que la vie consent parfois à nous accorder.

11 novembre

Jeanne Champagne a porté à la scène les *Rencontres avec Bram Van Velde.* Il est prévu trois semaines de représentations au Théâtre de la Bastille, dans le cadre du Festival d'automne. L'entreprise est risquée, mais on est en droit de supposer que les personnes qui iront voir cette pièce auront déjà une idée de ce qui leur sera proposé. Il est regrettable que Jeanne n'ait pu maîtriser les deux comédiens, notamment le plus jeune, et il faut malheureusement reconnaître que ce spectacle est inférieur à ce qu'il aurait pu être. J'en suis navré pour elle qui a des qualités et qui s'est beaucoup investie dans cette entreprise. Mais quel travail pouvait fournir un comédien qui tournait le jour dans un film pour la télévision, venait répéter la nuit, et entre deux séances chez son psychanalyste, se faisait faire des piqûres pour échapper aux effets du surmenage ?

12 novembre

Calvaire de cette femme opérée d'un cancer au sein et qui ne reçoit aucune aide de ceux-là même qui devraient l'entourer. Son grand fils ne manque jamais de s'échapper. Son mari qui « ne supporte pas » est parti pendant trois jours à la mer faire du bateau, tandis qu'elle entrait une nouvelle fois à l'hôpital. En outre, sa mère vit avec sa propre sœur, laquelle est donc la tante de cette femme malade. La tante et la nièce s'apprécient, sont liées par une profonde affection. Mécontente, ne voyant pas que sa fille va mourir, la mère lui fait des scènes de jalousie.

14 novembre

J'ouvre souvent la Bible – j'en possède trois traductions, mais j'ai une préférence marquée pour l'édition du Club français du livre, publiée en trois tomes, laquelle reprend la traduction de l'Ecole biblique de Jérusalem – et j'en lis quelques pages. Mais il est des textes de L'Ancien Testament auxquels je reviens plus volontiers. Ce sont le Livre de Job, les Psaumes, les Proverbes, l'Ecclésiaste, le Livre de la sagesse, les livres prophétiques.

Ces derniers temps, j'ai préparé avec beaucoup de soin les cinq émissions consacrées aux prophètes de la Bible que nous avons enregistrées hier pour France Culture avec Gérard Bessière. Il va de soi que je me contentais de lui poser des questions. J'ai beaucoup d'amitié pour cet homme que je connais peu, mais dont je lis les chroniques, dont je connais les ouvrages, et dont j'aime le *Journal* où j'ai trouvé de belles pages.

Il y a quelques mois, pendant cinq émissions, je lui avais demandé de nous parler de lui et de son parcours. J'ai eu plaisir à écouter cet homme en qui se rencontrent « la vertu d'humanité », l'intelligence, la sensibilité, une vaste culture et une large ouverture aux problèmes de l'époque.

6 décembre

Cet homme a fait la guerre d'Algérie. La compagnie de parachutistes à laquelle il appartenait était chargée des missions les plus risquées : nettoyage des grottes et des caches dans lesquelles se planquaient les fellaghas. Le premier homme qu'il a tué, il lui a coupé la tête et l'a fait dévorer par des fourmis. Puis il l'a ramenée dans ses bagages. Sa petite fille a maintes fois joué avec, et maintenant, elle trône sur sa cheminée, tel un trophée de chasse !

8 décembre

Je constate que les mois que j'ai passés à écrire *L'Année*

de l'éveil m'ont fait beaucoup progresser. Je sens que je suis maintenant au point. J'ai une connaissance interne de la syntaxe, de la langue, et j'ai vis-à-vis de ce que j'écris une clarté que je ne possédais pas auparavant. Que de temps et de travail il m'a fallu pour en arriver là.

9 décembre

Avant, l'hiver m'étouffait. Il était cet interminable tunnel qu'il me fallait traverser dans le noir. Maintenant, il est la saison du travail. La saison aimée.

10 décembre

Moi qui ai longtemps vécu dans l'ennui, la fatigue, le dégoût, je voudrais disposer maintenant de journées de quarante-huit heures. Pour pouvoir travailler et lire deux fois plus que je ne le fais.

12 décembre

Déjeuner avec Colette. Elle ne saura jamais quelle admiration je lui portais à Aix lorsqu'elle venait rendre visite à son frère Michel qui était mon ami. A l'époque, je ne l'avais jamais approchée, mais je savais qu'elle était étudiante en lettres, préparait Normale Sup. Elle appartenait à un monde dont je rêvais, où je ne pénétrerais jamais, et je guettais son arrivée sous le porche, la regardais de loin avec des yeux éblouis. Devenue professeur, elle a enseigné dans des universités américaines, et elle occupe actuellement un poste important au réputé Dartmouth College, d'où sont sortis nombre de jeunes gens qui se sont illustrés par la suite en différents domaines.

Elle m'a raconté l'histoire d'un ami à elle. Pendant la guerre, petit garçon juif d'une dizaine d'années, il avait été pris dans une rafle avec ses parents, ses frères et ses sœurs. Alors qu'il se trouvait encore en France, le train qui les emmenait en Allemagne, avait fait halte en rase campagne à la tombée du jour. Ils avaient faim et soif, et par l'étroite fenêtre du wagon à bestiaux, ils ont aperçu un tas de pommes de terre dans un champ. En faisant glisser le panneau qui fermait le wagon, ils ont ouvert un étroit passage par lequel l'enfant a pu se faufiler. Mais lorsque celui-ci s'apprêtait à remonter dans le wagon avec ses quelques pommes de terre, le train a démarré, le plongeant dans le plus total désespoir. En un instant, parents, frères et sœurs avaient disparu, et il se retrouvait seul, dans une campagne déserte plongée maintenant dans la nuit. Eperdu d'angoisse, il avait été loin de se douter que ce serait à cette tragique circonstance qu'il devrait d'avoir échappé à la mort.

Trop perturbé, il n'a pu suivre une scolarité normale. Mais à la fin de l'adolescence, il a été saisi par une fringale de culture, de connaissance, et il a mis les bouchées doubles. Colette se souvient de lui à la Sorbonne, notant tout, lisant tout, voulant tout connaître, tout comprendre, tout assimiler.

Parti aux Etats-Unis après avoir passé sa thèse, cet homme est devenu un brillant professeur d'université. Il a notamment écrit plusieurs essais.

16 décembre. Paris

L'Année de l'éveil est sorti hier. J'ai l'impression de m'être davantage livré dans ce récit que dans les trois tomes du *Journal.* Voilà pourquoi cette impression s'accompagne du sentiment que je publie mon premier livre.

24 décembre

FIN DES ANNÉES LENTES

Un autre 24 décembre, qui était un samedi, il y a déjà cinq ans.

Cinq étages plus bas, dans la rue piétonne, de nombreux passants. Une rumeur de foule. Mais cette rumeur ne me dérangeait pas. J'étais installé à ma table de travail, et j'entreprenais avec avidité la lecture d'*Aubes et Crépuscules,* l'autobiographie de Louise Nevelson, ce sculpteur américain dont l'œuvre m'avait profondément touché lorsque j'en avais fait la découverte dans un catalogue. Depuis ce jour, j'avais rassemblé le maximum de documents sur cette artiste et sur son œuvre.

Ce que me proposaient ces deux cent soixante pages, c'était le survol d'une vie, d'un destin, d'un combat : les parents, Juifs russes de Kiev, vont s'établir aux Etats-Unis alors que Louise a trois ans – pendant un an et demi, mutisme de cette enfant dont on pense qu'elle est devenue sourde et muette – les difficultés d'adaptation : le père dépressif, reste couché pendant des mois, et la mère, malheureuse, mal accordée à son mari, sera toujours malade – toute jeune, Louise a la conviction qu'elle sera une artiste – chaque jour, fût-ce durant les vacances, elle dessine et peint – un matin de ses quatorze ans, alors qu'elle rentre de l'école, elle est le témoin *d'une tragédie à l'état pur* qui la bouleverse durablement : elle voit passer le cortège silencieux de cinq corbillards (après la mort de sa femme, un homme a tué ses quatre enfants, puis s'est suicidé) – mariage avec un riche New-Yorkais, et Louise Berlawsky devient Louise Nevelson – naissance d'un enfant – grave dépression – séparation d'avec son mari : *dans leur milieu, on avait le droit de connaître Beethoven, mais surtout pas d'en être un soi-même. On n'avait pas le droit d'être un créateur* – puis pendant une trentaine d'années, sa vie de dénuement, son combat solitaire, ses crises de découragement, son labeur opiniâtre – faute d'argent, elle récupère des morceaux de bois de toutes provenances et travaille à partir de ce matériau – à l'approche de la soixantaine, elle réalise enfin les œuvres qui l'imposent d'emblée comme un créateur de premier plan et qui se confondront désormais avec son nom...

Ce bref résumé ne peut rendre compte de l'existence qui est retracée dans ces pages, ni de la force et de la richesse de cette personnalité dont la découverte me bouleversait. J'avais lu pendant quatre heures d'affilée. La nuit était tombée et je me sentais à l'unisson de ces gens, dans la rue, qui s'apprêtaient à fêter Noël. Pourtant – mais comment donner la moindre idée de cet instant où tout ce que j'étais semblait pris dans une calme tempête – j'avais la sensation d'être comme hors du temps, hors du monde et de moi-même. En même temps que recentré, avivé, plus que jamais conscient de ma raison de vivre. Par suite, une extrême gravité. Une paisible et lucide exultation. Louise Nevelson et sa force de caractère. Son courage. Ses moments de désespoir. Son obstination. Cette beauté singulière qui lui était venue à la soixantaine et qu'elle avait gardée jusqu'à plus de quatre-vingts ans...

Je songeais à Van Gogh, Cézanne, Brancusi, Bram Van Velde, Giacometti... A ces artistes qui depuis plusieurs années avaient bien souvent jalonné ma route.

J'avais une vue à long terme de ma vie, expliquait Louise Nevelson. Moi aussi. Etant jeune, j'avais toujours su que je ne m'accomplirais qu'une fois franchi le cap des cinquante ans, et que tant que je n'aurais pas atteint cet âge, je ne serais pas en possession de l'outil dont j'avais besoin. En cette veille de Noël, alors que j'écrivais depuis quelque vingt-cinq ans, mon impression était que je n'avais toujours pas commencé. Tout ce temps m'avait été nécessaire pour me former, me construire, travailler à devenir digne de la haute idée que je me fais de l'art et de l'artiste.

Depuis mon adolescence, je ne vivais que pour la littérature et pour l'art. Au début, une passion clandestine, vécue dans la honte. Puis un jour, alors que je poursuivais des études de médecine, j'avais décidé – en toute inconscience – de les abandonner. Avec un seul but : me livrer à ma passion, tenter de devenir un écrivain.

En tumulte, toutes ces années affluent : la solitude, le manque d'argent, les orgies de lecture, les enthousiasmes, mon inextricable confusion, l'impossibilité d'écrire alors que j'en éprouve le plus torturant des besoins, les blessures infligées par certains membres de la famille, les périodes de découragement, les coups de couteau de la haine de soi, quelques passionnantes rencontres, les échecs renouvelés, les instants de ferveur, mais surtout l'ennui, le regret de n'être pas un médecin, la persistante impression que je me suis engagé dans une aventure insensée, que j'ai gâché ma vie, une foi en l'art que mes pires moments de détresse ne pouvaient ébrécher, l'implacable durée de ce temps d'apprentissage dont je ne savais s'il déboucherait un jour sur une réalisation digne d'intérêt, la stricte discipline de vie que m'imposait ma fragilité, la lassitude résultant de l'interminable attente, l'auto-dérision, le manque d'ambition sociale, la compréhension et le soutien de ma compagne...

Mon temps n'était pas encore venu... Mon temps à moi viendrait-il un jour ? Et quand ? Après une telle exténuation, comment espérer que je retrouverais le goût de vivre, que je disposerais à nouveau de cette énergie qui permet de croire en soi et d'entreprendre. Lentes, ô combien lentes et sombres et solitaires ces années de nécessaire et difficile maturation. Endurer tant et tant de jours où s'affrontaient en moi l'irrépressible besoin d'écrire et l'impossibilité de prendre la plume...Une telle attente prendrait-elle jamais fin ?

Rumeur de la foule... Hommes et femmes qui marchent, marchent... S'en trouve-t-il parmi eux qui soient aux prises avec des difficultés comparables aux miennes ? Dans quelques heures, ce sera Noël. Fêtes de famille, réveillons, lumières, joie... En ce jour plus qu'en tout autre, je songe à ceux qu'un mauvais destin maltraite, et plus particulièrement, à ceux qui traversent la vie sans pouvoir s'accomplir, ceux que taraude un mal secret, ceux qui voudraient se libérer de ce qui les ronge, mais qui en sont empêchés par un obstacle intime ou des circonstances contraires – et je ne peux me retenir de penser avec effroi que ma place est parmi eux.

Mon temps n'était pas encore venu, avait dû admettre année après année la grande, l'admirable Louise Nevelson.

Mon regard erre sur les rangées de livres qui m'entourent, s'attarde sur les portraits d'Artaud, de James Agee, de Mâ Ananda Moyî... Cette passion qui m'anime et que j'ai toujours pris soin de tenir secrète... Soudain, et sans que le moindre signe avant-coureur m'ait alerté, mon visage est baigné de larmes. Mon corps, secoué par de bruyants sanglots. Des secondes de gêne, d'inquiétude, de frayeur. Ma volonté qui se mobilise, et je m'efforce de me ressaisir, de refuser ces larmes, de repousser cette émotion qui m'a pris de court. Mais je ne puis rien, et elle me submerge, m'emporte, me roule impétueusement dans sa vague. Alors se déchire la tension de cette souffrance qui m'a toujours accompagné. Mais surgit aussi dans le même temps une joie d'une saveur jusque-là inconnue, et une force s'installe, une confiance, un immense et lucide amour de la vie, la conscience que je suis un privilégié, qu'il me faut croire en moi-même, m'acharner, continuer à gravir la pente... Je ne lutte plus, cède, m'abandonne... Coulent encore et encore les larmes qui disent enfin mon consentement. Les larmes qui annoncent que jaillira bientôt la source. Les douces larmes heureuses de la délivrance.

Reproduit et achevé d'imprimer le 15 mars 1994
dans les ateliers de Normandie Roto Impression s.a.
à Lonrai (Orne)
N° d'éditeur : 1339
N° d'imprimeur : I4-0340
Dépôt légal : mars 1994